Gesetzgebung und Verfassung

Herausgegeben von

Prof. Dr. Michael Kloepfer,
Humboldt-Universität zu Berlin

Band 18

Eckhard Pache | Kyrill-Alexander Schwarz (Hrsg.)

75 Jahre Grundgesetz

Nomos

Gedruckt mit freundlicher Unterstützung der Schulze-Fielitz Stiftung Berlin.

Die Deutsche Nationalbibliothek verzeichnet diese Publikation in der Deutschen Nationalbibliografie; detaillierte bibliografische Daten sind im Internet über http://dnb.d-nb.de abrufbar.

ISBN 978-3-7560-2228-1 (Print)

ISBN 978-3-7489-4880-3 (ePDF)

Onlineversion
Nomos eLibrary

1. Auflage 2025

Vorwort

Seit nunmehr 75 Jahren hat das zunächst als Provisorium bis zur Überwindung der deutschen Teilung gedachte, am 23. Mai 1949 in Kraft getretene Grundgesetz für die Bundesrepublik Deutschland seine Funktionen als freiheitliche Verfassung eines demokratischen Rechtsstaates mit der Menschenwürde als höchstem Wert und unantastbarem oberstem Rechtsgut überzeugend erfüllt.

Es hat die Bundesrepublik Deutschland als Bundesstaat handlungsfähig organisiert, die Verfahren der Kreation der obersten Bundesorgane, deren demokratische Legitimation sowie ihre Zuständigkeiten und Kompetenzen im Sinne wechselseitiger Kontrolle und Balance funktionsadäquat festgelegt, das Handeln aller Staatsgewalt durch Staatsstrukturprinzipien und zunehmend auch durch Staatsziele wertorientiert ausgerichtet und dabei im Rahmen weitreichender sozialer und gemeinwohlorientierter Bindungen die Rechtsstellung der oder des Einzelnen durch umfassende Grundrechtsgarantien und durch deren Effektuierung gegenüber allen drei Staatsgewalten in vielfältiger Hinsicht geschützt und gefördert.

Darüber hinaus hat das Grundgesetz die verfassungsrechtliche Grundlage dafür gebildet, die Bundesrepublik Deutschland nach dem Zweiten Weltkrieg wieder in die internationale Staatengemeinschaft zu integrieren und fest in der Europäischen Union zu verwurzeln, innere und äußere Krisen zu überwinden und sich zukunftsoffen für alte wie neue Herausforderungen und Krisen zu zeigen – sämtlich Eigenschaften, die eine solide Grundlage für weitestreichende Akzeptanz der auf der Grundlage des Grundgesetzes geschaffenen staatlichen Ordnung und für die Identifikation der Bürger mit dem durch das Grundgesetz konstituierten Staat bilden sollten. Dennoch sind in den letzten Jahren in verschiedenen Bereichen deutlich auch Gefährdungen der verfassungsrechtlichen Ordnung und der Akzeptanz der Werte und Entscheidungen des Grundgesetzes erkennbar, die wieder einmal die Frage nach der Zukunftstauglichkeit der deutschen verfassungsrechtlichen Ordnung aufwerfen.

Die Beiträge dieses Tagungsbandes aus Anlass des 75-jährigen Bestehens des Grundgesetzes wenden sich unterschiedlichen Aspekten der Genese, der prägenden Faktoren, der Auswirkungen, der Gefährdungen und Schutzmechanismen, der Sprache und des Verhältnisses zum internationalen Recht des Grundgesetzes zu und beleuchten seine 75-jährige Geschichte mit Blick auch auf deren mutmaßlichen Fortgang. Sie würdigen aus der Sicht ausgewiesener Expertinnen und Experten unterschiedliche Seiten dieser Verfassung, die wie keine zuvor in Deutschland die Würde des Menschen als Ausgangspunkt aller rechtlichen Ordnung, Freiheit und Gleichheit sowie die Demokratie, die Republik, den Bundesstaat und den sozialen Rechtsstaat schützt und fördert. Möglicherweise können diese Beiträge in Zeiten, in denen der Verfassungsstaat sich besonders gegen Gefahren bewähren und seine Wehr- und Werthaftigkeit beweisen muss, einen Beitrag dazu leisten, dass die Werte des Grundgesetzes auch in Zukunft Bestand haben.

Eckhard Pache und *Kyrill-Alexander Schwarz*

Inhaltsverzeichnis

Entstehung und Legitimation des Grundgesetzes

von *Prof. Dr. Peter Hoeres*

Am Anfang standen die West-Alliierten, die eine Verfassungsgebung für die Westzonen initiierten und inhaltliche Vorgaben machten. Das Grundgesetz wurde in dramatischer Zeit während der Berlin-Blockade im Zeichen des beginnenden Kriegs beraten. Diese Grundlage neu gebildeter westdeutscher Staatlichkeit sollte nach dem Willen der Alliierten auch die Voraussetzung für ein Besatzungsstatut bilden, das das begrenzte souveräne Handeln einer „verfassungsmäßigen deutschen Regierung" unter alliierter Aufsicht ermöglichen und definieren sollte.[1] Zugleich sollte die wiedergewonnene Staatlichkeit ein Provisorium bleiben, war Deutschland doch dreigeteilt, und zwar in die von den Westalliierten nun zusammengeschlossenen besetzten Gebiete, in die Sowjetische Besatzungszone und in die unter polnischer und sowjetischer Verwaltung gestellten Gebiete: Ostpreußen, Schlesien, Pommern.

Im Folgenden werden zunächst einige uns heutige mehr oder weniger geläufige Begriffe und Positionen der Staatsgründungszeit der Bundesrepublik erläutert (I.). Im Anschluss werden die Akteure die formell und informell auf den Prozess der Ausarbeitung des Grundgesetzes Einfluss nahmen und das Ergebnis der Arbeit des Parlamentarischen Rates betrachtet (II.). Daraufhin wird die eher zurückhaltende Reaktion der Öffentlichkeit auf die Verabschiedung des Grundgesetzes und seinen materiellen Gehalt beleuchtet (III.) und schließlich nach Legitimitätsdefiziten gefragt (IV.).

---

1 Nr. 4: Dokumente zur künftigen Entwicklung Deutschlands („Frankfurter Dokumente"). Frankfurt, 1. Juli 1948, abgedr. in: *J. V. Wagner* (Bearb.), Der Parlamentarische Rat 1948–1949. Akten und Protokolle. Bd. 1: Vorgeschichte, hrsg. für den Deutschen Bundestag von K. G. Wernicke für das Bundesarchiv von H. Booms unter Mitwirkung von W. Vogel, Boppard am Rhein 1975, S. 30 (33, Dokument Nr. 3). Eine erste Fassung der vorliegenden Ausführungen, die für diese Publikation überarbeitet, erweitert und ergänzt wurden, findet sich unter dem Titel: „Im Bewußtsein seiner Verantwortung vor Gott und den Menschen". 75 Jahre Grundgesetz, Die Neue Ordnung 2024, 164.

I. Begriffe und Positionen

Der provisorische Charakter des westdeutschen Staatswesens wurde mit drei markanten Begriffen deutlich: „Bundesrepublik Deutschland", „Grundgesetz" und „Parlamentarischer Rat". Allesamt sind dies Ersatzbegriffe. Die Bezeichnung „Parlamentarischer Rat" war ein Surrogat für eine verfassungsgebende Nationalversammlung, die gerade nicht einberufen werden konnte und einem wiedervereinigten Gesamtdeutschland vorbehalten sein sollte (vgl. Art. 146 GG).[2] Dementsprechend sollte auch keine Verfassung, sondern nur ein provisorisches „Grundgesetz" verabschiedet werden. Die Staatsbezeichnung „Bundesrepublik Deutschland" sollte zum einen die Staatsform der Republik zum Ausdruck bringen – das war der SPD wichtig –, zum anderen dem gewünschten föderalistischen Aufbau Rechnung tragen – das war für die Union entscheidend. Der Ländername „Deutschland" sollte den Alleinvertretungsanspruch gegenüber der Sowjetischen Besatzungszone (SBZ) symbolisieren und Integrationskraft entfalten. Zugleich wurde die hergebrachte Bezeichnung „Deutsches Reich", die vom Kaiserreich über die Republik bis ins „Dritte Reich" gebraucht worden war, verabschiedet, auch wenn man, wie das Bundesverfassungsgericht später ausdrücklich festhielt, von einer Rechtskontinuität des Staates ausging. Insofern ist auch „Bundesrepublik Deutschland" ein Ersatzbegriff für das eben nicht untergangene Deutsche Reich.[3] Kapituliert hatte nur die deutsche Wehrmacht. Die häufig anzutreffende Abkürzung „BRD" wurde, je stärker man in der DDR auf sie zurückgriff, in der alten Bundesrepublik geächtet und ist auch heute nicht amtlich. Abgewendet werden konnte die auch in den Medien kritisierte vorgeschlagene Bezeichnung „Volkstag" für das Parlament, das stattdessen bekanntlich als Deutscher Bundestag firmiert.[4]

Der Parlamentarische Rat tagte ab dem 1. September 1948 in einer nüchternen Atmosphäre. Tagungsort war die zwischen 1930 und 1933 im neusachlichen Stil erbaute Pädagogische Akademie in Bonn. Die Eröffnungsveranstaltung fand im Museum Koenig statt, das später auch kurzfristig als

---

2 Das Grundgesetz wird hier nach seiner ersten verkündeten Verfassung vom 23. Mai 1949 zitiert, vgl. BGBl. 1949 I Nr. 1, S. 1.

3 *C. Hillgruber*, Der Deutsche Nationalstaat – ein völkerrechtliches Kontinuum, in: Tilman Mayer (Hrsg.), 150 Jahre Nationalstaatlichkeit in Deutschland. Essays, Reflexionen, Kontroversen, Baden-Baden 2021, S. 53 (58 ff.).

4 *R. Tüngel*, Hitlers Schatten über Bonn, in: Die Zeit 03.03.1949.

Bundeskanzleramt diente. Adenauer konnte sich dann mit seinem Hauptstadtwunsch Bonn gegen die Konkurrenz aus dem roten Frankfurt, das von der SPD favorisiert worden war, durchsetzen und die Akademie wurde zum Bundeshaus als Sitz von Bundestag und Bundesrat erweitert. Natürlich gab Adenauer offiziell weder eine Aversion gegen Frankfurt noch die Nähe Bonns zu seinem Wohnort Rhöndorf als Grund für die Wahl Bonns an, sondern die Ballung amerikanischer Organisationen in Frankfurt.[5]

II. Akteure, Interventionen und das Ergebnis

Der als Vorsitzender der CDU in der britischen Zone und der CDU-Fraktion im nordrhein-westfälischen Landtag bereits bekannte Adenauer nutzte das Amt des Präsidenten des Parlamentarischen Rates für eine weitgehende Gestaltung des Beratunsprozesses und für die Rolle eines Verhandlungsführers gegenüber den Alliierten und anderen Akteuren. Das Amt und seine Bedeutung waren von den Sozialdemokraten sträflich unterschätzt worden. Der starke Mann für die SPD war der Jurist Carlo Schmid, der schon beim Verfassungskonvent auf Herrenchiemsee mitgewirkt hatte. Er wurde Vorsitzender des Hauptausschusses. Die beiden Kommunisten im Parlamentarischen Rat betrieben Fundamental- und Radauopposition. Aber auch der im Krankenhaus weilende SPD-Parteivorsitzende Kurt Schumacher erwies sich immer wieder als ein Störfaktor. Christ- und Sozialdemokraten waren mit je 27 Abgeordneten gleich stark vertreten, die FDP mit fünf, KPD, Deutsche Partei (DP) und Zentrum mit je zwei Abgeordneten. Die Unionsparteien schlossen sich zu einer Fraktion zusammen, insgesamt gab es damit sechs Fraktionen. Ohne Stimmrecht wurden fünf Berliner Abgeordnete hinzugezogen. Unter den damit insgesamt 77 Abgeordneten befanden sich vier Frauen: die „fromme Helene" Wessel für das traditionsreiche Zentrum, Helene Weber für die CDU, Friederike Nadig und Elisabeth Selbert für die SPD. Das Plenum kam nur zwölfmal zusammen,[6] wesentliche Arbeit wurde in den Ausschüssen und in verschiedenen informellen Gremien und interfraktionellen Besprechungen geleistet.

5 *K. Adenauer*, Erinnerungen 1945-1953, Stuttgart 1980, S. 173.

6 *W. Werner* (Bearb.), Zusammensetzung des Plenums und Modalitäten seiner Arbeit, in: Der Parlamentarische Rat 1948–1949. Akten und Protokolle. Bd. 9: Plenum, hrsg. vom Deutschen Bundestag und vom Bundesarchiv unter Leitung von R. Schick und F. P. Kahlenberg, München 1996, S. VII (XIII).

Wie sah das Ergebnis des zähen Ringens aus? Anders als die Verfassung des Kaiserreiches, die auf einen Grundrechtsteil verzichtete und nur als Organisationsstatut firmierte, anders auch als die Weimarer Reichsverfassung (WRV), welche einen Grundrechtsteil an die Artikel über die Staatsorganisation angliederte, stellte man an den Anfang des Grundgesetzes in den Artikel 1 bis 19 Grundrechte, welche „Gesetzgebung, Verwaltung und Rechtsprechung als unmittelbar geltendes Recht" (Art. 1 Abs. 3 GG) binden. Die SPD versuchte dagegen noch bis in den April 1949 hinein, das Grundgesetz auf ein reines Verwaltungs- oder Organisationsstatut einzudampfen, ohne Grundrechte und ohne die Institution eines Bundespräsidenten, obwohl die Alliierten in den Frankfurter Dokumenten explizit auf „Garantien der individuellen Rechte und Freiheiten"[7] bestanden hatten. Das sollte den provisorischen Charakter betonen. Die klassischen Bürgerrechte wie Meinungs-, Versammlungs- und eigens auch Wissenschaftsfreiheit (Art. 5 Abs. 3 GG) fanden dann doch Aufnahme, häufig bezogen auf „alle Deutsche" (Art. 8, 9, 11, 12 und modifiziert 16 GG). Diese Einschränkung weist die meisten Grundrechte eben als Bürger- und nicht als Menschenrechte aus, zu denen in Art. 1 Abs. 2 jedoch ein ausdrückliches Bekenntnis abgegeben wurde.

Der bekannteste Artikel des Grundgesetzes ist gleich der erste: „Die Würde des Menschen ist unantastbar. Sie zu achten und zu schützen ist Verpflichtung aller staatlichen Gewalt." Beim Verfassungskonvent auf Herrenchiemsee war noch der staatskritische Satz: „Der Staat ist um des Menschen willen da, nicht der Mensch um des Staates willen." favorisiert worden. Der spätere Bundespräsident Theodor Heuss empfand diese Aussage jedoch als Angriff auf Hegel: „Wir dürfen mit einem solchen Satz die innere Würde des Staates nicht kränken."[8] Der Rekurs auf die Würde des Menschen trägt natürlich die Imprägnierung der bitteren Erfahrungen der nationalsozialistischen Zeit.

Die Vorstellung einer spezifischen menschlichen Würde ist dabei älter als der Menschenrechtsdiskurs der Aufklärung. *Dignitas* wird schon von Cicero dem Vernunftwesen Mensch zugeschrieben. Im Offertorium des *vetus ordo* wurde dann seit dem *Sacramentarium Leonianum* aus dem 6. Jahrhundert gebetet: „Gott, der Du die Würde der menschlichen Natur

---

7 Nr. 4: Dokumente zur künftigen Entwicklung Deutschlands („Frankfurter Dokumente"), abgedr. in: *Wagner* (Bearb.), Bd. 1 (Fn. 1), S. 30 (31, Dokument Nr. I).

8 *J. von Altenbockum,* Spuren rheinischer Demokratie. Der Parlamentarische Rat und das Grundgesetz, APuZ 16-17/2024, 16 (21).

wunderbar erschaffen und noch wunderbarer erneuert hast; lass uns durch das Geheimnis dieses Wassers und Weines zu Teilhabern werden an der Gottheit dessen, der sich herabgelassen hat, unser Menschsein anzunehmen." Die Erneuerung nach dem Sündenfall wird durch die Taufe bewirkt, die menschliche Natur von der Gottheit in Jesus Christus angenommen. Es gehört zu den bitteren Pointen der Liturgiereform nach dem Zweiten Vatikanischen Konzil, dass dieser Satz in der neuen „Gabenbereitung" nicht mehr vorkommt und nur noch in der dritten Weihnachtsmesse des *novus ordo* gebetet wird.[9]

Die zeitgenössische politische Auseinandersetzung um die *Nominatio Dei* verrät die sehr unterschiedlichen geistesgeschichtlichen Traditionen, die so gar nicht zum idealisierenden Bild des Willens der „Väter des Grundgesetzes" passen. Der einflussreiche Gefolgsmann Adenauers, Adolf Süsterhenn, optierte, in der katholisch-naturrechtlichen Tradition stehend, gegen einen „liberalen Rechtstaatsbegriff", den wiederum der Liberale Theodor Heuss in der Tradition Hegels verfocht. Die Sozialdemokraten waren den Menschenrechten der Aufklärung und einem unitarischen Republikanismus verpflichtet.

Der Parlamentarischer Rat befand sich nicht in einer idealen Habermas'schen Diskurssituation. Statt des zwanglosen Zwangs des besseren Argumentes ging es um handfeste Machtinteressen und Herrschaftsverhältnisse. Zuallererst war auch Westdeutschland noch besetzt, besaß keine Souveränität. Vielmehr bestimmten die westlichen Alliierten, allen voran die US-Amerikaner, über die deutschen Geschicke in „Trizonesien"; formal war die französische Zone der Bizone noch nicht einmal angegliedert. Das taten die Alliierten durchaus im Sinne einer „benevolent dictatorship". Aber auch dies wird in der Rückschau häufig zu glättend und harmonisch gesehen.

Schon auf der Londoner Außenministerkonferenz vom 23. Februar bis 6. März 1948 waren die unterschiedlichen strategischen Ziele der westlichen Besatzungsmächte deutlich geworden. Die USA wollten einerseits als Vorkehrung gegen die Rückkehr eines übermächtigen Staates eine föderalistische Struktur in Westdeutschland stärken, andererseits einen Weststaat als Bollwerk gegen den kommunistischen Ostblock schaffen. Der erste Generalsekretär der NATO Lord Ismay brachte das später lapidar auf die For-

---

9 *B. Leven,* Das Wasser, der Wein und die Menschenwürde, in: Communio online 12.04.2024, abrufbar unter: https://www.herder.de/communio/spiritualitaet/eine-liturgische-randnotiz-zur-vatikan-erklaerung-dignitas-infinita-das-wasser-der-wein-und-die-menschenwuerde/ (abgerufen am 20.06.2024).

derung, „to keep the Soviet Union out, the Americans in, and the Germans down."[10]

Die Briten waren dagegen mangels eigener Erfahrung mit einem föderalistischen Staatsaufbau weniger kritisch gegenüber staatlicher Zentralisierung als die amerikanischen „Federalists", wichtiger war ihnen die einheitliche Zusammenfassung des Ruhrgebiets, daher auch die Gründung des traditionslosen eigenartigen Zwitterstaates Nordrhein-Westfalen. Schon mit dem Zonenbeirat schufen sie ein Organ für die Mitwirkung der Deutschen, die sie als wichtig ansahen. Wie nach dem Ersten Weltkrieg ging es den Franzosen schließlich vor allem um die Schwächung Deutschlands, also eine möglichst lange Besatzungszeit, um die Kontrolle über das Ruhrgebiet, um Reparationen und die Annexion des Saarlandes. Der Schaffung eines Weststaates standen sie sehr kritisch gegenüber. Die Gaullisten und Kommunisten opponierten dann auch heftig gegen die aus der Londoner Konferenz hervorgegangenen Frankfurter Dokumente, die einen Verfassungsauftrag an die Ministerpräsidenten formulierten. Das Londoner Schlusskommuniqué war von den Militärgouverneuren Lucius Clay, Brian Robertson und Pierre Koenig in die Frankfurter Dokumente übersetzt und den Ministerpräsidenten übergeben worden. Beschlossen werden sollte eine „demokratische Verfassung", die „eine Regierungsform des föderalistischen Typs schafft" und „die Garantien der individuellen Rechte und Freiheiten enthält." In Dokument III stand der Passus, dass Referenden in den Ländern über die Verfassung entscheiden sollten.[11] Die Franzosen spekulierten damit auf ein Scheitern des ungeliebten Weststaates.

Die Ministerpräsidenten der westdeutschen Länder zeigten sich nun keineswegs begeistert über die Aussicht auf eine zumindest begrenzte Eigenstaatlichkeit. Adenauer führte privat gar aus, gegenüber den Londoner Empfehlungen sei der Versailler Vertrag ein „Rosenstrauß" gewesen.[12] Der harsche Ton der französischen Vertreter gegenüber den Ministerpräsidenten trug nicht zu einer Entspannung bei. Die Ministerpräsidenten strebten gar keine Staatsbildung an, sie wollten nur ein Provisorium errichten, waren sich aber über dessen Charakter uneins. Die Ministerpräsidenten der Union und insbesondere die Vertreter Bayerns setzten sich für eine dezi-

10 Zitat v. Lord Ismay, abrufbar unter: https://www.nato.int/cps/en/natohq/declassified_137930.htm (abgerufen am 20.06.2024).

11 Nr. 4: Dokumente zur künftigen Entwicklung Deutschlands („Frankfurter Dokumente"), abgedr. in: *Wagner* (Bearb.), Bd. 1 (Fn. 1), S. 30 (31, Zitat Dokument Nr. I).

12 *M. F. Feldkamp*, Der Parlamentarische Rat 1948–1949. Die Entstehung des Grundgesetzes, Bonn 2020, S. 27.

diert föderalistische Struktur ein, die SPD war zentralistisch orientiert. Das bayerische Parlament ratifizierte wegen des nach bayerischem Gusto zu wenig ausgeprägten föderalen Charakters des Grundgesetzes dieses später auch nicht, erkannte aber seine Verbindlichkeit auch für Bayern an.

Der amerikanische Militärgouverneur Lucius Clay war wiederum über die Reaktion der Ministerpräsidenten verärgert. Die Alliierten machten nun klar, dass die Frankfurter Dokumente bindend seien. Den Ministerpräsidenten und auch Konrad Adenauer als Präsident des Parlamentarischen Rats war es dagegen mit Blick auf die Bevölkerung wichtig, dass ihre Beschlüsse nicht als Vollzug eines alliierten Oktrois galten. Dass der Parlamentarische Rat aber „völlig frei, selbständig und unabhängig" sei, war doch eine sehr deutliche Überdehnung des tatsächlichen Sachverhaltes seitens Adenauers.[13]

Die Ministerpräsidenten hatten auch andere materielle Einwände gegen die alliierten Vorgaben. Tatsächlich konnten sie am 28. Juli 1948 einen Verzicht auf geplante Referenden zur Annahme der provisorischen Verfassung und den Namen „Grundgesetz" („basic constitutional law") sowie Parlamentarischer Rat statt verfassungsgebender Nationalversammlung durchsetzen. Die Alliierten fürchteten eine Agitation gegen den Verfassungsprozess und lenkten hier ein.

Im Anschluss entsandten die Länder je einen Experten nach Herrenchiemsee. Innerhalb von zwei Wochen formulierten diese einen Entwurf mit 149 Artikeln für das Grundgesetz. Die Aufnahme in der Öffentlichkeit fiel allerdings eher negativ aus. Die SPD deklarierten diese Vorarbeit als gänzlich unverbindlich. Gleichwohl stellte der Entwurf eine Grundlage für die Arbeit des Parlamentarischen Rats dar und einzelne Artikel fanden Aufnahme im Grundgesetz.

Der ganze Prozess der Aushandlung des Grundgesetzes fand also nicht im luftleeren Raum statt. Verschiedene Akteure bestimmten das Geschehen, allen voran die Alliierten, von deren Genehmigung das ganze Unternehmen abhing, was allerdings nach außen mit Blick auf die Legitimität nicht so aussehen durfte. Die Alliierten griffen immer wieder mit Memoranden und Gesprächen in den Prozess ein. Und so begleitete Adenauer der Vorwurf, ein Erfüllungsgehilfe der Alliierten zu sein. Nach der bereits nach einem Monat erzielten Revision des Besatzungsstatuts durch den nun als Bundeskanzler amtierenden Adenauer ertönte dann Kurt Schumachers

13 Zitiert nach *J. Schäfer*, Der Parlamentarische Rat in Bonn, in: Die Zeit 09.09.1948.

Zwischenruf im Bundestag, Adenauer sei der „Bundeskanzler der Alliierten". Die SPD hatte das Besatzungsrecht zuvor als Ermächtigungsgesetz bezeichnet, obwohl mit dem Petersberger Abkommen vom 22. November 1949 Demontagen gestoppt werden konnten. Der durch Schumachers Invektive hervorgerufene Eklat führte zu seinem Ausschluss, der sich eine schon gängige Zuschreibung der Kommunisten zu eigen gemacht hatte. Es bedurfte einiger Vermittlung, bis Adenauer und Schumacher sich zu einer Erklärung bereitfanden, welche die wechselseitigen Vorwürfe bereinigte. Schumacher entschuldigte sich für seinen das Klima vergiftenden Vorwurf jedoch nicht.[14]

Darüber hinaus redeten natürlich die Parteien mit, dann die Verbände und nicht zuletzt die Kirchen. Der katholischen Kirche ging es vor allem um das Elternrecht als Naturrecht und die Bekenntnisschule. Ganz am Ende, im April 1949, wurden nach interfraktionellen Besprechungen wesentliche Artikel der Weimarer Reichsverfassung (136 bis 139 und 141 WRV) in das Grundgesetz übernommen, welche die freie Religionsausübung verbürgten. Damit wurde auch die Ablösung der Staatsleistungen übernommen, zu der es bekanntlich bis heute nicht gekommen ist. Und ebenfalls fand die sogenannte Bremer Klausel Eingang, welche ermöglichte, auf bekenntnisgebundenen Religionsunterricht als ordentliches Lehrfach etwa in Bremen zu verzichten (Art. 141 GG). Der Fortbestand des Konkordats zwischen Deutschem Reich und Heiligem Stuhl vom 20. Juli 1933, der für die Kirche wegen der gewährten Freiheiten bei Bischofsbesetzungen und Berufungen an Theologischen Fakultäten wichtig war, wurde von FDP und SPD angegriffen, schlussendlich aber vom Bundesverfassungsgericht 1957 sanktioniert. Die katholischen Bischöfe in Deutschland waren anders als dann der Vatikan gleichwohl nicht ganz mit dem Ergebnis zufrieden und forderten, etwa die Bremer Klausel noch zu revidieren. Ein scharfes Schreiben von Papst Pius XII. aus dem Februar 1949, das die Gegner des Elternwillens und der kirchlichen Freiheiten zu unbewussten „Nachahmern eines zusammengebrochenen Staatssystems"[15] gebrandmarkt hatte, wurde Anfang Mai 1949 veröffentlicht. Der mächtige Kölner Erzbischof Josef Kar-

14 *M. F. Feldkamp,* Adenauer, die Alliierten und das Grundgesetz, München 2023, S. 147 ff.

15 Presseveröffentlichung eines Schreibens von Papst Pius XII. an die deutschen Bischöfe über die Arbeit des Parlamentarischen Rates vom 20. Februar 1949 (publiziert in: Kölnische Rundschau 02.05.1949), in: M. F. Feldkamp (Hrsg.), Die Entstehung des Grundgesetzes für die Bundesrepublik Deutschland 1949. Eine Dokumentation, Stuttgart 1999, S. 182 (183).

dinal Frings und sein Domkapitular Wilhelm Böhler wurden von Unions- und Zentrumvertretern durchaus gehört, allerdings stießen ihre Bemühungen bei den anderen Parteien zum Teil auf heftige Ablehnung.[16]

Mehrere Interventionen kamen aus Moskau und aus der SBZ, welche den ganzen Prozess der Weststaatsgründung zu verleumden versuchten. Der ganze Zeitraum, während der der Parlamentarische Rat tagte, war zudem von der Berlin-Blockade begleitet. Stalin ließ sich im Januar 1949 mit Friedensplänen vernehmen. Der sowjetische Sonderbotschafter für Deutschland Wladimir Semjonowitsch Semjonow offerierte einen Monat später den Plan eines entmilitarisierten, neutralen und von einem wiederbelebten Alliierten Kontrollrat beaufsichtigten Gesamtdeutschlands – in etwa das, was Stalin 1952 in seinen Noten vorschlug. Der Vorsitzende der Ost-CDU Otto Nuschke bereiste dann Westdeutschland und traf Konrad Adenauer. Er warnte vor einem Wahlgesetz, dass Berlin mitberücksichtige, dies evoziere eine sowjetische militärische Aktion. Das von der SED gesteuerte parlamentarische Gremium in der SBZ, der Deutsche Volksrat, drängte auf gemeinsame Versammlungen mit den Mitgliedern des Frankfurter Wirtschaftsrates und des Parlamentarischen Rates. Der KPD-Abgeordnete im Parlamentarischen Rat Heinz Renner griff diese Initiativen auf. Orchestriert wurde das von entsprechenden gleichlautenden Schreiben von Bürgern. Der Ältestenrat des Parlamentarischen Rates lehnte den Vorschlag mit Verweis auf die fehlende demokratische Legitimation des Volksrates und seiner Repräsentanten ab. Weitere Telegramme an die Abgeordneten kurz vor und nach der Verabschiedung des Grundgesetzes wurden unbeantwortet gelassen.[17]

Am Ende wurde das Grundgesetz, an dem man viel länger als geplant, nämlich neun Monate, gearbeitet hatte, dann doch in eiserner Zeitdisziplin[18] genau vier Jahre nach der bedingungslosen Kapitulation der deutschen Wehrmacht mit 53 Stimmen der CDU, SPD und der Liberalen gegen 12 Stimmen der CSU (die zwei fränkischen CSU-Abgeordnete stimmten bezeichnenderweise zu), und der Stimmen des Zentrums, der Deutschen Partei und der KPD angenommen. Wenig später, am 12. Mai 1949, hoben die Sowjets die Berlin-Blockade auf, die Konsolidierung westdeutscher Staatlichkeit hatten sie nicht verhindern können.

---

16 *Feldkamp,* Der Parlamentarische Rat (Fn. 12), S. 123 ff.
17 *Feldkamp,* Der Parlamentarische Rat (Fn. 12), S. 156 ff.
18 Fünf Minuten nach Zwölf, in: Der Spiegel 11.05.1949.

Das am 23. Mai 1949 in der ersten Nummer des Bundesgesetzblattes publizierte Grundgesetz war auf stattliche 146 Artikel angewachsen. Artikel 1 bis 19 beinhaltete also die Grundrechte, in Artikel 20 wurde der neue Staat als „demokratischer und sozialer Bundesstaat“ definiert, dessen Institutionen an „Gesetz und Recht“ gebunden seien. Dieser Artikel und der Menschenwürde-Artikel 1 waren in der „Ewigkeitsklausel“ von Artikel 79 Abs. 3 der Änderung entzogen; ansonsten kann das Grundgesetz durch Zustimmung von zwei Dritteln der Abgeordneten des Bundestages und der Stimmen des Bundesrates geändert werden. Schon zeitgenössisch fand die Möglichkeit Beachtung, dass der Bund „Hoheitsrechte auf zwischenstaatliche Einrichtungen übertagen“ könne (Art. 24), wovon dann im Zuge des Beitritts zur NATO und den Europäischen Gemeinschaften, der heutigen Europäischen Union, Gebrauch gemacht wurde. Anders als in der WRV wurden die Regeln des Völkerrechts als Bestandteil des Bundesrechtes angesehen (Art. 25). Die Formel „Bundesrecht bricht Landesrecht“ (Art. 30) wies das Gebilde als Bundesstaat aus. Ein eigenes Wahlrecht enthält das Grundgesetz nicht, es bestimmt nur das Wahlalter, damals 21 Jahre, und den Grundsatz der allgemeinen, unmittelbaren, freien, gleichen und geheimen Wahl des Deutschen Bundestages (Art. 38). Die Fünf-Prozenthürde war nicht eine vom Parlamentarischen Rat gezogene Folgerung aus der Zersplitterung des Reichstages in der Weimarer Republik und der Unfähigkeit an deren Ende, parlamentarisch gestützte Regierungen zu bilden, wie es häufig zu hören ist. Vielmehr wurde das Wahlgesetz zum Bundestag als veränderterer Entwurf des Wahlrechtsausschusses des Parlamentarischen Rats, nun mit der Sperrklausel, von den Ministerpräsidenten verabschiedet.[19] Heute gibt es ein detailliertes Bundeswahlgesetz, über dessen Novellierung gerade vor dem Bundesverfassungsgericht verhandelt wurde – Stichworte sind Verkleinerung des Bundestages und Abschaffung der Grundmandatsklausel, nach der Parteilisten bei Gewinn von drei Direktmandaten in den Bundestag einziehen.

Die zweite Kammer wurde als Länderkammer ausgestaltet und nicht, wie von der SPD gewünscht, als Senat. Der Bundespräsident als Staatsoberhaupt wurde mit weitaus weniger Vollmachten als der Reichspräsident der Weimarer Verfassung ausgestattet, das war schon beim Verfassungskonvent auf Herrenchiemsee Konsens. Dafür erhielt der Bundeskanzler eine starke Stellung samt Vorschlagsrecht für die Minister und Richtlinienkompetenz. (Art. 64 und 65). Zudem wurde ein konstruktives Misstrauensvotum ein-

---

19 *Feldkamp*, Der Parlamentarische Rat (Fn. 12), S. 102.

gerichtet, um destruktive Abwahlen von Regierungen zu verhindern. Das Bundesverfassungsgericht als „Hüter der Verfassung“ war ebenfalls ein Novum im Vergleich zur WRV. Anders als in manchen Landesverfassungen wurde die Todesstrafe explizit abgeschafft (Art. 102).

Der provisorische Charakter des Grundgesetzes wurde im letzten Artikel 146 noch einmal deutlich: „Dieses Grundgesetz verliert seine Gültigkeit an dem Tage, an dem eine Verfassung in Kraft tritt, die von dem deutschen Volke in freier Entscheidung beschlossen worden ist.“

III. Reaktionen der Medienöffentlichkeit und der öffentlichen Meinung

Während der Arbeit des Parlamentarischen Rates bestimmten andere Themen die Medienöffentlichkeit, allen voran die Weltpolitik und die Alliierten, die Berlin-Blockade und die Versorgung, der Frankfurter Wirtschaftsrat und die Besatzungsherrschaft. Die Zonenzeitungen waren angelehnt an die Politik der jeweiligen Besatzungsmächte. Die Journalisten, die aus Bonn berichteten, waren häufig unerfahren und selten voll auf den Parlamentarischen Rat konzentriert. Umgekehrt waren die Parlamentarier eher abwiegelnd gegenüber Journalisten und skeptisch gegenüber der Qualität der Berichterstattung. Dabei kam auch ein politischer Elitismus zum Tragen. So meinte Theodor Heuss, Briefschreiber und Petenten sollten nicht durch Berichte im Grundsatzausschuss und Antwortschreiben oder durch Nennung der Zahl der Eingaben zu weiteren Briefen ermutigt werden. Verworfen wurde mit Blick auf Fensterreden die Öffentlichkeit der Ausschuss-Sitzungen. Auch Grundsatzdebatten im Plenum wollte Adenauer eher vermeiden. In den Ausschüssen und informellen Gremien fand somit eine für die nicht beteiligte Öffentlichkeit nicht transparente juristische Arbeit statt. Die systematische archivgestützte Untersuchung der Medienöffentlichkeit rund um die Entstehung des Grundgesetz ist aber weitgehend noch ein Desiderat der Forschung.[20]

Die Reaktionen auf die Verabschiedung des Grundgesetzes in der Öffentlichkeit waren dann keinesfalls euphorisch. Die Bayernpartei sprach gar von einem „Schundgesetz“[21]. Charles de Gaulle erklärte, die „Lösung

---

20 *E. H. M. Lange,* Entstehung des Grundgesetzes und Öffentlichkeit: Zustimmung erst nach Jahren, Zeitschrift für Parlamentsfragen 1979, 378.

21 *E. Friedlaender,* „Und neues Leben blüht aus den Ruinen“, in: Die Zeit 19.05.1949.

von Bonn bedeutet die Wiederherstellung des deutschen Reiches."[22] Nicht überraschend war die Interpretation der sowjetischen Agentur Tass: Die „Spalterverfassung" sei das Ergebnis der von den Besatzungsmächten ausgegebenen Direktiven.[23] Allerdings waren in der SBZ mit der Errichtung der Herrschaft der zur SED zwangsvereinigten Parteien von KPD und SPD längst die Weichen gegen ein demokratisches Gesamtdeutschland gestellt worden.[24]

Aber auch die Chefredakteure der Wochenzeitung *Die Zeit* gingen harsch mit der „Verfassung des Als-Ob" ins Gericht, die eben „keine volle politische Freiheit" ermögliche und von den Hypotheken des Besatzungs- und Ruhrstatuts belastet sei. *Der Spiegel* verpackte diese Diagnose schon damals in Ironie: „Deutschlands Militärregenten haben neun Monate mit Rat, Mahnung, Warnung und versteckter Drohung hinter den Bonner Räten gestanden. Als alles dann soweit war, verfehlten sie nicht, den Räten zu bescheinigen, sie seien wackere Männer, die etwas Wackeres geschaffen hätten."[25] Das Grundgesetz sei „kein Werk schöpferischer Phantasie", schrieb der stellvertretende *ZEIT*-Chefredakteur Ernst Friedlaender, man sei „kein wirkliches freies Volk".[26] Chefredakteur Ernst Tüngel fand den Katalog der Menschenrechte – gemeint waren die Grundrechte – „schlecht formuliert". Die Proklamation „Alle Staatsgewalt geht vom Volke aus" konterte er mit der Bemerkung, „es wird kaum eine westdemokratische Verfassung geben, in der das Volk unmittelbar so sehr von der Staatsgewalt ausgeschlossen ist wie hier."[27]

Friedlaender kritisierte auch materiell einzelne Bestimmungen, so die Bindung der Freiheit der Lehre an die Treue zur Verfassung. Wer bestimme, was diese Treue bedeute? Zudem sei es für die Parteien unvorstellbar, „dass möglicherweise die Freiheit auch gegen sogenannte demokratische Parteien geschützt werden müßte"[28] – ein geradezu prophetischer Satz. Von Tüngel wurde die Stellung des Bundeskanzlers als „außerordentlich

22 *C. J.*, Die Woche, in: Die Zeit 26.05.1949.

23 Hoffnung, in: Der Spiegel 11.05.1949.

24 So zu Recht *I.-S. Kowalczuk,* Warum es zur doppelten Staatsgründung kam, APuZ 18–20/2024, 4 (9).

25 Ich suchte den göttlichen Funken, in: Der Spiegel 18.05.1949.

26 *Friedlaender,* „Und neues Leben blüht aus den Ruinen", (Fn. 21).

27 *Tüngel,* Hitlers Schatten (Fn. 4).

28 *Friedlaender,* „Und neues Leben blüht aus den Ruinen", (Fn. 21).

stark" kritisiert. Er resümierte, es bleibe „nur ein Trost: diese Verfassung ist provisorisch: Daß die nächste besser werde, dafür laßt uns alle sorgen."[29]

Die meisten Zeitungen machten allerdings bei seiner Verabschiedung durchaus mit dem Grundgesetz auf. „Grundgesetz mit 53:12 Stimmen angenommen", titelte die SZ. Der Gesetzestext wurde im Wortlaut abgedruckt. Auch am nächsten Tag bestimmte das Grundgesetz die Titelschlagzeile: „Positives Echo zur Bonner Entscheidung".[30] Die Zeitung aus München berichtete naturgemäß groß über das Nein der CSU zum Grundgesetz und sechs ihrer Abgeordneten im Parlamentarischen Rat und sorgte sich in einer Sonderausgabe wegen der Ablehnung der bayerischen Regierung und deren Auswirkung, die jedoch nach Ministerpräsident Hans Ehard „kein Abrücken von der gesamtdeutschen Schicksalsgemeinschaft" bedeute.[31]

IV. Legitimationsdefizite?

Am Anfang des Parlamentarischen Rates hatten keine allgemeinen Wahlen gestanden, am Ende keine Volksabstimmungen über das Ergebnis seiner Arbeit. Auch deswegen ist es nicht besonders überraschend, dass sich in Meinungsumfragen die Westdeutschen damals eher desinteressiert an der ganzen Thematik zeigten. So antworteten im März 1949 40 Prozent aller Westdeutschen, dass ihnen die Verfassung gleichgültig sei und gerade ein Drittel war „mäßig interessiert", nur ein Fünftel „sehr interessiert.[32] Im Juli 1949 antworteten auf eine in der US-Zone gestellte Umfrage, ob der Parlamentarische Rat ein Grundgesetz verabschiedet habe, 42 Prozent mit „ja", 38 Prozent aber mit „nein", 20 Prozent wussten nichts zu sagen![33] Und noch 1955 kannten 50 Prozent der Westdeutschen das Grundgesetz nicht.[34] Es war also ein weiter Weg, bis der Politikwissenschaftler Dolf Sternberger als Antwort auf die 68er-Polemik gegen die „FDGO" den Verfassungspatriotis-

---

29 *Tüngel,* Hitlers Schatten (Fn. 4).

30 SZ vom 09. und 10.5.1949.

31 Bonn und Bayern, in: SZ Sonderausgabe 09.05.1949, S. 1.

32 *J. Reuschenbach,* Der Parlamentarische Rat: Wahrnehmung in Presse und öffentlicher Meinung, in: T. Mayer/D. Schulze Heuling (Hrsg.), Über Bonn hinaus. Die ehemalige Bundeshauptstadt und ihre Rolle in der deutschen Geschichte, Baden-Baden 2017, S. 75 (84).

33 *Lange,* Entstehung (Fn. 20), 382.

34 *M. Sabrow,* Blasse Erinnerung. Der Neubeginn nach 1945 im deutschen Gedächtnis, APuZ 18-20/ 2024, 11 (12).

mus erfand und bis dieser von Jürgen Habermas als ein Ersatz für den von ihm perhorreszierten herkömmlichen Patriotismus etabliert wurde.[35]

2009, zum 60. Jahrestag der Verabschiedung des Grundgesetzes, sagten dann aber 72 Prozent der von Allensbach repräsentativ befragten Deutschen, sie hätten „sehr viel" oder „ziemlich viel" Vertrauen in das Grundgesetz. Zehn Jahre später ergab eine repräsentative Umfrage des Meinungsforschungsinstituts Infratest dimap, dass fast neun von zehn Befragten (88 Prozent) meinten, dass sich das Grundgesetz „sehr gut" oder „gut" bewährt habe.[36]

Zweifel an der Legitimation des Grundgesetzes („Lebenslüge"), die mit Blick auf die Besatzungsherrschaft und die alliierten Vorgaben und Kontrollen, ferner die fehlenden allgemeinen Wahlen zum Parlamentarischen Rat und die fehlenden Volksabstimmung über das Grundgesetz in Diskrepanz zum Wortlaut der Präambel („... hat das Deutsche Volk ... kraft seiner verfassungsgebenden Gewalt dieses Grundgesetz der Bundesrepublik Deutschland beschlossen.") sowie die Angliederung der Länder der DDR im Jahr 1990 anstelle einer neuen gesamtdeutschen Verfassungsgebung immer wieder vorgebracht wurden,[37] sind über die Zeit obsolet geworden. Wohl eher nicht dazu beigetragen hat die Begehung des 23. Mai als „regelmäßiger Beflaggungstag", wie es im schönsten Amtsdeutsch heißt. Auch die Symbolisierung in Ausstellungen und Feierstunden geriet meist eher nüchtern. Aber Institutionen wie das Bundesverfassungsgericht, obwohl lange nur beim Einzug der Richter in ihren roten Roben bildlich präsent, die Vereidigungen und Gelöbnisse des stetig anwachsenden Millionenheers von Staatsdienern oder auch die schematischen Darstellungen in Schulbüchern und Materialien der politischen Bildung popularisierten das Grundgesetz.[38]

35 Vgl. dazu *P. Hoeres,* Zeitung für Deutschland. Die Geschichte der FAZ, München/Salzburg 2019, S. 228 ff.

36 Red. beck-aktuell, Umfrage: Menschen in Deutschland mit dem Grundgesetz überwiegend zufrieden, in: beck-aktuell 10.04.2019, abrufbar unter: https://rsw.beck.de/aktuell/daily/meldung/detail/umfrage-menschen-in-deutschland-mit-dem-grundgesetz-ueberwiegend-zufrieden (abgerufen am 20.06.2024).

37 Vgl. kritisch dazu *A. Bauer-Kirsch,* Zur Legitimation des Bonner Grundgesetzes. Das Selbstverständnis des Parlamentarischen Rates wider die Kritik, Zeitschrift für Politik 2002, 171; Eine Analogie findet sich in der Präambel der amerikanischen Verfassung („We the People of the United States"), die ebenfalls nicht per Volksabstimmung angenommen wurde.

38 *P. Hoeres,* Repräsentation und Zelebration. Die Symbolisierung der Verfassung im ausgehenden 19. und im 20. Jahrhundert, Der Staat 2014, 285 (306).

Die Medienöffentlichkeit, die Parteien, die Institutionen, die Bevölkerung gaben und geben tatsächlich ein *plébiscite de tous les jours* zum Grundgesetz. Insofern ist die derzeit postulierte Parallelisierung der doppelten Staatsgründung in der Forschung, welche angeblich die „Gewissheit der höheren Legitimität des Grundgesetzes gegenüber der DDR-Verfassung“[39] erodieren lasse, problematisch; dies auch angesichts der gänzlich undemokratisch zustande gekommenen Staatsgründung der DDR am 7. Oktober 1949, bei der die Provisorische Volkskammer bezeichnenderweise einstimmig die Verfassung der DDR billigte.

Das Grundgesetz ist seit seiner Verkündigung 67-mal geändert worden. Wichtige Elemente wie die Wehr- oder die Notstandsverfassung – erstere ein wichtiger Baustein der Westintegration, letztere eine Auflage der Alliierten – mussten ergänzt werden. Auch hatte das im Parlamentarischen Rat unumstrittene Asylrecht eine Bedeutungsveränderung erfahren und sich zum Einfallstor für eine ungeregelte Immigration von Wirtschaftsflüchtlingen erwiesen. Die Aufnahme eines Art. 16a im Jahr 1993 schaffte Abhilfe, allerdings durch die Freizügigkeit innerhalb der Europäischen Union nur mittelfristig. Die Wiedervereinigung über Anwendung von Artikel 23 statt über die in Artikel 146 vorgesehene Verabschiedung einer Verfassung in freier Entscheidung „von dem deutschen Volke“ ließ die Architektur des Grundgesetzes intakt und wertete es nun zur gesamtdeutschen Verfassung auf. Problematischer als die Verfassungsänderungen scheinen die Umdeutungen des Grundgesetzes durch ein rechtsschöpfendes Bundesverfassungsgericht, den Gesetzgeber und nachgeordnete Behörden zu sein.

So hat das Bundesverfassungsgericht in seinem „Klimabeschluss“ vom 24. März 2021 das Klimaschutzgesetz als mit den Grundrechten für unvereinbar erklärt, insoweit eine Regelung über die Fortschreibung der nationalen Minderungsziele für Zeiträume ab dem Jahr 2031 fehle. Der Gesetzgeber wurde verpflichtet, spätestens mit Ablauf des Jahres 2022 die Fortschreibung der Minderungsziele für diese Zeiträume zu regeln. Damit hat das Verfassungsgericht sehr weitgehende Anweisungen Richtung Planwirtschaft auf Grundlage unsicherer Prognostik und wenig klimarelevanter Wirkung nationaler Maßnahmen vorgegeben. Zuvor war schon die billigende Entscheidung über die Out-of-Area-Einsätze der Bundeswehr von 1994 mit der Kopplung an einen Parlamentsbeschluss ein rechtsschöpfender Akt gewesen, der weit über eine Auslegung des Grundgesetzes hinausging. Diese Kritik an einer eigenmächtigen Kompetenzausweitung des

39 *Sabrow*, Blasse Erinnerung (Fn. 34), 18.

obersten deutschen Gerichts gehört übrigens zum Wesen des demokratischen Diskurses, sind Gerichte doch nicht der öffentlichen Debatte entzogen und enthalten Verfassungsgerichtsurteile oft selbst Minderheitenvoten.

Die Legislative verkehrte dagegen den Sinngehalt von Artikel 6 geradezu ins Gegenteil. Der ganze Artikel, der Ehe und Familie wie speziell die Mütter unter staatlichen Schutz stellt und letztere der „Fürsorge der Gemeinschaft" anvertraut, ist durch die Einführung der sogenannten „Ehe für alle" wie einer Abwertung der Mutterrolle durch Diskreditierung, Zugang zur reproduktiven Medizin und Abkopplung der rechtlichen Mutterschaft von der biologischen gegen die Intentionen der Autoren des Grundgesetzes fundamental verändert und entwertet worden. Die Ampelkoalition versuchte darüber hinaus mit bestellten Expertinnen, die Rechtsprechung des Bundesverfassungsgerichts auszuhebeln, nach der die Tötung ungeborener Kinder rechtswidrig ist und nur unter bestimmten Voraussetzungen straffrei bleiben kann.

Die Exekutive wiederum ging während der Corona-Pandemie äußerst robust mit den Grundrechten um; ein informelles Gremium, die Bund-Länder-Konferenz, bestehend aus Bundeskanzler und Ministerpräsidenten, setzte mit dünnen Begründungen flugs eine ganze Reihe von Grundrechten außer Kraft. Bei Polizeimaßnahmen gegen Demonstranten gegen die Corona-Politik wurde häufig ein überhartes, gewaltsames Vorgehen beobachtet. Das Netz ist voll mit Videos, die anlasslose Polizeigewalt gegen friedliche Demonstranten, Einsätze gegen schlittenfahrende Familien und regelrechte Jagdszenen auf Spaziergänger mit Grundgesetz in der Hand zeigen. Ungeimpfte und Maßnahmenkritiker wurden trotz fehlendem Fremd- und nur begrenztem Eigenschutz der Corona-Impfstoffe politisch und gesellschaftlich stigmatisiert und ausgegrenzt. In Erinnerung blieb unter anderem das schlimme Wort des damaligen Ministerpräsidenten des Saarlands, Tobias Hans, zu Ungeimpften: „Ihr seid jetzt raus aus dem gesellschaftlichen Leben", nachzulesen in der Saarbrücker Zeitung vom 10. Dezember 2021. Es wurde auch schon während der Pandemie substantielle juristische Kritik, etwa seitens des ehemaligen Verfassungsrichters Hans-Jürgen Papier, an der Aussetzung zahlreicher Grundrechte geübt.[40] Eine echte Aufarbeitung steht aber immer noch aus.

40 *T. Petersen,* Die angesehene Verfassung, in: FAZ 20.05.2009, S. 5; *C. Rath,* Ex-Verfassungsrichter Hans-Jürgen Papier sorgt sich um Grundrechte, in: MOZ 18.05.2020, abrufbar unter: https://www.moz.de/nachrichten/politik/corona-einschraenkungen

Schließlich konstruierte das Bundesamt für Verfassungsschutz, eine nachgeordnete Behörde des Bundesministeriums des Innern und für Heimat, unter seinem die Öffentlichkeit stark suchenden und das Mäßigungsgebot missachtenden Präsidenten Thomas Haldenwang zuletzt monopolartig und implizit sanktionsbewährt ein verengtes Verständnis von „deutschem Volk" als Staatsvolk; dass es damit eklatant Wortlaut und Bestimmungen des Grundgesetzes missachtete, ist mittlerweile von mehreren Juristen und Publizisten festgestellt worden. So hat laut Präambel das offenbar also schon existierende „Deutsche Volk" die Verfassung gegeben und damit das Staatsvolk erst geschaffen. Und im Artikel 116 heißt es bis heute, Deutscher sei, „wer die deutsche Staatsangehörigkeit besitzt oder als Flüchtling oder Vertriebener deutscher Volkszugehörigkeit oder als dessen Ehegatte oder Abkömmling in dem Gebiete des Deutschen Reiches nach dem Stande vom 31. Dezember 1937 Aufnahme gefunden hat." Wie auch in zahlreichen weiteren Gesetzen (etwa dem Bundesvertriebenengesetz mit dem Verweis auf die „Volkszugehörigkeit") geht das Grundgesetz und der Gesetzgeber also *auch* von einem sogenannten „ethnischen" Volksbegriff, der Volkszugehörigkeit nichtdeutscher Staatsbürger aus, was gerade nicht identisch mit dem Begriff des Staatsvolkes ist. Folgerichtig werden in Deutschland wie auch anderenorts Völker als solche angesprochen, die wie Kurden, Palästinenser oder Tibeter über gar keinen Staat verfügen bzw. innerhalb von Staaten eigene Volksgruppen bilden. Hierzulande werden die Sorben, die Friesen, die Sinti und Roma und Dänen als nationale Minderheiten anerkannt und von Regierungsbehörden explizit als „Volk" bezeichnet, ohne dass damit das Staatsvolk gemeint ist.[41]

Zudem betreibt der Verfassungsschutz eine Verdachtsberichtserstattung in verschwörungstheoretischer Manier. Unklar definierten „Extremisten" wird unterstellt, sich sprachlich zu tarnen, um den unterstellten Extremismus zu kaschieren, und über diese bloßen „Verdachtsfälle" wird dann ohne geregelte Möglichkeit für die Betroffenen, dem zu begegnen, berichtet.

-ex-verfassungsrichter-hans-juergen-papier-sorgt-sich-um-grundrechte-49140868.html (abgerufen am 20.06.2024).

41 Bundesministerium des Innern und für Heimat, Nationale Minderheiten in Deutschland, o. D., abrufbar unter: https://www.bmi.bund.de/DE/themen/heimat-integration/gesellschaftlicher-zusammenhalt/minderheiten/minderheiten-in-deutschland/minderheiten-in-deutschland-node.html_(abgerufen am 20.06.2024); Ministerium des Innern und für Sport Rheinland-Pfalz, Nationale Minderheiten in der Bundesrepublik Deutschland, o. D., abrufbar unter: https://mdi.rlp.de/themen/buerger-und-staat/nationale-minderheiten (abgerufen am 20.06.2024).

Neue, im Grundgesetz nicht vorhandene Tatbestände wie „Delegitimierung des Staates“ weiten die zu ächtende Personengruppe immer weiter aus und greifen in die grundgesetzlich garantierte Meinungsfreiheit ein.[42]

Fazit

Man braucht nicht dem amerikanischen konservativen „Originalismus“ anzuhängen, welcher getreu die Intentionen der Verfassungsväter zu Geltung bringen möchte, um zu konstatieren, dass das Grundgesetz bei weitreichender Re-Interpretation wie bei der „Ehe für alle“, dem Abtreibungsrecht oder immer neuen vom Verfassungsschutz konstruierten Tatbeständen wie „ethnischer Volksbegriff“ oder „Delegitimierung des Staates“ seines Ursprungsgehaltes teilweise beraubt wird. Bei aller Wandlung und Anpassung des Grundgesetzes an eine veränderte Verfassungswirklichkeit gilt es daher, dessen Kern wieder freizulegen und zur Geltung zu bringen. Dazu gehört die *Nominatio Dei*, „Verantwortung vor Gott“, in der Präambel, welche menschlichem Gestaltungs- und Interpretationswillen Grenzen setzt. Die Unterzeichnung des Grundgesetzes am 23. Mai 1949 fand denn auch unter Beschirmung durch eine barocke goldene Engelsskulptur statt, die das Tintenfass trugen, das zur Unterzeichnung diente. Die zwei Engel mit ausgebreiteten Flügeln beschirmten die Unterzeichnung und verliehen dem ansonsten eher nüchternen Akt in einer sachlichen Atmosphäre christlichen Pathos.[43]

Das Grundgesetz ist keine Wertediktatur, der auf ihm beruhende säkulare Staat beruht aber, wie das berühmte Böckenförde-Dictum lautet, auf „Voraussetzungen, die er selbst nicht garantieren kann.“[44] Die Preisgabe dieser Einsicht kann nicht durch eine oberflächliche Wir-Rhetorik oder Appelle an den Gemeinsinn kompensiert werden, wenn vollkommen disponibel ist, was man sich unter der Gemeinschaft oder der *patria* vorstellen kann. Das „Wir“ wird dann zur politischen Kampfrhetorik. Das Grundgesetz

42 Besonders prägnant zu den logischen und juristischen Verrenkungen, die der Verfassungsschutz neuerdings macht: *M. Brodkorb*, Gesinnungspolizei im Rechtsstaat? Der Verfassungsschutz als Gehilfe der Politik. Sechs Fallstudien, Springe 2024.

43 *M. Ruck*, „Abschied vom Pathos“ – Beginn eines „Mythos“. Die visuelle Gründungskonstruktion der Bundesrepublik, in: G. Paul (Hrsg.), Das Jahrhundert der Bilder. Bd. II: 1949 bis heute, Göttingen 2008, S. 40 (42 f.).

44 *E.-W. Böckenförde*, Die Entstehung des Staates als Vorgang der Säkularisation, in: ders., Recht, Staat, Freiheit. Studien zur Rechtsphilosophie, Staatstheorie und Verfassungsgeschichte, Frankfurt a. M. 2016, S. 92 (112) [Kursivierung im Original].

verlangt jedoch gerade keine Gesinnungsgefolgschaft, es setzt stattdessen ein Mindestmaß an Homogenität voraus.

Der liberale jüdische Staatsrechtslehrer Hans Kelsen formulierte das in den 1920er Jahren wie folgt: „Die tatsächlichen Voraussetzungen für die gegenseitige Verständigung der an der sozialen Willensbildung Beteiligten müssen also gegeben sein: eine kulturell relativ homogene Gesellschaft [...]".[45] Dieser Gedanke einer aus „substantielle[r] Gleichheit" hervorgehende „relative[n] Homogenität", die der demokratische Verfassungsstaat zur Voraussetzung hat, findet sich dann auch bei Ernst-Wolfgang Böckenförde, der daher den Staat aufforderte, die muslimische Einwanderung so zu beschränken, dass die Muslime „in ihrer Minderheitenposition verbleiben".[46] Dies gilt gerade, wenn man die Einsicht beherzigt, dass das Grundgesetz eben gerade keine transzendente Letztinstanz ist, die über den Religionen steht und man das Diktum Böckenfördes nicht umdrehen sollte, dass die Religion von den Voraussetzungen des Grundgesetzes zehren soll und muss.[47] Insofern darf man auch von Muslimen – wie von Christen und Juden – nicht verlangen, die Loyalität zum Grundgesetz über die Bindung an die Religion zu stellen. Das Grundgesetz verlangt nur, wie Böckenförde betont, dass die Staatsbürger die Gesetze befolgen. Mit einem derart nüchternen, aber doch den Wesensgehalt des Grundgesetzes und der dort verbrieften Grundrechte achtenden Blick kann das einstmalige Provisorium noch auf absehbare Zeit als Fundamentum des deutschen Staates dienen.

---

45 *H. Kelsen*, Vom Wesen und Wert der Demokratie, 2. Neudruck der 2. Auflage Tübingen 1929, Aalen 1981, S. 65 f.; vgl. auch *C. Schmitt*, Verfassungslehre, Berlin 1965 (zuerst 1928), S. 227 ff.

46 *E.-W. Böckenförde*, Demokratie als Verfassungsprinzip, in: J. Isensee/P. Kirchhof (Hrsg.), Handbuch des Staatsrechts der Bundesrepublik Deutschland, Bd. 1: Grundlagen von Staat und Verfassung, Heidelberg 1987, S. 887 (917 f.); *ders.*, Religionsfreiheit ist kein Gottesgeschenk, in: FAZ 22.04.2009, S. 35, dort das Zitat, das im Kontext wie folgt lautet: „Der Staat hat seinerseits zu verlangen, dass die geltenden Gesetze loyal befolgt werden; darüberhinausgehende ‚Wertbekenntnisse' sollte er nicht einfordern. Andererseits hat der Staat dafür Sorge zu tragen, dass, solange die [...] Vorbehalte fortbestehen, die Angehörigen des Islams durch geeignete Maßnahmen im Bereich von Freizügigkeit und Migration – nicht zuletzt im Hinblick auf die Türkei – in ihrer Minderheitenposition verbleiben, ihnen mithin der Weg verlegt ist, über die Ausnutzung demokratischer politischer Möglichkeiten seine auf Offenheit angelegte Ordnung von innen her aufzurollen. Darin liegt nicht mehr als seine Selbstverteidigung, die der freiheitliche Verfassungsstaat sich schuldig ist."

47 *Hoeres,* Repräsentation und Zelebration (Fn. 38), 309.

Der Einfluss der Kirchen auf die Beratungen des Grundgesetzes. Vorläufige Beobachtungen

von *Prof. Dr. Dominik Burkard*

Als am 1. September 1948 die von den Parlamenten der westdeutschen Länder gewählten Mitglieder des Parlamentarischen Rates[1] in Bonn zusammentraten, lagen die Mehrheitsverhältnisse aus kirchlicher Perspektive denkbar ungünstig. Von den 65 stimmberechtigten Abgeordneten gehörten je 27 der SPD sowie der CDU/CSU an, fünf weitere der FDP/DVP sowie je zwei der Deutschen Partei, der Deutschen Zentrumspartei und der KPD. Nach den zurückliegenden Erfahrungen sowohl in der parlamentarischen Arbeit der Länder als auch im politischen Kampf überhaupt war klar, dass die Kirchen nicht nur von der KPD eine scharfe Ablehnung ihrer kulturpolitischen Anliegen zu erwarten hatten, sondern dass ihnen auch weite Teile von SPD und FDP ablehnend gegenüberstanden. Und dies trotz der gemeinsamen bedrückenden Erfahrungen des Nationalsozialismus, der seine menschenverachtende Politik im erklärten Gegensatz zu zentralen Axiomen des Christentums entwickelt hatte. Zu hoffen war in den künftigen Verhandlungen allenfalls auf die Unterstützung einer qualifizierten Minderheit von 31 zu 34 Mandaten im Plenum und 10 zu 11 Mandaten im Hauptausschuss, falls denn alle Abgeordneten von CDU/CSU, Zentrum und Deutscher Partei sich hinter die Forderungen der Kirchen stellten. Ob im einen oder anderen Punkt auch Stimmen aus SPD und FDP gewonnen werden könnten, war mehr als fraglich. Und so stimmte die realpolitische Ausgangslage für ein künftiges Grundgesetz aus dem Geist christlicher Welt- und Gesellschaftsvorstellungen heraus keineswegs hoffnungsfroh.

Bei Licht betrachtet lagen die Verhältnisse freilich deutlich komplizierter – und damit noch ungünstiger. Denn die Kirchen konnten nicht einmal

1 Solide Überblicksdarstellungen der Verhandlungen bieten: *W. Sörgel*, Konsensus und Interessen. Eine Studie zur Entstehung des Grundgesetzes für die Bundesrepublik Deutschland, Wiesbaden 1985; *M. F. Feldkamp*, Der Parlamentarische Rat 1948-1949. Die Entstehung des Grundgesetzes, Göttingen 1998; *Ders.*, Die Entstehung des Grundgesetzes für die Bundesrepublik Deutschland 1949. Eine Dokumentation, Ditzingen 1999.

gewiss sein, in den sie interessierenden Fragen bereits alle Unionsabgeordneten hinter ihren Forderungen versammeln zu können. Eine Rolle spielte hierbei zunächst die grundsätzliche Frage um Föderalismus und Zentralismus in der künftigen Bundesverfassung, und in dieser Hinsicht neben der parteipolitischen Zugehörigkeit der Abgeordneten eben auch deren regionale Herkunft. Insbesondere Bayern – und damit die Abgeordneten der CSU – vertraten die Ansicht, die Bundesverfassung dürfe überhaupt keine kulturpolitischen Vorgaben enthalten, weil sie damit in den Hoheitsbereich der Länder eingreife, während die Sorge der Katholischen Kirche vor allem auf jene Länder zielte, in denen sich die Katholiken in einer Diasporasituation befanden bzw. sozialistisch regiert wurden.[2] Dazu traten weitere Probleme: So eine gewisse Rivalität zwischen den Schwesterparteien CDU und CSU, aber auch – und dies schien zunächst ebenso wenig steuerbar – zwischen der Union einerseits und der Zentrumspartei andererseits.[3] Letztere, die bereits vom Namen her an die lange Tradition der politischen Vertretung der Katholiken insbesondere zu Kulturkampfzeiten anknüpfte, war vor allem in Nordrhein-Westfalen und in Niedersachsen vertreten, verstand sich noch immer als die eigentliche Hüterin der kirchlichen Interessen und positionierte sich mitunter dezidiert und scharf gegen die CDU als unmittelbare Konkurrentin. Schwer kalkulierbar war auch der interkonfessionelle Charakter der Union, auf die man kirchlicherseits die größten Hoffnungen setzte: Denn gerade in den kulturpolitischen Themen gab es

---

2 Prälat Böhler, der kirchenpolitische Beauftragte von Kardinal Frings, wurde eigens nach München geschickt, um in Verhandlungen mit Kardinal Michael Faulhaber (1869-1952) und Generalvikar Johannes Zinkl sowie Kultusminister Alois Hundhammer (1900-1974) und Ministerpräsident Hans Ehard (1887-1980) die bayerische Position aufzulockern. Vgl. *L. Volk*, Der Heilige Stuhl und Deutschland 1945-1949, in: A. Rauscher (Hrsg.), Kirche und Katholizismus 1945-1949. Beiträge zur Katholizismusforschung. Reihe B: Abhandlungen, München/Paderborn/Wien 1977, S. 53 ff. (75). – Vgl. auch die rückblickenden Überlegungen von Böhler: 12. Mai 1949 Böhler an Frings, abgedr. in: *A. Mertens* (Bearb.), Akten deutscher Bischöfe seit 1945. Westliche Besatzungszonen und Gründung der Bundesrepublik Deutschland 1948/1949. Veröffentlichungen der Kommission für Zeitgeschichte. Reihe A: Quellen. Bd. 55, Paderborn/München/Wien/Zürich 2010, S. 637-642.

3 *U. Schmidt*, Zentrum oder CDU. Politischer Katholizismus zwischen Tradition und Anpassung, Opladen 1987; vgl. auch *F. Geidner*, Katholizismus und Politik in Nachkriegsdeutschland. Erzbischof Lorenz Jaeger und die politischen Parteien zwischen 1945 und 1955, Hamburg 2019; *H.-G. Aschoff*, Die Stellung der Bischöfe der Kölner und der Paderborner Kirchenprovinz zu den christlichen Parteien 1945/47, in: C. Brodkorb/D. Burkard (Hrsg.), Neue Aspekte einer Geschichte des kirchlichen Lebens, Regensburg 2021, S. 153 ff.

durchaus konfessionell unterschiedliche Akzentsetzungen. Eine Verständigung zwischen den christlichen Kirchen über die Gestaltung der künftigen politischen Ordnung hatte es aber bislang nicht gegeben. Nicht zuletzt bargen Art und Umfang der vom Grundgesetz zu regelnden Materien genügend Stoff für Uneinigkeit. Es bestand die Gefahr, da dem – aus kirchlicher Sicht wichtigen – kulturpolitischen Bereich nur geringe Aufmerksamkeit geschenkt würde, dass die Kulturpolitik angesichts der Patt-Situation der großen politischen Lager und dem Zwang zu Kompromissen zur ‚Verhandlungsmasse' oder zum politischen ‚Bauernopfer' degradiert werden könnte.

Der Frage der politischen Einflussnahme der Kirchen auf die Entstehung des Grundgesetzes kann hier nur in zentralen Grundzügen nachgegangen werden. Wenn dies im Wesentlichen unter Rückgriff auf die Quellen selbst geschieht, so hat dies mit der bisherigen Forschungslage zu tun.[4] Eine zufriedenstellende Darstellung allein der vordergründigen geschichtlichen Vorgänge steht noch ebenso aus wie die Erforschung all dessen, was sich – naturgemäß – an Überlegungen, Absprachen und Initiativen im Hintergrund abspielte. Dabei hat sich in den vergangenen 20 Jahren die Ausgangslage für eine vertiefte Sicht der Dinge deutlich verbessert. Neben der um-

4 Die relevante Literatur ist überschaubar und auch inhaltlich – aufgrund des erst seit jüngerer Zeit besseren Quellenzugangs – begrenzt. Zu nennen sind: *K.-E. Schlief*, Die Entwicklung des Verhältnisses von Staat und Kirche und seine Ausgestaltung im Bonner Grundgesetz. Geschichte, Entstehungsgeschichte und Auslegung des Art. 140 GG in Verbindung mit Art. 137 WRV, Köln 1961; *H. Witetschek*, Die Haltung des Parlamentarischen Rates zum Verhältnis von Staat und Kirche. Politische Studien 1974, 283 ff.; *K. Ghotto*, Die Katholische Kirche und die Entstehung des Grundgesetzes, in: Rauscher (Hrsg.), Kirche (Fn. 2), S. 88 ff.; *G. Bräu*, Der Einfluss der Kirchen auf den Parlamentarischen Rat bei der Gestaltung des Bonner Grundgesetzes. Zulassungsarbeit Gesamthochschule Eichstätt, Ms. 1975; *P. Mikat*, Verfassungsziele der Kirchen unter besonderer Berücksichtigung des Grundgesetzes, in: R. Morsey/K Repgen (Hrsg.), Christen und Grundgesetz, Paderborn, München, Wien, Zürich 1989, S. 33 ff.; *R. Morsey*, Die letzte Krise im Parlamentarischen Rat und ihre Bewältigung (März/April 1949), in: D. Schwab/D. Giesen/J. Listl/H.-W. Strätz (Hrsg.), Staat, Kirche, Wissenschaft in einer pluralistischen Gesellschaft. Festschrift zum 65. Geburtstag von Paul Mikat, Berlin 1989, S. 393 ff.; *B. van Schewick*, Die Katholische Kirche und die Entstehung der Verfassungen in Westdeutschland 1945-1950, in: Veröffentlichungen der Kommission für Zeitgeschichte. Reihe B: Forschungen. Bd. 30, Mainz 1980, hier insbes. S. 65 ff.; *N. Trippen*, Josef Kardinal Frings. Bd. 1: Sein Wirken für das Erzbistum Köln und die katholische Kirche in Deutschland. Veröffentlichungen der Kommission für Zeitgeschichte. Reihe B: Forschungen Bd. 94), Paderborn u.a. 2003, S. 263-386. *K. Buchna*, Ein klerikales Jahrzehnt? Kirche, Konfession und Politik in der Bundesrepublik während der 1950er Jahre. Historische Grundlagen der Moderne. Bd. 11, Baden-Baden 2014, S. 145 ff.

fangreichen Edition *Der Parlamentarische Rat*,[5] die zu unserer Frage reichstes Material enthält und allein schon genügend Stoff für eine umfängliche Darstellung bietet, liegt seit 2010 zudem eine Edition von *Akten deutscher Bischöfe* für die Jahre 1947-1949 vor,[6] die einen wichtigen – freilich alles andere als erschöpfenden – Teil der kirchlichen (bischöflichen) Überlieferung erschließt. Diese Edition zeigt jedenfalls allein schon vom Umfang her, welch großen Stellenwert die Verhandlungen des Parlamentarischen Rats im Bewusstsein der katholischen Bischöfe – mehr noch aber anderer kirchlicher Stellen – einnahmen. Beide Editionen wurden meines Wissens bisher für die Frage nach der Einflussnahme der Kirchen auf das Werden des Grundgesetzes nicht ausgewertet. Es ist jedoch klar, dass sie einen wesentlichen Erkenntnisfortschritt nicht nur gegenüber der klassisch zu nennenden *Entstehungsgeschichte der Artikel des Grundgesetzes* von Doemming, Füsslein und Manz (1951)[7] bieten, sondern auch gegenüber der – freilich spärlichen – älteren und neueren Literatur aus spezifisch kirchlicher oder kirchenhistorischer Perspektive.

Insgesamt entsteht bei Durchsicht des Materials der Eindruck, dass die Kirchen den verfassungsgebenden Prozess erst relativ spät als relevant erkannten und deshalb sich auch zunächst kaum bemühten, Einfluss auf die Beratungen zu nehmen. Erst nach der ersten Lesung wandte sich der Kölner Erzbischof und Vorsitzende der Deutschen Bischofskonferenz, Josef Kardinal Frings (1887-1978),[8] in einem allerdings langen Brief an Konrad

---

5 Der Parlamentarische Rat 1948-1949. Akten und Protokolle in 14 Bänden (1986-2009), hrsg. v. Deutschen Bundestag und vom Bundesarchiv. Hier relevant sind insbesondere folgende Bände: *E. Pikart/W. Werner* (Bearb.), Bd. 5: Ausschuß für Grundsatzfragen, Boppard am Rhein 1993; *M. Hollmann* (Bearb.), Bd. 7: Entwürfe zum Grundgesetz, Boppard am Rhein 1995; *W. Werner* (Bearb.), Bd. 9: Das Plenum, München 1996; *M. F. Feldkamp* (Bearb.), Bd. 11: Interfraktionelle Besprechungen, München 1997; *M. F. Feldkamp/I. Müller* (Bearb.), Bd. 12: Ausschuß für Finanzfragen, München 1999; *M. F. Feldkamp* (Bearb.), Bd. 14: Hauptausschuß, München 2009.

6 *A. Mertens* (Bearb.), Akten (Fn. 2).

7 *K.-B. v. Doemming/R. W. Füsslein/W. Matz* (Bearb.), Entstehungsgeschichte der Artikel des Grundgesetzes, in: G. Leibholz/H. v. Mangoldt (Hrsg.), Jahrbuch des öffentlichen Rechts der Gegenwart. N. F. Bd. 1, Tübingen 1951. Inzwischen mit einem Vorwort von Peter Häberle neu aufgelegt, aber ansonsten unverändert: *K.-B. v. Doemming/R. W. Füßlein/W. Matz* (Berab.), Entstehungsgeschichte der Artikel des Grundgesetzes, in: P. Häberle (Hrsg.), Tübingen 2010.

8 Zu ihm: https://de.wikipedia.org/wiki/Josef_Frings (abgerufen am 28.10.2024); *N. Trippen*, Josef Kardinal Frings (1887-1978), 2 Bde. Veröffentlichungen der Kommission für Zeitgeschichte. Reihe B: Forschungen. Bde. 94, 104, Paderborn/München/Wien/Zürich 2003-2005.

Adenauer (1876-1967),[9] den Vorsitzenden des Parlamentarischen Rats, um die kirchlichen Vorstellungen nachdrücklich geltend zu machen.[10]

Dieser Eindruck einer relativ späten politischen Initiative der katholischen Kirche bildet allerdings nicht zwangsläufig die tatsächliche Realität ab. Und zwar aus folgenden Gründen:

1. Die von der Kommission für Zeitgeschichte veranstalteten Aktenedition bietet eine zwar wichtige und umfängliche, letztlich aber doch nur kleine Auswahl an Quellen, gemessen an der schier unüberschaubaren Masse an Akten, die bis heute ungehoben in den verschiedenen Diözesanarchiven – und ebenso in einer Reihe von politischen und kirchlichen Nachlässen – schlummern. Die Edition vermittelt insofern lediglich einen Eindruck von der Vielfalt jener nicht nur kirchlichen, sondern gerade auch politischen Themen, die auf der Agenda der Bischöfe standen. Sie ist kaum mehr als repräsentativ. Über die tatsächlichen Schritte der kirchlichen Akteure in Fragen einer deutschen Verfassung lässt sich auch nach dieser Edition noch immer nur Vorläufiges sagen.
2. Die Bischöfe als die ersten Repräsentanten der Kirchen waren seit 1945 – zunächst wegen des Fehlens bevollmächtigter Volksvertreter, sodann aufgrund ihrer Reputation als systemische und ideologische Gegner des Nationalsozialismus – in einem hohen Maß politisch tätig gewesen und, trotz der inzwischen stattgefundenen Wahlen, nach wie vor tätig. Immer wieder traten sie gegenüber den Besatzungsmächten (subsidiär) als Vertreter des gesamten deutschen Volkes auf, etwa wenn es (selbst 1948 noch) darum ging, bei der Entnazifizierung ein differenziertes Vorgehen anzumahnen oder Milderungen durchzusetzen.[11] Die Übernahme politischer Gesamtverantwortung bedeutete mitunter eine Belastung des ansonsten guten Verhältnisses zu den Besatzungsmächten, schien jedoch schlechthin unverzichtbar. Letzteres galt einmal mehr in Bezug auf die Organisation internationaler Hilfen, um angesichts der Schäden des Krieges, von Flucht und Vertreibung die grundlegendsten Bedürfnisse der notleidenden Bevölkerung auch nur einigermaßen zu stillen.[12]
3. Die Kirchen waren auch im engeren Sinn politisch aktiv. Intensiv hatten sich die Bischöfe etwa mit der Frage einer parteipolitischen Vertretung

9 Zu ihm: https://www.parlamentarischerrat.de/mitglieder_891_mitglied=26_seitentiefe=2.html (abgerufen am 28.10.2024).
10 Dazu vgl. unten.
11 Vgl. zahlreiche Dokumente bei *Mertens* (Bearb.), Akten (Fn. 2).
12 Vgl. komprimiert schon *Volk,* Der Heilige Stuhl (Fn. 2), S. 62-67.

der Kirche auseinandergesetzt. Trotz gewisser Festlegungen war diese Frage im Sommer 1948 noch keineswegs einhellig zugunsten der überkonfessionellen Union (CDU/CSU) beantwortet worden. Auch die Zentrumspartei besaß im Katholizismus, und ebenso auf der bischöflichen Ebene, nach wie vor Zustimmung. Nicht zuletzt aber engagierten sich die Kirchen stark in den Verfassungsdiskussionen auf Länderebene. Im Sommer 1948 war dieser Prozess noch keineswegs abgeschlossen. Das Ergebnis dieser Bemühungen entsprach freilich nicht überall den Erwartungen. Während die Verhältnisse etwa in Bayern, Rheinland-Pfalz und Südwürttemberg-Hohenzollern günstig lagen, hatte man in den Gebieten mit größeren Diasporaanteilen, etwa in Hessen, in Schleswig-Holstein, oder gar in Bremen nichts oder nur wenig erreicht.[13] Die Verfassungen von Nordrhein-Westfalen und Niedersachsen standen zudem noch aus.[14] Das alles heißt: im Sommer 1948 begannen die Kirchen nicht bei Null; ihre Bemühungen sind einzuordnen in einen längeren Prozess, der schon bald nach der Kapitulation Deutschlands begonnen hatte und noch länger anhielt.

4. Dass der Brief von Kardinal Frings vom 25. Oktober 1948 an Adenauer nicht als Startpunkt der kirchlichen Einflussnahme auf den Parlamentarischen Rat in Bonn gesehen werden darf, zeigt ein Blick auf das südlicher gelegene Mainz: Am 1. September 1948, also am selben Tag, an dem in Bonn die Verfassungsberatungen begannen, wurde dort der 72. deutsche Katholikentag eröffnet.[15] Und wie schon 100 Jahre zuvor der erste deutsche Katholikentag von Mainz auf die politischen Umwälzungen des Vormärz und die bürgerliche Verfassungsrevolution von 1848 reagiert hatte, so standen auch 1948 die Verfassungsfrage und ihre Auswirkungen

13 Vgl. den knappen, aber konstruktiven Überblick von *B. Beutler,* Die Stellung der Kirchen in den Länderverfassungen der Nachkriegszeit, in: Rauscher (Hrsg.), Kirche (Fn. 2), S. 26 ff.

14 In NRW wurden die bereits fortgeschrittenen Verhandlungen um eine Länderverfassung wegen der Verhandlungen im Parlamentarischen Rat unterbrochen. Vgl. *van Schewick,* Verfassungen (Fn. 4), S. 31-64. – In Niedersachsen kam es erst 1951 zu einer „Vorläufigen Verfassung", das auf einen Grundrechtekatalog verzichtete. Nachdem die Vorläufigkeit 1990 mit der Wiedervereinigung entfallen war, kam es 1993 zu einem neuen Verfassungsgesetz, dem auch ein Grundrechtekatalog integriert wurde.

15 Der Christ in der Not der Zeit. Der 72. Deutsche Katholikentag vom 1. bis 5. September 1948 in Mainz, hrsg. v. Generalsekretariat des Zentralkomitees der Katholiken Deutschlands, Paderborn 1949; vgl. auch *H. Wolf/H. Arning,* Hundert Katholikentage. Von Mainz 1848 bis Leipzig 2016. Das Buch zum 100. Deutschen Katholikentag Leipzig. 25.-29. Mai 2016, Darmstadt 2016, S. 166 ff.

auf den religiösen und kirchlichen Bereich im Zentrum der Verhandlungen.[16]

Zum Ausdruck kam dies bereits in den Grußworten. Papst Pius XII. hatte in einer Rundfunkansprache auf die „besondere, weittragende Bedeutung" der Versammlung aufmerksam gemacht, die den politischen „Führern die Richtung weisen" solle. Die Zeitverhältnisse und die Sorge um die Zukunft verlangten den Einsatz der Gläubigen „für die Freiheit der Kirche, für ihre und der Eltern Rechte auf das Kind, seine Erziehung und seine Schule".[17] Damit hatte der Papst ein Thema vorgegeben, das in den Verfassungsberatungen eine wichtige (und viel umstrittene) Rolle spielen sollte. Dass dies nicht nur in Richtung der christlichen Parlamentarier zielte, formulierte Generalsekretär Prälat Theodor Legge (1889-1969)[18] in seiner Ansprache auf der Eröffnungskundgebung: Der Katholikentag müsse „die öffentliche Meinung formen und bilden". Die Grundlage hierfür sah man nicht zuletzt in der kirchlichen Staats- und Gesellschaftslehre, die bereits im ausgehenden 19. Jahrhunderts im Wesentlichen geformt worden war[19] und die in den Nachkriegsjahren eine erhebliche politische Einflusskraft entfaltete. Einen ganz ähnlichen Ton schlug in seiner einführenden Rede der aus der Diözese Würzburg stammende Jesuit Ivo Zeiger (1898-1952)[20] an, seit Juli 1946 der eigentliche Kopf der unter dem amerikanischen Bischof Aloysius Muench (1889-1962)[21] arbeitenden päpstlichen Mission für „Displaced Persons" in Kronberg – im Grunde nichts anderes als eine vorweggenommene diplomatische Vertretung des Hl. Stuhls in (West-)Deutschland.[22] Auch

---

16 Hierauf machte vor allem Gunda Bräu mit ihrer (ungedruckten) Studie (Fn. 4) aufmerksam.

17 Papst Pius XII. an den 72. Deutschen Katholikentag, abgedr. in: Der Christ (Fn. 15.), S. 3-8 (6).

18 Zu ihm: https://de.wikipedia.org/wiki/Theodor_Legge (abgerufen am 28.10.2024).

19 Angesprochen wurden die anstehenden großen Probleme im Sozialen und Wirtschaftlichen, im Menschlichen und Religiösen. *T. Legge,* Sinn und Aufgabe des Katholikentages, abgedr. in: Der Christ (Fn. 15), S. 15-22 (20 f.).

20 Zu ihm: https://de.wikipedia.org/wiki/Ivo_Zeiger (abgerufen am 28.10.2024); *K. Grün,* in: Heimat- und Geschichtsverein Mömbris (Hrsg.), Jesuitenpater Ivo Aloysius Zeiger (1898-1952): „... habe aber stets gesucht, ehrlich und gerecht Christus zu dienen". Zur Erinnerung an die Wiederkehr des 125. Geburtstages, Großostheim-Ringheim 2023.

21 Zu ihm: https://de.wikipedia.org/wiki/Aloysius_Muench (abgerufen am 28.10.2024); *C. Barry,* American Nuncio. Cardinal Aloisius Muench, Collegeville 1969.

22 Vgl. *H. Alsheimer,* Der Vatikan in Kronberg. Ein Unikat in der deutschen Nachkriegsgeschichte, Frankfurt a.M. 2003.

Zeiger betonte nachdrücklich, der Katholikentag wolle „klare Richtlinien für die Wahrung kirchlicher Rechte" geben, stellte aber zugleich klar: „Wir wollen keine Sonderrechte. Wir fordern als Katholiken nur das eine selbstverständliche Recht, daß wir für die heiligen Rechte Gottes und seiner Kirche eintreten können, daß wir sie im öffentlichen Leben einzubauen und durchzusetzen versuchen. Darauf allerdings bestehen wir auch. Nicht weil wir Katholiken eine Sondergruppe im deutschen Volk bilden und auf Kosten der Gesamtheit Vorteile genießen möchten, sondern weil wir überzeugt sind – und die jüngste Erfahrung hat es uns erneut bestätigt –, daß jeder Angriff auf Gottes Recht in einen Angriff auf die Menschenrechte ausartet, daß jeder, der für die christlichen Grundsätze im öffentlichen Leben eintritt, sich auch schützend vor die höchsten Güter des Volkes und des Einzelmenschen stellt".[23]

Zwölf Arbeitsgemeinschaften, die von prominenten katholischen Persönlichkeiten geleitet wurden, sollten eine „einheitliche Stellungnahme der deutschen Katholiken zu den dringendsten Fragen der Zeit" vorbereiten.[24]

23 *I. Zeiger,* Die religiös-sittliche Lage und die Aufgaben der deutschen Katholiken, abgedr. in: Der Christ (Fn. 15), S. 23-39 (25). – Zeiger ging sehr kurz auch auf die Länderverfassungen ein und bedauerte, dass „selbst in die grundlegendsten Menschenrechte" eine „Klausel" hineingeraten sei, „die mit einem Federstrich die Aufhebung der Freiheit gestattet", dass diese oder jene Freiheit nämlich gestattet werde „im Rahmen der für alle geltenden Gesetze". Mit einer solchen Klausel habe „ein totalitäres System schon einmal, ohne einen formalen Verfassungsbruch, alle Grundrechte aufgehoben, hat auch unser Konkordat ausgehöhlt". *Ders.,* Katholiken (Fn. 23), S. 33. Zugleich versuchte Zeiger die Katholiken aus der allgemeinen politischen Lethargie aufzurütteln: „Wie gesichert ist denn die rechtliche Grundlage der Kirche im heutigen Deutschland? So wie auf staatlichem Gebiet alles in der Schwebe steht, so auch auf kirchenrechtlichem. Welche staatlichen Gesetze kirchlichen Inhalt gelten noch? Welches Konkordat ist so gesichert, daß seine Fortgeltung von allen anerkannt werden müßte? Welche Verfassungen gelten? Wie weit sind in den Länderverfassungen die Grundrechte des Christenmenschen und der Kirche gesichert? Wieweit haben wir für eine kommende Reichsverfassung vorgearbeitet? Da im Jahre 1945 niemand daran dachte, die Kirche zu belästigen, hat man sich an diesen ruhigen Zustand gewöhnt. Aber es ist doch ein Zustand des Als-ob, als ob alles geordnet und gesichert sei. Ist es das wirklich? Wird nicht eines Tages, vielleicht schon bald, mit Diskussionen nach altbekannter Melodie zu rechnen sein?" *Ders.,* Katholiken (Fn. 23), S. 37.

24 Das Programm war weit gefächert und kam auch in der rückblickenden Dokumentation zum Ausdruck: „Verantwortung für Glauben und Kirche im heutigen Deutschland" (vgl. Der Christ [Fn. 15], S. 40-50); „Soziale Frage" (Der Christ [Fn. 15], S. 51-72); „Not und Nothilfe" (Der Christ [Fn. 15], S. 73-98); „Ehe und Familie" (Der Christ [Fn. 15], S. 99-117); „Jugendfragen" (Der Christ [Fn. 15], S. 118-135); „Schule und Erziehung" (Der Christ [Fn. 15], S. 136-147); „Frauenfragen" (Der Christ [Fn. 15],

Zu den Themen gehörten wiederum jene, die schon wenig später im Rahmen der Bonner Verhandlungen eine Rolle spielten. Die Arbeitsgemeinschaft „Schule und Erziehung" leitete beispielsweise der Kölner Domkapitular Prälat Wilhelm Böhler (1891-1958),[25] der während der Verfassungsberatungen im Auftrag von Frings die Koordinator aller kirchlichen Initiativen in Bezug auf die Verhandlungen übernahm. Unter den in Mainz Referierenden waren im Übrigen mit dem rheinland-pfälzischen Justiz-, Erziehungs- und Kultusminister Adolf Süsterhenn (1905-1974)[26] und der ehemaligen preußischen Ministerialrätin Helene Weber (1881-1962)[27] zwei kulturpolitisch höchst aktive Mitglieder des Parlamentarischen Rats.[28] Unter vielem anderem wurden in Mainz folgende Beschlüsse gefasst:

S. 148-161); „Bildung und Kultur" (Der Christ [Fn. 15], S. 162-172); „Katholische Publizistik" (Der Christ [Fn. 15], S. 173-183); (Der Christ [Fn. 15], S. 184-198); „Film" (Der Christ [Fn. 15], S. 199-212); „Übernationale Zusammenarbeit" (Der Christ [Fn. 15], S. 213-234).

25 Zu ihm: https://de.wikipedia.org/wiki/Wilhelm_Böhler (abgerufen am 28.10.2024); *B. van Schewick*, Wilhelm Böhler (1891-1958), in: J. Aretz/R. Morsey/A. Rauscher (Hrsg.), Zeitgeschichte in Lebensbildern. Aus dem deutschen Katholizismus des 19. und 20. Jahrhunderts. Bd. 4, Mainz 1980, S. 197 ff.; *Buchna*, Jahrzehnt (Fn. 4).

26 Zu ihm: https://www.parlamentarischerrat.de/mitglieder_891_mitglied=93_seitentiefe=2.html (abgerufen am 28.10.2024); *W. Baumgart*, Adolf Süsterhenn (1905-1974), in: J. Aretz/R. Morsey/A. Rauscher (Hrsg.), Zeitgeschichte in Lebensbildern. Aus dem deutschen Katholizismus des 19. und 20. Jahrhunderts. Bd. 6, Mainz 1984, S. 189 ff.; *H. Mathy*, Das Porträt: Adolf Süsterhenn (1905-1974), Geschichte im Westen 3 (1988), 203 ff.; *R. Uertz*, Adolf Süsterhenn (1905-1974), in: G. Buchstab/H.-O. Kleinmann (Hrsg.), In Verantwortung vor Gott und den Menschen. Christliche Demokraten im Parlamentarischen Rat 1948/49, Freiburg i. Br. 2008, S. 355 ff.

27 Zu ihr: https://www.parlamentarischerrat.de/mitglieder_891_mitglied=97_seitentiefe=2.html (abgerufen am 28.10.2024); *W. Tischner*, Helene Weber (1881-1962), in: Buchstab/Kleinmann (Hrsg.), Verantwortung (Fn. 26), S. 374 ff..

28 Der Katholikentag bot nicht nur Raum für die Tätigkeit der Arbeitsgemeinschaften. Er sollte die katholischen Laien dafür mobilisieren, sich in die politischen Meinungsbildungsprozesse einzubringen. Auf dem Abzeichen, das die Teilnehmenden erhielten und trugen, war das Papstwort „Nicht klagen, sondern handeln!" abgedruckt. Es ging darum, in einer Zeit, in der die wirtschaftliche Not das Interesse der Bevölkerung für Verfassungsfragen in den Hintergrund zu drängen drohte, zu politischer Betätigung aufzurufen. In diesem Sinne wurde die Veranstaltung auch zum Forum öffentlicher Kundgebungen. Die Jugend, die Arbeiterschaft, auch das „katholische Werkvolk" erließen Resolutionen, in denen wichtige Forderungen der Arbeitsgemeinschaften unterstützt wurden. Damit legte die Versammlung eine der Grundlagen dafür, dass die Bonner Verfassungsverhandlungen später – und wie schon 1848 – von „Petitionsstürmen" sekundiert wurden.
Eine Arbeitsgemeinschaft für „Ehe und Familie" beschäftigte sich mit der prekären wirtschaftlichen und geistigen Lage der Familie im Nachkriegsdeutschland. Formu-

1. „Die Familie hat die oberste Pflicht. Sie hat den natürlichen und damit auch einen rechtlichen Vorrang, auch vor dem Staat. Gegen überstiegene Ansprüche der Staatsmacht, gegen Staatssozialismus und Kollektivismus muß das katholische Volk sich in dem Bewußtsein stärken, daß die Eltern ein natürliches und gottgegebenes Recht auf die ganze Erziehung ihrer Kinder haben, das unverletzlich ist. Staat und Gemeinden haben die Eltern in der Erfüllung ihrer Pflicht und in der freien Ausübung ihres Rechtes zu schützen und zu unterstützen. [...] Neben die Familie tritt die Schule. Alle Schulen müssen Erziehungsschulen sein, Stätten der Herzens-, Gewissens- und Charakterbildung. Bloße Wissens- und Lernschulen genügen nicht".[29]
2. „Die katholische Elternschaft hat auf die Einrichtung katholischer Bildungsstätten für ihre Kinder [...] einen unveräußerlichen Gewissensanspruch. Wir betonen diesen Anspruch besonders und ausdrücklich für die Diaspora. Wir erwarten, daß ihm von allen verantwortlichen staatlichen Stellen Rechnung getragen wird. Religion darf in der Schule nicht bloß ein Unterrichtsfach sein. Religion muß Geist und Leben sein, muß der Schule Licht und Wärme geben. [...] Vor uns steht das Bild einer Bekenntnisschule aus der Fülle, Tiefe und Kraft des katholischen Glaubens mit Aufgeschlossenheit und Lebensoffenheit. Sie erzieht heimat- und volksverbundene Menschen, sie erzieht im Geist der sozialen Hilfs- und Opferbereitschaft, sie erzieht zur Völkerversöhnung".[30]
3. „Die Gestaltung des Schul-, Bildungs- und Erziehungswesens gehört zu den ersten Angelegenheiten eines Volkes. Es ist ureigenstes Recht eines Volkes – auch des deutschen Volkes –, diese für seine Zukunft entscheidend wichtige Angelegenheit in eigener Verantwortung, im Einklang mit den Rechtsansprüchen aller beteiligten Erziehungsträger selbständig

---

liert wurde die Erwartung an den Staat, „sie vor Maßnahmen und Gesetzen zu bewahren, die ihren Bestand bedrohen". Genannt wurden in diesem Zusammenhang Ehescheidungen und Abtreibungen. Vgl. Der Christ (Fn. 15) S. 99-117.
Die Arbeitsgemeinschaft „Frauenfragen" behandelte die Mitwirkung der Frauen im öffentlichen Leben und insbesondere in der Politik. In ihrem Einführungsvortrag rief Helene Weber, auch sie Mitglied des Parlamentarischen Rates, nicht nur die Frauen zur politischen Betätigung auf, indem sie an den Auftrag von Pius XII anlässlich des Internationalen Frauenkongresses in Frankfurt a.M. (1948) erinnerte, sondern kritisierte auch die zu geringe Würdigung der Frau in der öffentlichen Meinung. Die katholischen Frauenorganisationen müssten „Brennpunkte einer gut begründeten, umfassenden, objektiven Frauenmeinung bilden". Vgl. ebd. 148-161.

29 Der Christ (Fn. 15), S. 321 (Auszug).

30 Der Christ (Fn. 15), S. 321 (Auszug).

zu regeln. Wir erwarten, daß die Besatzungsmächte dieses Grundrecht unseres Volkes anerkennen".[31]

Wie sehr in Mainz die Grundgesetzdebatte präsent war, zeigt nicht zuletzt eine kurze, an den Parlamentarischen Rat gerichtete Botschaft. In ihr hieß es – ganz im naturrechtlichen Sinne: „Möchten die Arbeiten des Parlamentarischen Rates durchdrungen sein von dem Geist der Achtung vor der Würde der Person und vor den menschlichen Grundrechten und Freiheiten! Der Katholikentag erwartet eine solche Sicherung dieser Rechte und Freiheiten durch das künftige Grundgesetz, daß diese weder durch Verfassungen und Gesetze der Länder noch durch Willkür beeinträchtigt werden können!"[32]

Tatsächlich war die Aufnahme von Grundrechten in die künftige „vorläufige Verfassung" damals noch keineswegs gesichert. Im sogenannten zweiten „Menzel-Entwurf" der SPD, der am 2. September 1948 dem Parlamentarischen Rat vorgelegt wurde, fehlte etwa ein eigener Grundrechtskatalog.[33] Das massive Drängen der Kirche auf eine starke verfassungsrechtliche Absicherung menschlicher Grundrechte, die im nationalsozialistischen Unrechtsstaat mit Füßen getreten worden waren, ist auch vor diesem Hintergrund zu verstehen. Doch diese Frage blieb virulent bis zum Schluss. Noch Ende April 1949 versuchte die SPD, einen „verkürzten Grundgesetzentwurf" in Form von Einzelanträgen durchzubringen, in dem die meisten Grundrechte ersatzlos gestrichen waren.

I. Der inhaltliche Eintrag der Kirchen

Was brachten die Kirchen inhaltlich ins Grundgesetz ein? Der Verfassungskonvent in Herrenchiemsee hatte sich darauf geeinigt, bei den Grundrechten nur die individuellen Rechte der Menschen gegenüber dem Staat aufzunehmen. Aus Sicht der Kirchen war dies defizitär.[34] So arbeiteten sie von Anfang an dahin, über die Individualrechte hinaus auch die Ge-

---

31 Der Christ (Fn. 15), S. 322 (Auszug).

32 Der Christ (Fn. 15), S. 308.

33 Auf der anderen Seite hatte der sogenannte „Ellwangen Freundeskreis" von CDU/CSU die Forderung nach Aufnahme von Menschenrechten vor allem an die Länderverfassungen gestellt, allerdings auch erwogen, ob nicht die wichtigsten Menschenrechte auch im Grundgesetz verankert werden sollten.

34 Vgl. 10. Oktober 1948 Böhler Ausarbeitung an Bischöfe, abgedr. in *Mertens* (Bearb.), Akten (Fn. 2.), S. 329-332.

meinschaftsrechte, insbesondere die Rechte von Ehe und Familie sowie die Rechte der Kirchen, zu berücksichtigen. Eingehende Besprechungen mit einzelnen Parlamentariern sowie Verhandlungen mit den Ordinariaten und den Katholiken-Ausschüssen der Diözesen führten zur Formulierung folgender Anträge: 1. Das Recht des Einzelnen auf Leben und Unversehrtheit des Körpers. 2. Das Recht auf den besonderen Schutz von Ehe und Familie. 3. Das naturgegebene Erziehungsrecht der Eltern. 4. Das Recht der Eltern auf Bestimmung des Charakters der staatlichen Pflichtschule (als Erziehungsschule). 5. Das Recht auf Unterrichtsfreiheit, d.h. die Ermöglichung von Privatschulen (gegen ein staatliches Bildungsmonopol). 6. Die Garantie schulplanmäßigen Religionsunterrichts im Sinne der Kirchen in allen Schulen. 7. Das Recht auf Selbstbestimmung der Kirchen sowie auf selbständige Verwaltung und Eigentum. 8. Die Garantie der bestehenden Konkordate.

Bereits die Verhandlungen im Grundrechtsausschuss wie bei der 1. Lesung im Hauptausschuss zeigten allerdings große Schwierigkeiten.[35] Insbesondere die SPD erwies sich als blockierende Kraft, die teils von der FDP unterstützt wurde. Erst nach heftigen Debatten wurden in Art. 7 Formulierungen angenommen über 1. die Ehe als rechtmäßige Form der fortdauernden Lebensgemeinschaft von Mann und Frau unter dem besonderen Schutz der Verfassung, 2. die Pflege und Erziehung der eigenen Kinder als natürliches Recht und Pflicht der Eltern, 3. den Religionsunterricht als ordentliches Lehrfach in allen Schulen, unbeschadet des Rechtes der Eltern, ihre Kinder vom Religionsunterricht abzumelden. Zurückgewiesen aber wurde 1. das Elternrecht bezüglich der Schule, 2. die Anerkennung des Reichskonkordats sowie 3. eine klare Formulierung über das Rechtsverhältnis von Staat und Kirche, stattdessen wurden die Bestimmungen der Weimarer Verfassung aufgenommen.

Auch in der 2. Lesung des Hauptausschusses konnten Verbesserungen nicht erzielt werden. Man sprach dort den Eltern wiederum das Recht ab, über den Charakter einer staatlichen Pflichtschule mitbestimmen zu dürfen. Dazu kamen wieder heftige Angriffen gegen das Reichskonkordat,

35 Vgl. Nr. 17: Siebzehnte Sitzung des Hauptausschusses 3. Dezember 1948, abgedr. in: *Feldkamp* (Bearb.), Bd. 14: Hauptausschuß (Fn. 5), S. 507 (507 ff.), insbes. aber Nr. 21: Einundzwanzigste Sitzung des Hauptausschusses 7. Dezember 1948, abgedr. in: *ders.* (Bearb.), Bd. 14: Hauptausschuss (Fn. 5), S. 597 (597 ff.) und Nr. 22: Zweiundzwanzigste Sitzung des Hauptausschusses 8. Dezember 1948, abgedr. in: *ders.* (Bearb.), Bd. 14: Hauptausschuss (Fn. 5), S. 641 (641 ff.).

die letzten Endes darin begründet waren, dass in diesem die Bekenntnisschule gesichert war und den Eltern das Recht zugestanden wurde, die Bekenntnisschule für ihre Kinder verlangen zu dürfen. Aus Art. 7 wurde durch Zusammengehen von KPD, SPD und FDP sogar die Definition der Ehe als rechtmäßige dauernde Lebensgemeinschaft von Mann und Frau gestrichen.[36]

Einen entscheidenden Durchbruch, der durch die nachfolgenden Verhandlungen aber immer wieder gefährdet wurde, brachte der sogenannte „Fünferausschuss". Er sollte Wege der Verständigung suchen. Insbesondere die übergeordnete Schwierigkeit mit Bayern (in Sachen Föderalismus und Finanzen) konnte überwunden werden. In kulturpolitischer Hinsicht wurde ein allgemeiner Artikel über Vertragsrechte formuliert, der (in seiner ersten Fassung) als Sicherung auch des Reichskonkordats gelten konnte. Jedenfalls machte sich auf kirchlicher Seite aufgrund erster Meldungen am 2. Februar 1949 zunächst vorsichtiger Optimismus breit.[37] Doch schon anderntags, als weitere Einzelheiten bekannt wurden, folgte die Ernüchterung. Es begann eine Phase intensiver Bemühungen, einerseits die gefährlichen Klauseln aus den Kompromissen herauszubekommen, andererseits vor allem die Union zu bewegen, nicht stehenzubleiben, sondern kulturpolitisch weiterzukämpfen.[38]

---

36 Vgl. 2. Februar 1949 Bericht Böhlers an die Ordinariate, abgedr. in: *Mertens* (Bearb.), Akten (Fn. 2), S. 508-517.

37 „Soeben erfahren wir, dass der sogenannte Fünferausschuss des parlamentarischen Rates, der in der vorigen Woche eingesetzt worden war, um Wege der Verständigung zu suchen, folgenden Vorschlag angenommen hat:
Vom Deutschen Reich abgeschlossene und nach allgemeinen Rechtsgrundsätzen und unter dem Gesichtspunkt der Rechtsnachfolge fortgeltende Verträge, die sich auf Gegenstände beziehen, für die nach diesem Grundgesetz die Landesgesetzgebung zuständig ist, bleiben in Kraft, bis neue Verträge durch die nach diesem Grundgesetz zuständigen Stellen abgeschlossen werden oder die Beendigung der Verträge aufgrund der in ihnen enthaltenen Bestimmungen anderweitig erfolgt. Wenn ein solcher Artikel Aufnahme in die Verfassung bekäme, würde das Reichskonkordat und mit ihm auch die Länderkonkordate gesichert sein". 2. Februar 1949 Bericht Böhlers an die Ordinariate, abgedr. in: *Mertens* (Bearb.), Akten (Fn. 2), S. 508-517.

38 „In den kulturellen Fragen sieht die CDU keine Möglichkeit mehr, den Rest der Forderungen durchzusetzen und möchte einen Kompromiss mitmachen, anstatt durch neue Kämpfe das Erreichte zu gefährden". So am 5. Februar 1949 Böhler an die Ordinariate, abgedr. in: *Mertens* (Bearb.), Akten (Fn. 2), S. 520-521 (521).

Doch auch die Gegenseite blieb nicht untätig. Im März 1949 waren Anträge von SPD und FDP eingebracht worden,[39] die den kirchlichen Bestrebungen zuwiderliefen und hier wiederum auf vehemente Ablehnung stießen. Damit wurde das Paket erneut aufgeschnürt. Noch schlimmer kam es im April 1949, als die SPD – zunächst gestützt von den Alliierten – eine Blockadehaltung einnahm und nach ihrem „Kleinen Parteitag“ in Anknüpfung an den früheren Entwurf von Menzel auch noch einen „verkürzten Grundgesetzentwurf“ durch den Parlamentarischen Rat bringen wollte, in dem die meisten Grundrechte ersatzlos gestrichen worden waren. In „Interfraktionellen Beratungen“ (22.-25.04.1949) wurde eine Vermittlung angestrebt, am 24. April 1949 kam es zu einer spektakulären Einigung zwischen Adenauer und Schmid, in der die SPD unter anderem ihren „verkürzten“ Grundgesetzentwurf fallenließ. Buchstäblich bis zur letzten Minute wurde um die kirchlichen Forderungen gerungen.

Erreicht wurden aus Sicht der Kirchen letztlich folgende Punkte:[40]

1. Die Nennung Gottes in der Präambel (wenn auch nicht als Anrufung Gottes im Sinne einer „invocatio“).
2. Das Bekenntnis zu unverletzlichen und unveräußerlichen Menschenrechten. Die Aufnahme der allgemeinen „Naturrechte“: Das Recht auf Leben und Unversehrtheit des Körpers; das Recht auf ungestörte Religionsausübung; die Freiheit des Glaubens, des Gewissens und des religiösen und weltanschaulichen Bekenntnisses; die Unantastbarkeit der Würde des Menschen; die Geltung der Grundrechte (soweit anwendbar) auch für juristische Personen.
3. Die Verankerung des besonderen Schutzes von Ehe und Familie durch die staatliche Ordnung. Die Erziehung und Pflege der Kinder als natürliches Recht und oberste Pflicht der Eltern. Das Recht der Erziehungsberechtigten, über die Teilnahme des Kindes am Religionsunterricht zu bestimmen.

---

39 So ein Antrag der SPD, wonach in Zukunft die Länderkonkordate der Zustimmung des Bundestages bedürfen, auch wenn sie allein Fragen behandelten, die in die Zuständigkeit der Länder gehörten. Ein Antrag der FDP suchte das Recht auf Leben und körperliche Unversehrtheit aufzuweichen durch die Ergänzung, dass aufgrund eines Gesetzes eingegriffen werden könne. Einem Antrag der SPD, der die Rechte des unehelichen Kindes zu stärken suchte, wollte man die Berechtigung nicht abstreiten, sah aber Diskussionsbedarf. Vgl. 9. März 1949 Böhler an die CDU/CSU-Fraktion im Parlamentarischen Rat, abgedr. in: *Mertens* (Bearb.), Akten (Fn. 2), S. 569 f. (569 f.).

40 Vgl. auch das Schlussresümee Böhlers: 9. Mai 1949 Bericht Böhlers, abgedr. in *Mertens* (Bearb.), Akten (Fn. 2), S. 623-632.

4. Der Religionsunterricht als ordentliches Lehrfach an öffentlichen Schulen, *allerdings „mit Ausnahme der bekenntnisfreien Schulen"*. Die Erteilung des Religionsunterrichts in Übereinstimmung mit den Grundsätzen der Religionsgemeinschaften, unbeschadet des staatlichen Aufsichtsrechtes.
5. Das Recht zur Errichtung privater Schulen.
6. Die Aufnahme der Kirchenartikel von Weimar und damit des Selbstständigkeitsrechts der Kirchen.
7. Die generelle Fortdauer der bestehenden (Kirchen-)Verträge, so dass auch das Reichskonkordat von den Ländern zu beachten ist, soweit diese für den Inhalt zuständig sind.

Verhindert werden konnte insbesondere:

1. Die Streichung der „nominatio Dei" in der Präambel.
2. Die Streichung des Religionsunterrichts als reguläres Unterrichtsfach an den Berufsschulen.
3. Die Annahme eines Antrags, der die Gültigkeit künftiger Länderkonkordate an die Zustimmung des Bundestages und des Bundesrates knüpfte.

Eine Niederlage der kirchlichen Position sah man in folgenden Punkten:

1. In der Aufnahme der „Bremer Klausel" (selbst in ihrer abgeschwächten Formulierung), wonach ein Staat anstelle des *schulplanmäßigen Religionsunterrichts* dort einen *kirchlich ungebundenen* Bibelunterricht einrichten kann, wo dies bis zum 1. Januar 1949 der Fall war.
2. In der Nichtaufnahme des vollen Elternrechts bezüglich der öffentlichen Pflichtschule – und damit die Unmöglichkeit von Konfessionsschulen (als Grundschulen) in bestimmten Regionen Deutschlands.
3. Im uneingeschränkten Aufsichtsrecht des Staates über Schulen und Religionsunterricht.
4. In der Aufnahme des Art. 138 Abs. 1 WRV, der die Ablösung der „Staatsleistungen" an die Kirchen zur Pflicht gemacht hatte und dem Bund die (einseitige) Kompetenz zusprach, hierfür Regeln aufzustellen.
5. In der Vorbehaltsklausel im Vertragsartikel („wenn es nach allgemeinen Rechtsgrundsätzen gültig ist").

Im Ganzen ist wohl festzustellen, dass es den Kirchen trotz schwierigster Ausgangslage doch gelang, entscheidende ihrer Anliegen in das Grundgesetz – und insbesondere den Grundrechtskatalog – einzubringen.

II. Wege kirchlicher Einflussnahme

Damit steht die Frage im Raum, *wie* die Kirchen versuchten, auf die Verhandlungen Einfluss zu nehmen. Seit der Edition von Mertens liegt hierfür ein reiches Quellenmaterial bereit. Man wird verschiedene Arten der Einflussnahme unterscheiden müssen.

1. Offizielle Schritte und Forderungen gegenüber dem Parlamentarischen Rat

Solche Schritte unternahmen die Kirchen, abgesehen von der bereits genannten Adresse des Katholikentags, erst ab Oktober 1948, und damit zu einem Zeitpunkt, als sich nach der 1. Lesung des Entwurfs im Plenum abzeichnete, dass wesentliche Erwartungen der Kirchen im Parlamentarischen Rat keine Mehrheit finden würden. Zu verzeichnen sind eine ganze Reihe direkter Interventionen.

a) Den Anfang machte, wie angedeutet, am 25. Oktober 1948 der Kölner Erzbischof Kardinal Josef Frings in seiner Eigenschaft als Vorsitzender der Fuldaer Bischofskonferenz (und zugleich Ortsordinarius des in Bonn tagenden Parlamentarischen Rates).[41] In einem langen Schreiben begründete Frings, ausgehend von den Presseberichten über die Präambel und die Grundrechte der künftigen Bundesverfassung, die einzelnen Forderungen der Kirche.[42] Die Prüfung der in vielen Punk-

41 Böhler hatte dem Erzbischof am 10. Oktober „in großer Sorge" eine kurze Stellungnahme zum Grundrechtsentwurf übersandt und eine persönliche Besprechung zwischen Adenauer, Brockmann und Frings angeregt. 10. Oktober 1948 Böhler an Frings, abgedr. in: *Mertens* (Bearb.), Akten (Fn. 2.), S. 333 (333), die Stellungnahme abgedr. in: *Mertens* (Bearb.), Akten (Fn. 2.), S. 329-332. Darauf wollte Frings offenbar nicht eingehen und entschied sich zu einem schriftlichen Vorstoß. Es fällt auf, dass Frings auch später nicht persönlich an Besprechungen teilnahm. Möglicherweise wollte er sich solches als letzten Schritt vorbehalten.

42 25. Oktober 1948 Frings, Köln, an „Oberbürgermeister" Adenauer, abgedr. in: *Mertens* (Bearb.), Akten (Fn. 2), S. 338-342. – Dasselbe Schreiben wurde auch an Johannes Brockmann vom Zentrum adressiert und außerdem allen Bischöfen zur Kenntnisnahme zugestellt – möglicherweise ein strategischer Fehler. Denn Adenauer stellte in seiner Antwort die Frage, ob das Schreiben an ihn persönlich gerichtet sei oder an ihn als Präsidenten des Parlamentarischen Rates. Im letzteren Falle wolle er das Schreiben in den Geschäftsgang geben und mindestens den Vorsitzenden der verschiedenen Fraktionen zugänglich machen. Es sei anzunehmen, dass es

ten zweifellos „sehr wertvollen und sicher äußerst schwierigen Arbeit des Parlamentarischen Rates" lasse doch eine Reihe von Grundsätzen vermissen, die „vom christlichen Standpunkt aus für die Stellung des Menschen im Staat und für den Aufbau der menschlichen Gesellschaft" von entscheidender Bedeutung seien. An erster Stelle nannte Frings das Fehlen des Elternrechts.[43] Zwar liege die Kulturhoheit prinzipiell bei den Ländern. Es bleibe aber zu bedenken, „daß wir auch die Pflicht haben, an die katholischen Minderheiten der deutschen Länder zu denken, in denen andere weltanschaulicher Richtungen einen Einfluß ausüben, der unter Umständen Existenz und Freiheit des katholischen

---

dann auf irgendeinem Wege auch in die Presse gelangen werde. Auf die von Frings vorgetragenen Sachfragen ging Adenauer überhaupt nicht ein. Stattdessen nutze er seine Antwort für eine scharfe Kritik: Bei führenden Politikern der CDU mache sich „ein bitteres Gefühl" geltend wegen der Haltung des Episkopats gegenüber der CDU. Ursache sei ein Erlass des Bischofs Keller von Münster, der seinem Klerus untersage, „öffentlich für eine der christlichen Parteien derart einzutreten, dass darin eine Stellungnahme gegen die andere erblickt werden muß". Mit dieser Absetzung von der Innenpolitik begehe der Episkopat denselben Fehler wie 1933. Die im Frühjahr 1949 stattfindenden Wahlen zum ersten Bundesparlament seien von zentraler Bedeutung, denn die erste Bundesregierung werde in personeller und sachlicher Hinsicht grundlegende Entscheidungen für die nächsten Jahrzehnte treffen. Gelinge es der CDU/CSU nicht, bei diesen Wahlen eine Mehrheit zu bekommen, sei für die Vertretung der christlichen Interessen das Schlimmste zu fürchten. 1. November 1948 Adenauer an Frings, abgedr. in: *H. P. Mensing* (Bearb.), R. Morsey/H.-P. Schwarz (Hrsg.), Konrad Adenauer. Briefe 1947-1949 (Rhöndorfer Ausgabe), Berlin 1984, S. 333. – Frings antwortete umgehend: Das Schreiben sei an Adenauer als Fraktionsführer gerichtet gewesen, aber auch Brockmann zugegangen. Gegen ein Bekanntwerden in der Öffentlichkeit habe er nichts einzuwenden. Adenauer wisse, dass er den parteipolitischen Riss durch den katholischen Volksteil bedaure und alles versucht habe, diesen Riss zu schließen. Er bitte außerdem, ihn künftig als persönliches Mitglied der CDU zu führen. 2. November 1948 Frings an Adenauer, abgedr. in: *Mertens* (Bearb.), Akten (Fn. 2.), S. 350 f. (350 f.).

43 Frings führte auch die zurückliegenden Erfahrungen für die Geltendmachung dieses Rechtes an: „Das katholische Volk würde es nicht verstehen, wenn dieses Recht, für das es so oft zum Kampf aufgerufen wurde, in den Grundrechten fehlen würde, die jedem Deutschen in allen Ländern des Bundes gewährleistet sind. Dieses Recht in einer Form in die Bundesverfassung zu bringen, die sowohl seinem Charakter als Bestandteil des Naturrechts entspricht, als ihm auch die notwendige praktische Auswirkung für das gesamte Gebiet der Erziehung und Bildung – einschließlich der Schulerziehung – gewährleistet, erscheint mir unbedingt erforderlich". 25. Oktober 1948 Frings, Köln, an „Oberbürgermeister" Adenauer, abgedr. in: *Mertens* (Bearb.), Akten (Fn. 2), S. 338 ff. (339).

Lebens auf das Stärkste einengen oder gar unterbinden kann".[44] Wenn der Bund durch ein Bundesgesetz verhindere, daß ein Naturrecht von den Ländern verletzt werden dürfe, sei dies kein Eingriff in die Kulturhoheit eines Landes. Frings forderte sodann, die „Versorgung mit ausreichendem schulplanmäßigen Religionsunterricht" müsse gesichert bleiben. Dies sei insbesondere dort nötig, wo der Anspruch auf eine Katholische Bekenntnisschule sich nicht verwirklichen lasse.[45] Auch müsse eine Mindestvorschrift her, die die Unterrichtsverwaltungen der Länder anhalte, „leistungsfähige Privatschulen als Ersatz für öffentliche Schulen zuzulassen und bei gleicher Leistungsfähigkeit die grundsätzliche Gleichberechtigung dieser Schulen mit den öffentlichen Lehranstalten anzuerkennen". Es handle sich hier um „eine für uns eminent wichtige Lebensfrage", weil in der katholischen Privatschule „die katholischen Erziehungsgrundsätze voll zur Entwicklung gebracht werden" könnten, auch dort, wo man „unter bedrängten Verhältnissen" leben müsse. Angemahnt wurde von Frings außerdem „die Verankerung gewisser Mindestrechte der Kirche in der Bundesverfassung": Das Selbstbestimmungsrecht der Kirche, ihre Freiheit von staatlicher Bevormundung,[46] die Garantie des kirchlichen Eigentums sowie der „historisch wie rechtlich begründeten Ansprüche der Kirche gegen den Staat", die Freiheit des Erwerbs von Eigentum („insbesondere von Grundbesitz") durch die Kirche für ihre wesentlichen Zwecke, die Anerkennung ihrer gemeinnützigen Werke. Existentiell sei nicht zuletzt die Möglichkeit, auch in Zukunft Konkordate zwischen Staat und Kirche zu schließen.[47]

---

44 Auch der Schlusspassus des Schreibens ging nochmals auf diesen Gedanken ein: Die Grundrechte müssten in der Bundesverfassung unverbrüchlich gesichert werden, „wenn der katholische Christ überall in Deutschland in Familie und Volksgemeinschaft, Kirche und Schule nach seinem Glauben und seinem Gewissen soll leben können". Zugleich seien sie „für das Wohl des gesamten deutschen Volkes von der größten Bedeutung". 25. Oktober 1948 Frings, Köln, an „Oberbürgermeister" Adenauer, abgedr. in: *Mertens* (Bearb.), Akten (Fn. 2), S. 338 ff. (341).

45 „Von unserem Standpunkt aus kann man sich nicht damit abfinden, dass die Bundesverfassung zwar negative Vorschriften über den Schutz gegenüber weltanschaulichem Zwang und religiöser Beeinflussung enthält, dagegen über den positiven Beitrag nichts sagen soll, den die Kirche durch ihren Religionsunterricht zur Volkserziehung leistet". 25. Oktober 1948 Frings, Köln, an „Oberbürgermeister" Adenauer, abgedr. in: *Mertens* (Bearb.), Akten (Fn. 2), S. 338 ff. (339).

46 Im Hintergrund dieser Forderung stand die im 19. Jahrhundert erduldete „Staatskirchenhoheit", die erst nach dem Ersten Weltkrieg ihr Ende gefunden hatte.

47 „Fragen, bei denen es sich gleichzeitig um berechtigte Interessen sowohl des Staates als auch der Kirche handelt, finden erfahrungsgemäß eine für beide Teile befriedigen-

Eindeutig juristisch geklärt werden müsse die Frage, inwieweit der Bund ein Konkordat abschließen könne, das die Fragen Schule, Erziehung, Kirche, Ehe mitbehandle, wenn dem Bund die Kulturhoheit genommen sei. Wünschenswert sei außerdem eine Vorschrift über die Unverletzlichkeit des Lebens und des menschlichen Körpers[48] sowie der besondere Schutz von Ehe und Familie als „Urzelle der menschlichen Gesellschaft" und „Wurzel jeglichen gesunden Volkslebens".

b) Ebenfalls vom 25. Oktober 1948 datiert eine Eingabe der evangelischen Landeskirchen der britischen Zone. Diese unterbreiteten einen aus sieben Artikeln bestehenden „Vorschlag für den Abschnitt Kirchen und Religionsgemeinschaften".[49] Dabei rekurrierte man auf die Weimarer Reichsverfassung, schlug aber Änderungen vor. So sollte etwa, unter Ablehnung der Staatskirche, die Bedeutung der Kirchen und Religionsgemeinschaften für das Leben des Volkes ausdrücklich anerkannt werden. Gegen das Ablösungsgebot Art. 138 Abs. 1 WRV wurde auch hier die Aufrechterhaltung der Staatsleistungen an die Kirchen und Religionsgemeinschaften gefordert; eine allenfallsige Ablösung müsse jedenfalls ausdrücklich an Vereinbarungen gebunden werden. Damit forderte die Evangelische Kirche mehr als die noch in der Weimarer Reichsverfassung und im (nur die Katholiken betreffenden) Reichskonkordat zugestandene Zustimmung zu Regelungen des Reiches.

c) Am 29. Oktober 1948 folgte von Seiten der Leitung der Evangelischen Kirchen der Rheinprovinz[50] die Forderung nach einer „Ergänzung"

---

de Regelung nur durch Vereinbarung zwischen Kirche und Staat. [...] Es wird für die Zukunft der Kirche und des Katholizismus in unserem Vaterlande Entscheidendes davon abhängen, daß Bund und Länder diese Verträge abschließen können und die Kompetenz besitzen, diesen Verträgen durch Gesetz innerdeutsche Geltung zu verleihen". 25. Oktober 1948 Frings, Köln, an „Oberbürgermeister" Adenauer, abgedr. in: *Mertens* (Bearb.), Akten (Fn. 2), S. 338 ff. (340).

48 „Der Hinweis auf den vollständigen Verfall jeglicher Achtung vor diesen Grundwerten und Grundrechten des Menschen und der Menschenwürde, die wir unter dem Nationalsozialismus, aber auch sonst erlebt haben und heute nach wie vor erleben, begründet diese Forderung eindrucksvoll genug. Ich verweise auch auf die Auseinandersetzungen über den § 218 StGB. Wir Christen, denen die Heiligkeit dieser Güter noch lebendig vertraut ist, tragen heute eine besondere Pflicht, für sie immer wieder einzutreten". 25. Oktober 1948 Frings, Köln, an „Oberbürgermeister" Adenauer, abgedr. in: *Mertens* (Bearb.), Akten (Fn. 2), S. 338 ff. (340 f.).

49 25. Oktober 1948. Konferenz der Kirchen der britischen Zone, (Koch) an den Parlamentarischen Rat, abgedr. in: *S. Müller-Rolli*, Evangelische Schulpolitik in Deutschland 1918-1958. Dokumente und Darstellung, Göttingen 1999, hier Dokument Nr. 71.

50 *Sörgel*, Konsensus (Fn. 1), S. 314.

des Entwurfs der Grundrechte um das Recht des Menschen auf „Unversehrtheit des Körpers“, den „Schutz des menschlichen Lebens“ und „das Recht der Eltern, über die Erziehung ihrer Kinder zu bestimmen“. Im Übrigen wurde in dem kurzen Schreiben auf die Forderungen verwiesen, die man an die Gestaltung der Beziehungen zwischen Kirche und Staat stelle; sie seien bereits in einer Denkschrift vom 15. September 1947 formuliert worden und in dem Beschluss der Konferenz der Evangelischen Kirchen der britischen Zone (vom 25. Oktober) enthalten.

d) Am 9. November 1948 wandte sich auch der Ratsvorsitzenden der EKD, Bischof Theophil Wurm (1868-1953)[51], an den Parlamentarischen Rat.[52] Er bezeichnete das frühere Schreiben der Evangelischen Kirchen der britischen Besatzungszone als nur „vorläufig“. Durch Pressemitteilungen veranlasst, habe es einige Wünsche vorgetragen; eine Stellungnahme der Evangelischen Kirchen müsse sich jedoch auf amtliche Beratungsergebnisse stützen, die damals noch nicht vorlagen. Im Fokus standen eindeutig auch bei Wurm die „Bestimmungen über das Verhältnis von Staat und Kirche“: Seit Weimar hätten sich doch sehr bedeutende Wandlungen in den grundsätzlichen staatskirchenrechtlichen und kirchenrechtlichen Auffassungen ergeben; es müsse deshalb vor allen Festlegungen mit der Kirche Rücksprache genommen werden. Zwar nannte Wurm gewisse Zusatzforderungen, so eine Garantie des Rechts der christlichen Kirchen, im neuen Staat ihren Glauben auszubreiten und dafür zu werben. Auch müsse der Religionsunterricht als ordentliches Unterrichtsfach in allen Schulen sichergestellt werden und zudem „nach den Grundsätzen der Kirchen in ihrem Auftrag und unter ihrer Aufsicht erteilt“ werden. Und schließlich zählte Wurm zu den „wesentlichen Anliegen“ auch „eine verfassungsmäßige Sicherung des Elternrechts auf dem Gebiet der Erziehung und Schule“ und den „Schutz des Leibes“, der wissenschaftliche Experimente ohne Einwilligung des Betroffenen sowie Sterilisation ausschließe. Deutlich war: Wurm beschäftigte vor allem die Regelung der staatsrechtlichen Stellung der Kirche in der künftigen Verfassung. Er bat deshalb, die Eingaben der Landeskirchen in der britischen Zone „nicht als erschöpfende Formulierung des kirchlichen Standpunktes in der Frage der geplanten Verfassung“ zu betrachten. Was das eigentliche Motiv für Wurms Schreiben war, bleibt

51 Zu ihm: https://de.wikipedia.org/wiki/Theophil_Wurm (abgerufen am 28.10.2024).

52 Vgl. *Mikat,* Verfassungsziele (Fn. 4), S. 33 ff. (43 f.); abgedr. in: *Sörgel,* Konsensus (Fn. 1.), S. 315.

offen: Ob er die strikte Beschränkung der evangelischen Eingabe vom 25. Oktober auf staatskirchenrechtliche Fragen im engeren Sinne als unzureichend erachtete? Ob er zwar zusätzliche Forderungen stellen, aber auch andeuten wollte, dass es für die evangelischen Kirchen eine abgestufte Wertigkeit der Themen gab? Oder ob im Hintergrund ein innerprotestantischer Kompetenzstreit stand, wer denn autoritativ für den Protestantismus sprechen könne?[53]

e) Am 8. Dezember 1948 sandte auch die Arbeitsgemeinschaft christlicher Kirchen in Deutschland unter der Federführung des Präsidenten der Evangelischen Kirche von Hessen und Nassau Martin Niemöller (1892-1984)[54] ein Schreiben an den Parlamentarischen Rat,[55] wodurch „das Gewicht der drei sich ergänzenden evangelischen Stellungnahmen" noch einmal erhöht wurde.[56]

f) Bereits am 20. November 1948 hatte sich Kardinal Frings ebenfalls direkt an den Parlamentarischen Rat[57] gewandt. Da eine Antwort ausblieb, erinnerte Frings am 7. Dezember Adenauer – diesmal offiziell in seiner Eigenschaft als Ratspräsident – an dieses Schreiben[58] und erhöhte den Druck: Inzwischen habe auch das katholische Volk selbst durch die Katholikenausschüsse gesprochen und zum Ausdruck gebracht, dass die Verwirklichung dieser Forderungen im Verfassungswerk erwartet werde, während bei der ersten Lesung des Entwurfs im Hauptausschuss der Verwirklichung dieser Forderungen Widerstände entgegengesetzt worden seien. Frings verschärfte nun auch die Tonlage: „Die dadurch entstandene Situation betrachte ich als sehr ernst. Wie das christliche Volk in den Fragen der Grundrechte denkt, hat es – um ein Beispiel anzuführen – durch seine Abstimmung zur Schulfrage im Frühjahr des Jahres 1946 eindeutig bewiesen. Damals haben die

53 Letzteres legt die ganze Schlusspassage des Schreibens nahe, die mit dem Satz endete, der Rat der Evangelischen Kirche in Deutschland – nicht also einzelne Landeskirchen – werde auf die Angelegenheit noch einmal zurückkommen.

54 Zu ihm: https://de.wikipedia.org/wiki/Martin_Niemöller (abgerufen am 28.10.2024); *B. Ziemann,* Martin Niemöller. Ein Leben in Opposition, München 2019.

55 8. Dezember 1948. Arbeitsgemeinschaft Christlicher Kirchen in Deutschland (Niemöller) an den Parlamentarischen Rat. Erzbischöfliches Archiv Köln CR II, 1610, 4., Blatt 133. Das Schreiben konnte nicht eingesehen werden.

56 So *van Schewick,* Verfassungen (Fn. 4), S. 96.

57 20. November 1948 Frings an Parlamentarischer Rat, abgedr. in: *Sörgel,* Konsensus (Fn. 1.), S. 317 f.

58 7. Dezember 1948 Frings an Adenauer, abgedr. in: *Mertens* (Bearb.), Akten (Fn. 2), S. 395 (395 f.).

> christlichen Eltern, ganz gleich, zu welcher Partei sie gehörten, sich in überwiegender und überzeugender Mehrheit für die Anerkennung des Elternrechtes bezüglich der Schulfrage ausgesprochen. Ich kann mir nicht denken, daß Abgeordnete des Volkes sich weigern, in diesen Fragen gegen die Überzeugung derer zu handeln, deren Rechte zu vertreten und deren Willen zu vollziehen sie zusammengetreten sind". Indirekt war dies eine (drohende) Antwort auf Adenauers Kritik an der Zurückhaltung der Kirche gegenüber einer Wahlempfehlung zugunsten der CDU, die Frings allerdings mit einem Vorschlag ergänzte: „Um eine weitere Zuspitzung der Lage zu verhindern, bin ich bereit, Vertreter zu mündlichen Verhandlungen mit maßgebenden Persönlichkeiten des Parlamentarischen Rates zu entsenden; ich möchte mich der Hoffnung hingeben, daß in einer Besprechung die noch bestehenden Schwierigkeiten beseitigt werden können". Eine Antwort Adenauers auch auf dieses Schreiben von Frings ist nicht bekannt, doch lud Adenauer daraufhin tatsächlich zu der geforderten Aussprache mit Vertretern aller Fraktionen des Parlamentarischen Rates (mit Ausnahme der KPD) ein.[59]

Dieser *offizielle Gedankenaustausch* fand am 14. Dezember 1948 statt.[60] Als Vertreter der Katholischen Kirche nahmen Bischof Michael Keller (1896-1961)[61] von Münster und sein Generalvikar Johannes Pohlschneider (1899-1981)[62] teil sowie aus Köln Wilhelm Böhler und Ordinariatsrat Paul Westhoff (1901-1996).[63] Die evangelische Kirche wurde vertreten durch den Präses der Westfälischen Landeskirche und ehemaligen DNVP-Abgeord-

---

59 10. Dezember 1948 Adenauer an die Vorsitzenden der Fraktionen, abgedr. in: *Mensing* (Bearb.), Briefe (Fn. 42.), S. 363 f. – Adenauer erwähnt auch dieselbe Bitte von Präses Koch. Der Einladung müssen innerhalb weniger Tage weitere Kontaktnahmen mit den Kirchen vorangegangen sein, denn Adenauer hatte sich mit den Kirchen bereits auf einen Termin verständigt und konnte auch schon Namen der Teilnehmenden angeben.

60 Dazu vgl. die KND-Meldung vom 18. Dezember 1948; außerdem: 14. Dezember 1948 Bericht Böhler über die Besprechung mit dem Parlamentarischen Rat, abgedr. in: *Mertens* (Bearb.), Akten (Fn. 12), S. 421-429.

61 Zu ihm: https://de.wikipedia.org/wiki/Michael_Keller_(Bischof) (abgerufen am 28.10.2024).

62 Zu ihm: https://de.wikipedia.org/wiki/Johannes_Pohlschneider (abgerufen am 28.10.2024).

63 Leiter der Rechtsabteilung im Generalvikariat Köln. Zu ihm: aktuell. Nachrichten, Berichte und Termine 1996, hrsg. v. Presseamt des Erzbistums Köln, S. 49.

neten im Preußischen Landtag Karl Koch (1876-1951),[64] Oberkirchenrat Dr. iur. Karl Mensing (1876-1953)[65] von Düsseldorf und Oberkirchenrat Carl Sachsse (1889-1966)[66] von Koblenz.[67] Von Seiten des Parlamentarischen Rates nahmen neben Adenauer teil die Abgeordneten Süsterhenn und Weber von der CDU, Anton Pfeiffer (1888-1957)[68] von der CSU, Carlo Schmid (1896-1979),[69] Ludwig Bergsträsser (1883-1960)[70] und Walter Menzel (1901-1963)[71] von der SPD, Heuss und Hermann Höpker Aschoff (1883-1954)[72] von der FDP, Johannes Brockmann (1888-1975)[73] und Helene Wessel (1898-1969)[74] vom Zentrum sowie Hans-Christoph Seebohm (1903-1967)[75] von der Deutschen Partei.

Die Verhandlungen wurden von Adenauer eröffnet und geleitet. Nach der Begrüßung legte Bischof Keller den Sinn der Besprechung dar, dankte für die Möglichkeit, die Sorgen der Kirchen um den geistig-seelischen Wiederaufbau des Volkes persönlich vortragen zu dürfen, und hob dann in besonderer Weise auf die zu sichernde Gewissensfreiheit an erster Stelle ab. Präses Koch wies auf die Forderungen hin, welche die Evangelische

---

64 Zu ihm: https://de.wikipedia.org/wiki/Karl_Koch_(Theologe) (abgerufen am 28.10.2024).

65 Zu ihm: https://de.wikipedia.org/wiki/Karl_Mensing (abgerufen am 28.10.2024).

66 Zu ihm: https://www.aw-wiki.de/index.php/Carl_Sachsse (abgerufen am 28.10.2024).

67 Diese Liste der tatsächlichen Teilnehmer von Seiten der Kirchen unterschied sich von jener, die Adenauer am 10. Dezember den Fraktionsvorsitzenden mitgeteilt hatte. Dort waren nur genannt worden: Keller, Böhler Koch sowie ein Vertreter des erkrankten Oberkirchenrats der Evangelischen Kirche im Rheinland, Heinrich Held (1897-1957). Offenbar hatten sich die Kirchen entschieden, zu dem Gespräch weitere Sachverständige mitzubringen.

68 Zu ihm: https://www.parlamentarischerrat.de/mitglieder_891_mitglied=72_seitentiefe=2.html (abgerufen am 28.10.2024); *T. Schlemmer*, Anton Pfeiffer (1888-1957), in: Buchstab/Kleinmann (Hrsg.), Verantwortung (Fn. 26), S. 289.

69 Zu ihm: https://www.parlamentarischerrat.de/mitglieder_891_mitglied=82_seitentiefe=2.html (abgerufen am 28.10.2024).

70 Zu ihm: https://www.parlamentarischerrat.de/mitglieder_891_mitglied=29_seitentiefe=2.html (abgerufen am 28.10.2024).

71 Zu ihm: https://www.parlamentarischerrat.de/mitglieder_891_mitglied=67_seitentiefe=2.html (abgerufen am 28.10.2024).

72 Zu ihm: https://www.parlamentarischerrat.de/mitglieder_891_mitglied=49_seitentiefe=2.html (abgerufen am 28.10.2024).

73 Zu ihm: https://www.parlamentarischerrat.de/mitglieder_891_mitglied=33_seitentiefe=2.html (abgerufen am 28.10.2024).

74 Zu ihr: https://www.parlamentarischerrat.de/mitglieder_891_mitglied=98_seitentiefe=2.html (abgerufen am 28.10.2024).

75 Zu ihm: https://www.parlamentarischerrat.de/mitglieder_891_mitglied=87_seitentiefe=2.html (abgerufen am 28.10.2024).

Kirche gestellt habe, und bat daraufhin Böhler, die kirchlichen Forderungen im Einzelnen darzulegen und zu begründen.[76] Während Süsterhenn und Seebohm im Laufe der Sitzung erklärten, dass ihre Fraktionen sich mit den kirchlichen Forderungen in Einklang befänden, letzterer sich übrigens „sehr entschieden" für die Aufnahme des Elternrechtsanspruches aussprach, erhoben die Vertreter von SPD und FDP Einspruch. Noch bevor Böhler die kirchlichen Vorstellungen darlegen konnte, reagierte Schmid auf Kellers Stichwort von der Gewissensfreiheit: mit dem Hinweis, dass es selbstverständlich im neu zu schaffenden Bund Gewissensfreiheit geben werde, dass aber auch der Staat seine Ordnungsaufgabe sehen müsse. Bei der Lösung der Schulfrage müßten die durch die Binnenwanderungen entstandenen Schwierigkeiten berücksichtigt werden. Auch in Ländern, in denen Trennung von Kirche und Staat bestehe (Amerika und Frankreich), hätten die Kirchen alle Möglichkeiten für ihre freie Entfaltung; einen „christlichen Staat" als solchen gebe es nicht.[77] Ähnlich äußerte sich später sein Fraktionskollege Bergsträsser: Die SPD verwerfe jeglichen Gewissenszwang und trete ein für Glaubens- und Gewissensfreiheit. Diese seien aber durch die schon angenommenen Artikel der Verfassung gesichert. Die Kirche sollte das Recht auf freie Entfaltung haben, am besten aber bei Trennung von Kirche und Staat. Es sei auch keine Vergewaltigung, wenn die Eltern ihre Kinder in eine für alle gemeinsame Schule schicken müssten. Allerdings müsse diese Schule unter dem Gesetz der Toleranz stehen und den Kirchen die Möglichkeit geben, Religionsunterricht in der Schule zu erteilen. Gegen die Aufnahme des Elternrechts bezüglich der Schule in die Verfassung spreche die Kulturhoheit der Länder. Letzten Endes müsse der Staat die Bildung von Zwergschulen verhindern, um die Bildungshöhe nicht zu gefährden.

Schulfrage und Elternrecht bildeten tatsächlich den Kern der kontroversen Aussprache. Hinzu trat aber auch die Frage der Fortdauer der Konkordate und insbesondere des Reichskonkordats, weil – wie FDP und SPD zurecht fürchteten – die Bekenntnisschule dadurch gestützt wurde. Eine gewisse Flexibilität oder Kompromissbereitschaft glaubte Böhler bei Heuss erkennen zu können. Dieser erklärte, auf den Rechtsanspruch der Eltern bezüglich des Charakters der Schulen zunächst nicht eingehen zu wollen,

76 Vgl. Böhler: Vortrag im Parlamentarischen Rat, abgedr. in: *Mertens* (Bearb.), Akten (Fn. 2), S. 416-421.

77 Auf die von Schmid angeschnittenen Fragen wurde nicht weiter eingegangen, sondern erst einmal Böhler das Wort erteilt.

ließ die Frage offen, sprach aber von der Gefahr, dass bei Anerkennung des Elternrechtsanspruches die Bekenntnisschule „in einem solchen Umfang" gefordert werden könnte, „daß in manchen Gemeinden das Schulwesen in Unordnung geraten könnte" oder durch verschiedenartige Anträge von Eltern Streit entstehe. Mit dem Hinweis auf den Freiburger Erzbischof Gröber (1872–1948), der an der Badischen Simultanschule festgehalten habe, glaubte er die katholische Front etwas auflockern zu können. In der Frage der Privatschulen sei seine Fraktion zu einer positiven Lösung bereit und wolle das Recht der Privatschulen anerkennen. Einen ähnlichen „Kompromiß" schlug Heuss in Bezug auf das Reichskonkordat vor: Es sei ein Unterschied, ob man das Konkordat anerkenne oder ob man es auch in die Verfassung aufnehme. Man könne den Standpunkt vertreten, das geschlossene Verträge zu halten seien, aber er sehe keinen Grund, warum das Konkordat Aufnahme in die Verfassung finden solle; dadurch erhalte es eine weit größere Sicherung als bisher.[78] Dieselbe Position, jedoch härter und deutlicher vorgetragen, nahm Höpker Aschoff ein. Gerade in Bezug auf das Reichskonkordat könne kaum von der Verpflichtung zu deutscher Vertragstreue gesprochen werden, da doch auf deutscher Seite der nationalsozialistische Staat das Konkordat abgeschlossen habe. Durch das Konkordat würde im Übrigen die Bekenntnisschule von Neuem eingeführt, was die FDP jedoch ablehnte; deshalb war man auch gegen die Annahme des Elternrechts, das Höpker Aschoff als „subjektives" Recht bezeichnete. Für das Elternrecht trat hingegen Adenauer ein und versuchte die Fixierung auf die katholischen Eltern mit dem Hinweis zu lösen, dass er schon nach dem Ersten Weltkrieg dieses Elternrecht anerkannt habe, als sozialistische Eltern in Köln die weltliche Schule für ihre Kinder verlangten. Er bat dringend darum, die Frage des Elternrechtes nicht leicht zu nehmen; bei Nichtberücksichtigung seien ernste Spannungen zu befürchten. Das Reichskonkordat nicht anzuerkennen, sei ohne schwere Schäden für die völkerrechtlichen Beziehungen Deutschlands schlichtweg unmöglich. Auch Brockmann bat, den Fehler zu vermeiden, das Elternrecht immer nur in Bezug auf die Bekenntnisschule zu sehen. „Wenn das Elternrecht, so wie es vorgeschlagen sei, in der Verfassung verankert würde, dann läge es doch ganz bei den Eltern, welche Schule sie für ihre Kinder verlangten". Gegen die Befürchtungen, nur voll ausgebaute Schulsysteme erfüllten erzieherisch

78 Zurecht ließ sich die kirchliche Seite nicht auf diesen „Kompromiss" ein. In der Folge zeigte sich, dass die rechtsgültige Fortdauer des Reichskonkordats gerade von Seiten der FDP angezweifelt wurde.

und unterrichtlich die notwendigen Anforderungen, wies er auf seine langjährige Erfahrung als Lehrer an einer einklassigen Schule hin. Auch sie habe einen geordneten Schulbetrieb ermöglicht und könne durchaus den Leistungsvergleich mit den vielgegliederten Schulen aushalten.

Böhler versuchte daraufhin den Wert der Argumente mit zwei Feststellungen zu bilanzieren: Erstens sei in der Diskussion kein ernstlicher Versuch unternommen worden, den Elternrechtsanspruch als solchen zu bestreiten. Man habe zwar auf die schultechnischen Schwierigkeiten hingewiesen, doch zeige die Organisation des Schulwesens in der britischen Zone, in der es Bekenntnisschulen und Simultanschulen gebe, dass der geordnete Schulbetrieb dadurch nicht gestört sei. Zweitens habe man herausgehört, dass das Elternrecht nicht in die Verfassung aufgenommen werden solle, weil man verhindern wolle, dass christliche Eltern für ihre Kinder die Bekenntnisschule erhielten. Da es sich beim Elternrecht aber um ein gottgegebenes Naturrecht handle, das eine Verfassung weder verleihen noch entziehen noch grundsätzlich einschränken könne, besäßen die Eltern dieses Recht bereits. Er stellte die Frage, woher die Abgeordneten das Recht nähmen, das Elternrecht willkürlich zu beschränken. Darauf konnte Heuss wieder nur entgegnen, die Abgeordneten trügen die Verantwortung, für eine möglichst hohe Bildungsstufe zu sorgen und Streit in den Gemeinden zu vermeiden, worauf Süsterhenn mit der Feststellung antwortete, dass Heuss „also den Wert einer vielleicht erreichbaren höheren Bildung über das sichere Naturrecht der Eltern stelle. Es sei doch nicht erwiesen, daß bei der allgemeinen Einführung der Simultanschule ein höheres Bildungsniveau erreicht werde als wenn bei Anerkennung des Elternrechtes Bekenntnisschulen neben den Simultanschulen bestehen könnten".[79]

Kein Problem sah Heuss in der kirchlichen Forderung nach einem Grundrecht auf Leben und Unverletzlichkeit des Körpers. Dafür müsse man selbstverständlich eintreten, habe lediglich noch nicht die geeigneten Formulierungen gefunden. Die Anträge in Bezug auf das Verhältnis von Staat und Kirche seien mit dem Antrag der Fraktionen von CDU/CSU, Zentrum, Deutsche Partei vom 29. November 1948 sehr spät eingereicht worden, so dass diese Fragen nicht eingehend besprochen werden konnten. Er halte es aber auch für das Richtigste, wenn die Weimarer Formulierungen übernommen würden.

---

79 Vgl. Böhler: Vortrag (Fn. 76).

Bischof Keller, der über die Ergebnisse des Gespräch offenbar enttäuscht war, verfiel in seinem Schlusswort in einen durchaus drohenden Ton: Er hoffe, dass trotz der aufgezeigten Schwierigkeiten die Möglichkeit für eine Einigung bestehe. Die Kirche wolle den Frieden, aber keinen Frieden um jeden Preis. Wie in der Nazizeit werde sie sich auch jetzt für Recht, Gerechtigkeit und die übergesetzlichen gottgegebenen Rechte einsetzen. Die Situation sei ernst. Er könne zunächst nur für sich selbst sprechen, glaube aber, dass alle Bischöfe mit ihm einer Meinung seien: Wenn die Elternrechte nicht in der gebührenden Weise in die Verfassung aufgenommen werden, müsse die Kirche ihre Konsequenzen ziehen und „unter Umständen die ganze Verfassung ablehnen".[80]

Einen unmittelbaren Erfolg des Treffens in Bezug auf die Haltung der kulturpolitischen Gegner wird man nicht konstatieren können. Im Gegenteil, möglicherweise verstärkte gerade Kellers Drohung mit Ablehnung der Verfassung bei FDP und SPD die Ansicht, die Kirche angesichts der Stimmenmehrheit in die Schranken weisen zu müssen. Bezeichnenderweise gab es nach Dezember 1948 auch keine offiziellen Schreiben der Kirchen an den Parlamentarischen Rat mehr, obwohl die Probleme ja keineswegs gelöst waren. Offenbar wurde einem solchen Vorgehen nun keinerlei Chance auf Erfolg mehr zugesprochen. Die Einflussnahme musste auf anderem Wege erfolgen.

2. Überzeugung und Instruktion einzelner Abgeordneter

Aussicht auf Erfolg bestand nur *indirekt durch Überzeugung der Abgeordneten.* Das begann schon damit, dass es die Fraktionen oder einzelne Parlamentarier waren, die entsprechende Anträge einbringen mussten. Adressiert waren von den Kirchen wohl in erster Linie die Abgeordneten jener Parteien, die von ihrer Programmatik her die Vertretung christlicher Ansichten für sich in Anspruch nahmen, also CDU und CSU sowie die Zentrumspartei. Auch die Deutsche Partei zeigte sich ausgesprochen kirchennah.

a) Teilweise ist von einer kontinuierlichen Beratung der Kirchen mit einzelnen Verbindungsleuten in den Fraktionen auszugehen, welche Kraft ihrer Sachkenntnis oder ihrer Stellung in Fraktion und Gremien Gewicht

80 Vgl. Böhler: Vortrag (Fn. 76)

hatten. Wie wir wissen, traf sich zumindest Böhler als der zentrale Koordinator auf Seiten der Katholischen Kirche zeitweilig nahezu täglich mit Süsterhenn und Weber, die in ihrer Fraktion als Fachleute in kulturpolitischen Fragen galten, um die jeweiligen Argumente und Strategien in den aktuellen Debatten durchzusprechen.[81] Dazu traten schriftliche „Instruktionen".[82] Die vielen Hinweise können an dieser Stelle nicht aufgelistet werden; sie zeigen jedoch, dass politisch-biographische Studien zu vor allem Süsterhenn und Weber nötig wären, um die Dinge richtig zu fassen. Ähnliches dürfte für Brockmann gelten, vielleicht auch für Seebohm.

b) Eine besondere Rolle ist sicher Adenauer beizumessen, auch wenn er sich in den Verhandlungen selbst zurückhielt. Zum einen kam ihm als Präsident des Parlamentarischen Rats und Führer der CDU/CSU-Fraktion Gewicht zu. Zum anderen war Adenauer praktizierender Katholik und Vater eines Priesters der Erzdiözese Köln.[83] Von ihm durfte deshalb katholischerseits mit Recht zumindest das nötige Verständnis erwartet werden, wenn man in ihm nicht den einflussreichsten Protektor der kirchlichen Forderungen sehen wollte. Tatsächlich wurde Adenauer während der Verhandlungen mehrfach direkt adressiert, insbesondere als im neuen Jahr die Debatten um die strittigen Punkte in die heiße Phase gingen.

So wandte sich Frings beispielsweise am 18. Januar 1949 an Adenauer, indem er auf die Aufnahme des Elternrechts ins Grundgesetz insistierte und dies zum einen mit den Erfahrungen der Diktatur (des Dritten Reichs) begründete, andererseits – und dies wurde als größter Trumpf gesehen – mit der soeben in Paris in den die Schulfragen behandelnden Art. 26 der Menschenrechtsdeklaration der Vereinten Nationen aufgenommenen Formulierung: „Eltern haben das Vorrecht, die Art der Erziehung zu wählen, die ihren Kindern zuteil wird". Man sah darin die Bestätigung für die kirchliche Ansicht, dass das Elternrecht nicht vor der Schule haltmache.[84]

---

81 Vgl. *Mikat,* Verfassungsziele (Fn. 2), S. 33 ff. (37 f.).

82 Etwa jene vom 25. November 1948, abgdr. in: *Mertens* (Bearb.), Akten (Fn. 2), S. 375; 15. Januar 1949, abgdr. in: *Mertens* (Bearb.), Akten (Fn. 2), S. 474 oder 12. März 1949 durch Westerhoff an Süsterhenn, abgdr. in: *Mertens* (Bearb.), Akten (Fn. 2), S. 573 f. oder vom 1. März 1949 von Böhler an Weber, abgdr. in: *Mertens* (Bearb.), Akten (Fn. 2), S. 554 f.. Aufschlussreich auch Webers Antwort vom 4. März 1949, abgdr. in: *Mertens* (Bearb.), Akten (Fn. 2), S. 555 (555 Anm. 3).

83 Hinzu kam, dass Adenauer mit seiner Familie in Köln - Braunsfeld gewohnt hatte, wo Kardinal Frings von 1924–1937 Pfarrer gewesen war. Zwischen beiden bestand von daher ein besonderes Verhältnis. Vgl. *Trippen*, Frings (Fn. 4) 16.

84 18. Januar 1949 Frings an Adenauer, abgedr. in: *Mertens* (Bearb.), Akten (Fn. 2), S. 476 f.

Bereits zwei Tage zuvor hatte Böhler Adenauer – wohl mündlich – unter Mitteilung der Gründe darauf hinweisen lassen, wie ernst es Frings und dem Episkopat mit dem Elternrecht sei.[85] Am 20. Januar wurde Böhler von Adenauer zurate gezogen, nachdem in der Sitzung des Hauptausschusses der hessische Justizminister Georg August Zinn (1901-1976)[86] von der SPD seine Ablehnung der Weitergeltung des Reichskonkordats mit dem Verhalten der Kirche im Dritten Reich begründet hatte.[87] In einem nachträglichen Schreiben wies Böhler Adenauer darauf hin, dass die Parlamentarier sich über die Frage der Konkordate nicht klar seien. Denn es gehe um die Länderkonkordate und (!) die Verträge mit der evangelischen Kirche. Falls die Sache aus dem Grundgesetz gestrichen und allein den Ländern überlassen werde, bestehe die Gefahr, dass diese Verträge für hinfällig erklärt würden. Das Reichskonkordat müsse im Übrigen historisch verteidigt werden. Böhler stellte ein Gutachten gegen die Ausführungen von Zinn in Aussicht.[88]

Auch nach den Beratungen im Fünferausschuss, deren Ergebnisse über den Rundfunk in die Öffentlichkeit kamen, sah sich die kirchliche Seite Anfang Februar 1949 gezwungen, Adenauer wieder direkt in die Pflicht zu nehmen. Man sah in dem offenbaren Kompromiss einen Verrat an wesentlichen Punkten und eine Verletzung des gläubigen Gewissens. Insbesondere monierte man neben 1. der Ablehnung des Elternrechts, dass 2. die Ehe „nicht als die rechtmäßige dauernde Lebensgemeinschaft von Mann und Frau definiert“ worden war und 3. beim Schulartikel auf den „geordneten Schulbetrieb“ der Weimarer Republik Bezug genommen wurde, womit – je nach Auslegung – eine „Erdrosselung des Privatschulwesens in den einzelnen Ländern“ ermöglicht wurde. Wieder wurde gewarnt, es werde

85 Vgl. 18. Januar 1949 Frings an Adeanauer, abgedr. in: *Mertens* (Bearb.), Akten (Fn. 2), S. 476 (476 Anm. 1).

86 Zu ihm: https://www.parlamentarischerrat.de/mitglieder_891_mitglied=103_seitentiefe=2.html (abgerufen am 28.10.2024).

87 Vgl. *van Schewick,* Verfassungen (Fn. 4), S. 104-107; in die Dokumentation des Parlamentarischen Rates fand nur ein erheblich gekürzter und damit entschärfter Wortlaut Eingang. Nr. 46: Sechsundvierzigste Sitzung des Hauptausschusses 20. Januar 1949, abgedr. in: *Feldkamp* (Bearb.), Bd. 14: Hauptausschuß (Fn. 5), S. 1451 ff. (1454-1458) – Die Argumentation Zinns war geschickt, obwohl einseitig und gestützt auf keineswegs unverdächtige Gewährsleute (Paul Jungblut; Werner Weber). Auf Antrag der Union wurde, weil Süsterhenn als Fachmann fehlte, die Debatte unterbrochen. Mit den Behauptungen Zinns war aber ein Geist aus der Flasche, der nicht mehr leicht einzufangen war.

88 21. Januar 1949 Böhler an Adenauer, abgedr. in: *Mertens* (Bearb.), Akten (Fn. 2), S. 483 f. (483 f.).

„eine überaus ernste Situation eintreten", falls die erwähnten Punkte im Parlamentarischen Rat dasselbe Ergebnis erwarten ließen. Man erkenne gerne an, „daß die wesentlichen Forderungen des christlichen Volksteils erfüllt sind". Bei den genannten Punkten handle es sich aber „um so ernste Fragen [...], die mit den Gewissensentscheidungen des gläubigen Volksteiles zusammenhängen, zum Teil um unverletzliche Grundrechte, die eine freie demokratische Verfassung nie verweigern dürfte", und um einen „Rechtsanspruch, der der zu garantierenden Gewissensfreiheit entspringt". Es sei noch nicht zu übersehen, wie sich der christliche Volksteil im negativen Falle zur künftigen Verfassung stelle; jedenfalls drohe die Möglichkeit „einer schweren innenpolitischen Krise". Frings wies darauf hin, er habe „bisher zu verhindern gewußt, daß in den Elternkundgebungen noch schärfere Formulierungen gewählt wurden und die Möglichkeit der Ablehnung der Verfassung in die Diskussion gebracht wurde". Doch er könne für nichts garantieren und wolle Adenauer deshalb „jetzt schon auf diese Gefahr aufmerksam machen". Adenauer solle „nochmals alles zu versuchen, was zu einer Verständigung in diesem Punkt führen kann".[89]

Damit hatte Frings den Druck auf Adenauer noch einmal deutlich erhöht. Dieser reagierte einstweilen nur mit einer Eingangsbestätigung, die beruhigend wirken sollte: „Seien Sie versichert, daß die Ausführungen des Schreibens vollste Beachtung finden werden. Ich hoffe, daß das Endergebnis doch zu vertreten sein wird".[90] Frings berief jedoch am 5. Februar für den 10. Februar eine außerordentliche Bischofskonferenz nach Pützchen bei Bonn ein,[91] Böhler setzte die Ordinariate vom aktuellen Sachstand ausführlich in Kenntnis und gab die Losung aus, die „Aktion innerhalb der Elternschaft" – gemeint waren Petitionen an den parlamentarischen Rat und die Mobilisierung der Öffentlichkeit – solle nicht abgestoppt werden; man werde trotz des Bonner Kompromisses in den „interfraktionellen Besprechungen" die eigenen Bemühungen fortsetzen; auch könne dadurch die Gesamtsituation durchaus noch positiv beeinflusst werden.[92] Am 7. Februar wandte sich Böhler auch noch einmal an Adenauer mit

89 3. Februar 1949 Frings an Adenauer, abgedr. in: *Mertens* (Bearb.), Akten (Fn. 2), S. 518 f.

90 5. Februar 1949 Adenauer an Frings, abgedr. in: *Mensing* (Bearb.), Briefe (Fn. 42), S. 395.

91 Vgl. 5. Februar 1949 Böhler an die Ordinariate, abgedr. in: *Mertens* (Bearb.), Akten (Fn. 2), S. 520 (520 Anm. 1).

92 5. Februar 1949 Böhler an die Ordinariate, abgedr. in: *Mertens* (Bearb.), Akten (Fn. 2), S. 520-524.

einem langen argumentativen Scheiben, in dem er minutiös auf die einzelnen Gesichtspunkte der Debatte einging.[93] Er verurteilte das Verhalten von SPD und FDP, die die allgemein-politische Lage und „ihre zufällige kleine parlamentarische Mehrheit“ im Punkte Elternrecht glaubten ausnützen zu dürfen, während von den christlichen Abgeordneten verlangt werde, auf die allgemein-politische Lage Rücksicht zu nehmen, obwohl auf ihrer Seite das Recht und auf der anderen Seite die Gewalt stünden. Vom selben Tag datiert ein langes Schreiben Adenauers an Frings, in dem er den erzielten Kompromiss als Verhandlungserfolg verteidigte. Aufgeschreckt hatte Adenauer die Nachricht, dass Bischof Keller die Losung ausgegeben hatte, bei Nichtaufnahme des Elternrechts in das Grundgesetze müssten die Bischöfe die Katholiken auffordern, gegen das Grundgesetz zu stimmen. Zwar war damit nur wenig mehr gesagt als das, was auch Frings schon als Möglichkeit angedeutet hatte, doch traute Adenauer dem Münsteraner Bischof offenbar die nötige Durchschlagskraft zu, die Drohung auch wahrzumachen. Ausgiebig rechtfertigte Adenauer das Verhalten seiner Fraktion, stelle zudem eindeutige Erklärungen in Aussicht, auch wenn vereinbart worden sei, dass neue Anträge in diesen Punkten nicht mehr gestellt werden sollten. „So intolerant ich die Stellungnahme der SPD und der FDP finde, glaube ich doch, daß niemand es würde verantworten können, gegen das Grundgesetz [in der vereinbarten Fassung] zu stimmen. Eine Konsolidierung Westdeutschlands ist innen- und außenpolitisch [...] eine absolute Notwendigkeit. Diese Konsolidierung ist nicht möglich ohne Annahme dieses Grundgesetzes“. Eindringlich beschwor Adenauer die kirchliche Seite, von ihrer Drohung abzulassen. „In all diesen Fragen stehen lebenswichtige deutsche Interessen zur Debatte [...]. Wer auffordern würde, gegen das Grundgesetz zu stimmen, weil bezüglich des Elternrechtes nicht alles erreicht worden ist, - das [Elternrecht] ist weder bejaht noch verneint –, würde m.E. sich mit Sicherheit dem vernichtenden Vorwurf aussetzen, daß [er] in der schlimmsten Notzeit des deutschen Volkes gegen dessen Interesse gehandelt haben würde. Ich würde es für ein Unglück für die katholische Kirche in Deutschland halten, wenn tatsächlich die Fuldaer Bischofskonferenz dieser Ansicht des Herrn [Bischof] Keller folgen würde. Der Schaden für die katholische Kirche würde gar nicht abzusehen sein.

93 7. Februar 1949 Böhler an Adenauer, abgedr. in: *Mertens* (Bearb.), Akten (Fn. 2), S. 525-530. Die Argumentation ist zu komplex, um an dieser Stelle nachgezeichnet zu werden.

Für die CDU/CSU würde eine derartige Stellungnahme eine katastrophale Bedeutung haben".[94]

Für wie brisant Adenauer die Situation einschätzte, lässt sich auch daraus ersehen, dass es noch am 9. Februar 1949 zu einem persönlichen Treffen mit Frings kam,[95] wofür letzterer sich von Böhler eingehend präparieren ließ.[96] Es war auch für die kirchliche Seite eine Gratwanderung: „Herr A[denauer] darf selbstverständlich wissen, dass wir seine Darlegungen sehr ernst nehmen, aber er dürfte wohl in keiner Weise schon aus der Unsicherheit vor Freitag herauskommen" – gemeint war eine weitere interfraktionelle Besprechung, in der über die ‚Bremer Klausel' verhandelt wurde, – sonst würde er allzu schnell und allzu leicht eine Äußerung tun, die die Gegenseite darin bestärkt, dass mit ernstem Widerspruch nicht zu rechnen wäre". Ein Tag später fand die außerordentliche Bischofskonferenz statt.[97] Und wiederum einen Tag später übersandte Frings an Adenauer mit einem durchaus unterkühlt gehaltenen Schreiben die in Pützchen beschlossene „Kundgebung"[98] zur Übergabe an die Mitglieder des Parlamentarischen

94 7. Februar 1949 Adenauer an Frings, abgedr. in: *Mensing* (Bearb.), Briefe (Fn. 42), S. 397 f.

95 Vgl. 7. Februar 1949 Böhler an Frings mit Anlagen, abgedr. in: *Mertens* (Bearb.), Akten (Fn. 2), S. 530 (531 Anm. 9); *van Schewick*, Verfassungen (Fn. 4), S. 118 f.

96 7. Februar 1949 Böhler an Frings mit Anlagen, abgedr. in: *Mertens* (Bearb.), Akten (Fn. 2), S. 530 (530 f.) – Unter anderem führte Böhler aus: „Die stadtpolitischen Gedankengänge sind bekannt und durchaus verständlich. Es fragt sich nur, ob es notwendig war, einen Kompromiß zu schließen, oder ob es nicht richtiger gewesen wäre, es ruhig auf die Abstimmung im Plenum ankommen zu lassen. Dass das Kompromiß im wesentlichen abgeschlossen wurde, ohne daß über die Einzelheiten noch einmal gesprochen wurde, war nach allem Voraufgegangenen in gewissem Sinne eine Brüskierung. Adenauer hatte Pohlschneider und mir versprochen, die Fraktion werde den UNO-Artikel bis ins Plenum hinein vertreten und sich unter Umständen dort überstimmen lassen. Daraufhin war unsererseits zum Ausdruck gebracht worden, dass wir Eltern und Volk weiter ermuntern würden, sich für diese Regelung einzusetzen. Das ohne jede Stellungnahme die Entscheidung anders gefallen ist, hat ja auch in Münster diese starke Verbitterung und Verstimmung hervorgerufen. Die Bischöfe waren so stark engagiert, daß man sie nicht einfach vor die Tatsache stellen durfte". – Es folgte anderntags ein weiteres Schreiben: 8. Februar 1949 Böhler an Frings, abgedr. in: *Mertens* (Bearb.), Akten (Fn. 2), S. 535 f.

97 Ein Protokoll wurde – wohlweislich – nicht erstellt. Vgl. 7. Februar 1949 Böhler an Adenauer, abgedr. in: *Mertens* (Bearb.), Akten (Fn. 2), S. 525 ff. (529 Anm. 2). Zu kontrovers dürfte wohl diskutiert worden sein; auch war die Situation in taktischer Hinsicht zu heikel, um sich der Gefahr einer ‚undichten Stelle' auszusetzen.

98 Abgedr. bei *W. Löhr* (Bearb.), Dokumente deutscher Bischöfe. Bd. 1: Hirtenbriefe und Ansprachen zu Gesellschaft und Politik (1945-1949), 2. Auflage, Würzburg 1986, Nr. 68.

Rats; am 12. Februar werde sie auch der Presse übergeben. Die Position der Bischöfe sei im Übrigen klar und allen bekannt. „Es ist deshalb überflüssig, die von uns so häufig vorgetragenen und eingehend begründeten Einwendungen nochmals im einzelnen darzulegen. [...] Dagegen können wir nicht umhin, einen besonderen scharfen Protest gegen den Inhalt der sog. Bremer Klausel aus grundsätzlichen Erwägungen auch in diesem Schreiben auszusprechen".[99]

In der folgenden Phase, welche die Verhandlungen des Parlamentarischen Rates in eine schwere Krise stürzte, weil die Alliierten eingriffen und die SPD aus den bislang getroffenen Vereinbarungen ausscherte, wurde Adenauer von kirchlicher Seite nicht mehr angegangen. Erst nach der 4. Lesung im Hauptausschuss meldete sich Bischof Keller mit einem längeren, aber ‚privaten' Schreiben, in dem er Adenauer, unter Berufung auf dessen „Geschick" und „Tatkraft" ultimativ aufforderte, die weltanschaulichen Gegner „von der unbedingten Notwendigkeit eines Nachgebens in der Frage des Elternrechtes zu überzeugen". Andernfalls erwarte er von Adenauer zumindest das Zugeständnis, „dass die Aufnahme des Elternrechtes in das Grundgesetz einem global durchgeführten und gewerteten Volksentscheid unterworfen wird".[100] Während den letzten, langwierigen und zermürbenden interfraktionellen Besprechungen (27.04.-05.05.1949), in denen es unter anderem wieder um die Streitpunkte Elternrecht und ‚Bremer Klausel', die Konkordatsfrage und um die Frage ging, ob das Grundgesetz durch Plebiszit oder durch die Landtage angenommen werden müsse, wandte sich auch noch einmal Frings an Adenauer:[101] Den zum Teil sehr beunruhigenden Presseartikeln und einem Bericht Böhlers sei zu entnehmen, „daß der kulturpolitische Kampf in Bonn in das letzte Stadium getreten ist". Er halte sich für verpflichtet, Adenauer „in dieser – wie man sagen kann – letzten Stunde" mitzuteilen, dass die Bischöfe von großer Sorge erfüllt seien, weil „die Gegner der Gewissensfreiheit und des Elternrechts" offenbar alles daran setzten, „jetzt noch ihre Auffassung durchzusetzen". Adenauer wurde dringend gebeten, seinen „persönlichen Einfluß" einzusetzen, damit seitens der christlichen Abgeordneten alles getan werde, um „das ganze

99 11. Februar 1949 Frings an Adenauer, abgedr. in: *Mertens* (Bearb.), Akten (Fn. 2), S. 536 f. (537).

100 19. April 1949 Keller an Adenauer, abgedr. in: *Mertens* (Bearb.), Akten (Fn. 2), S. 598-601.

101 1. Mai 1949 Frings an Adenauer, abgedr. in: *Mertens* (Bearb.), Akten (Fn. 2), S. 612 f. (612 f.).

Elternrecht, also auch das Recht der Eltern auf die Bestimmung des religiösen Charakters der Schule ihrer Kinder, in der Verfassung zu garantieren und den Religionsunterricht in allen Schulen, auch den Berufsschulen, als schulplanmäßiges Lehrfach zu sichern". Die Annahme der ‚Bremer Klausel' finde größte Bedenken. Auch deshalb könne auf den Vertrags- bzw. Konkordats-Artikel, so sehr er „durch die Unklarheiten der Verklausulierungen belastet" sei, unter keinen Umständen verzichtet werden. Im Übrigen wisse er, „dass der Heilige Stuhl die Nichtaufnahme dieses Artikels als eine direkte Brüskierung betrachten würde".[102]

Alle diese Schreiben hatten das Ziel, sich der Unterstützung Adenauers zu versichern bzw. diesen zu entscheidenden Schritten zu veranlassen. Sie sollten die Dringlichkeit der kirchlichen Anliegen unterstreichen und deren Berücksichtigung noch auf der letzten – entscheidenden – Verhandlungsstrecke erreichen. Andererseits musste sich Adenauer gerade aus diesen Gründen lange zurückhalten, wollte er nicht seinen Einfluss allzu früh aufs Spiel setzen. Dies dürfte letztlich auch den Kirchen klar gewesen sein. Von daher hatten die Schreiben – abseits der Hoffnung auf realpolitische Umsetzung – wohl auch demonstrative und dokumentierende Bedeutung. In den Debatten des Parlamentarischen Rats und den einzelnen Ausschüssen spielten sie ohnehin so gut wie keine Rolle. Eher dürften sie einen (wenn auch begrenzten) Druck aufgebaut haben, der durch Adenauer oder andere Parlamentarier in die Sachdiskussion getragen wurde.

Nicht unerwähnt bleiben kann in diesem Zusammenhang der spektakuläre Eintritt des Kölner Erzbischofs Frings in die CDU. Ein Politikum war dieser Schritt zum einen, weil er im direkten (zeitlichen) Zusammenhang mit den Verfassungsverhandlungen erfolgte, zum anderen weil das Reichskonkordat, dessen Geltung man den kulturpolitischen Gegnern gegenüber verteidigen musste, dem katholischen Klerus eine parteipolitische Betätigung untersagte. Am 7. Mai 1949, dem Vortag der Verabschiedung des Grundgesetzes, bat Frings in einem kurzen Schreiben an Adenauer, ihn „nicht weiter als Mitglied der CDU zu führen". Er begründete dies mit der Auffassung des Hl. Stuhls, dass „auch heute noch die Zugehörigkeit eines Geistlichen zu einer politischen Partei als nicht vereinbar mit Art. 32 des Reichskonkordats" anzusehen sei. Tatsächlich machte der Hl. Stuhl diese Position etwa einen Monat später (12. Juni 1949) über Muench gegenüber

102 Eine Antwort Adenauers ist nicht bekannt. Erst am 21. Mai 1949 kam es zu einem persönlichen Treffen zwischen Frings und Adenauer. Vgl. *Mertens* (Bearb.), Akten (Fn. 2), S. 613 Anm. 8.

den Bischöfen geltend, nachdem er schon am 23. Mai Frings für seinen Parteiaustritt gedankt hatte. Im Hintergrund dürfte zum einen die päpstliche Doktrin gestanden haben, dass sich die Bindung an eine bestimmte politische Partei sowohl politisch als auch in Bezug auf die Seelsorge negativ auswirken müsse, zum anderen die mit Sorge beobachtete Infragestellung des Reichskonkordats durch nichtchristliche Politiker, wie sie gerade im Parlamentarischen Rat erfahren worden war.[103] Gleichwohl fällt auf, dass Frings diesen Schritt just in dem Moment vollzog, als das Grundgesetz unter Dach und Fach war. Von daher stellt sich tatsächlich die Frage, ob für die Mitgliedschaft von Frings in der CDU während der Verhandlungen des Parlamentarischen Rates rein taktische Gründe maßgeblich gewesen waren.[104] Möglicherweise wollte Frings mit seinem Austritt aber auch deutlich zu verstehen geben, dass er mit der Vertretung der kirchlichen Anliegen im Parlamentarischen Rat durch die CDU alles andere als zufrieden war. Gleichzeitig war dies ein warnendes Signal für die Zukunft: Adenauer sollte sich nicht allzu sicher fühlen, die unbeschränkte Unterstützung der Kirche zu besitzen, sich also deutlich stärker im Sinne der Kirche engagieren. Bezeichnend jedenfalls Adenauers Reaktion: Er bat Frings auf telegrafischem Wege dringend, eine Veröffentlichung der Wirkung des Konkordatsartikels vorerst zurückzuhalten, und stellte ein Gespräch „sobald als möglich" in Aussicht. Dieses fand erst einen Monat später statt, am 6. Juni, hatte aber den Charakter einer Verhandlung, in der Adenauer versuchte, Frings mit einer abweichenden Interpretation noch einmal umzustimmen.[105]

c) Es wäre allerdings falsch zu meinen, die Kirchen hätten sich bei ihren direkten Kontakten ausschließlich auf die Abgeordneten aus CDU/CSU, Zentrumspartei und Deutscher Partei beschränkt. Es war klar, dass nicht nur die Abgeordneten der kirchennahen Parteien, sondern – wegen der ungünstigen Mehrheitsverhältnisse – auch Abgeordnete der SPD oder der

---

103 Vgl. die Äußerung von Zinn in den Verhandlungen des Hauptausschusses: „Kein Mitglied des Klerus darf einer politischen Partei angehören. Wenn Herr Kardinal Frings der CDU beigetreten ist und auf der anderen Seite betonen sollte, daß das Reichskonkordat noch in Kraft sei, so würde er bereits durch seinen Eintritt in die CDU gegen diese Verpflichtung verstoßen haben". Nr. 46: Sechsundvierzigste Sitzung des Hauptausschusses 20. Januar 1949, abgedr. in: *Feldkamp* (Bearb.), Bd. 14: Hauptausschuß (Fn. 5), S. 1451 ff. (1455).

104 Vgl. dazu *R. Morsey*, Adenauer und Kardinal Frings 1945-1949, in: U. v. Hehl (Hrsg.), Von Windthorst bis Adenauer. Ausgewählte Aufsätze zu Politik, Verwaltung und politischem Katholizismus im 19. und 20. Jahrhundert, Paderborn/München/Wien/Zürich 1997, S. 686 ff.; *Trippen*, Frings Bd. 1 (Fn. 8), S. 349-352.

105 Vgl. *Mertens* (Bearb.), Akten (Fn. 2) 622 f. Anm. 3.

FDP für Mehrheiten bzw. Kompromisse gefunden werden mussten.[106] Gerade die FDP galt expressis verbis als „Zünglein an der Waage",[107] doch es gab kaum eine Brücke hinüber. Gerade beim Elternrecht war man beiderseits nicht bereit, den Argumenten der jeweils anderen Seite Gerechtigkeit widerfahren zu lassen. Die streckenweise stark aufgeheizte Stimmung erzeugte auch viel Polemik. Heuss etwa war im Dezember 1948 der zentralen Frage, ob das Elternrecht als Teil der Gewissensfreiheit anzusehen[108] und also ins Grundgesetz aufzunehmen sei, mit der griffigen Parole begegnet, das sogenannte Elternrecht sei nicht mehr als eine „Erfindung des 19. Jahrhunderts",[109] während Weber im Januar mit der UN-Menschenrechtskonvention Art. 26 Absatz 3 argumentierte, wonach den Eltern „ein vorrangiges Recht" zukomme, „die Art der Bildung zu wählen, die ihren Kindern zuteil werden soll".[110]

Böhler nutzte allerdings die Gelegenheit, die sich ihm im Anschluss an das Treffen zwischen den Kirchen und Vertretern des Parlamentarischen Rats am 14. Dezember bot. Mit Heuss hatte er sich noch privat unterhalten. Und auf dessen Wunsch hin wurde das begonnene Gespräch schon am 10. Januar 1949 unter Beteiligung von Höpker Aschoff fortgesetzt.[111] Dies gab Böhler die Möglichkeit, die kirchliche Auffassung noch einmal darzulegen und Missverständnisse zu beseitigen. Auch Heuss vertrat noch einmal die von ihm eingenommene Position. Im Nachgang zu dem Treffen

---

106 Weil die SPD in vielen, aber ganz besonders eben in den kulturpolitischen Fragen auf der anderen Seite stand, war rasch klar, dass letztlich die FDP das Zünglein an der Waage spielte.

107 Vgl. 17. Januar 1949 Böhler an Bischof Wurm, abgedr. in: *Mertens* (Bearb.), Akten (Fn. 2), S. 475 (475).

108 So etwa 15. Januar 1949 Jaeger an seinen Klerus, abgedr. in: *Mertens* (Bearb.), Akten (Fn.), S. 472 f. (472 f.)

109 So Heuss im Hauptausschuss. Vgl. Stellungnahme von Heuss, abgedr. in: *Feldkamp* (Bearb.), Bd. 14: Hauptausschuß (Fn. 5), S. 616-623 (617). – Nach dieser Logik müssten wohl etliche heute als Grundrechte behandelten Rechte als Erfindungen des 21. Jahrhunderts bezeichnen. – Brockmann regierte und stellte fest: „Das Elternrecht ist keine kirchliche Forderung, sondern ein natürliches Recht. Darum wird der Anspruch auf dieses Recht erhoben im Namen aller Menschen. Es ist kein neues Recht (wie Professor Heuss meinte), sondern es ist so alt wie die Familie. Erst der moderne Staat des 19. Jahrhunderts mit seinem Anspruch auf totale Auffassung des Menschen hat das Elternrecht in Frage gestellt". 15. Januar 1949 Brockmann an Böhler, abgedr. in: *Mertens* (Bearb.), Akten (Fn.) S. 498-502 (499).

110 Vgl. Nr. 43: Dreiundvierzigste Sitzung des Hauptausschusses 18. Januar 1949, abgedr. in: *Feldkamp* (Bearb.), Bd. 14: Hauptausschuß, S. 1324 ff. (1350).

111 Vgl. *van Schewick*, Verfassungen (Fn. 4), S. 101 f.

verfasste Böhler eine eingehende Begründung der kirchlichen Haltung in Sachen Elternrecht, die er Heuss zukommen ließ, weil – wie er schrieb – im Laufe der Diskussion die Basis des Ausgangspunktes mehrfach verlassen worden sei. Diese Ausarbeitung in 12 Punkten war nicht nur ausgesprochen klar und präzise gehalten, sondern auch in einem um Zustimmung werbenden, aber doch festen und ernsten Ton verfasst,[112] der in deutlichem Kontrast zu der von Heuss in der Debatte eingenommenen Polemik steht. Es handle sich, so Böhler, bei den „noch bestehenden Meinungsverschiedenheiten" nicht um die Frage „Bekenntnisschule oder Simultanschule", sondern um die Frage „Gewissensfreiheit und Elternrecht oder Machtanspruch des Staates". Allen sei klar, dass die Vertreter der Kirche Anhänger der Bekenntnisschule seien, und dass Heuss Anhänger der Simultanschule sei. Man könne sich lange über die Berechtigung und den Wert der beiden Schularten unterhalten, doch darum gehe es nicht, sondern es handelt sich darum, ob eine der beiden Gruppen, wenn sie parlamentarisch die Majorität habe, auch das Recht haben solle, die andere vergewaltigen zu dürfen. In allen Grundrechtsfragen müsse die Minderheit dasselbe Recht haben wie die Mehrheit. Eine parlamentarische Mehrheit dürfe das Gewissen einer in einer Frage des Naturrechtes andersdenkenden Mehrheit der Bevölkerung nicht verletzen. Das Elternrecht, so legte Böhler dar, hänge mit dem Recht auf Ehe und Familie engstens zusammen. Das Kind sei erst Glied der Familie, bevor es Glied des Staates werde. Aus dem Pflegeanspruch des Kindes an die Eltern ergebe sich eine elterliche Pflege- und Erziehungspflicht gegenüber dem Kind. Dieser Elternpflicht entspreche auf der anderen Seite das Elternrecht. Dieses Recht könne auch vor der Schule nicht haltmachen: wenn die Eltern auf den Ganzheitscharakter der Erziehung hinweisen. Das Elternrecht als Naturrecht sei keine Errungenschaft der letzten Jahrzehnte, sondern schon in der Frankfurter Paulskirche vor 100 Jahren von Bischof Ketteler argumentativ begründet worden. Bei ihm fänden sich dieselben Gedankengänge, dieselben Forderungen, dieselben Begründungen. Ein solches Naturrecht könne von einer Verfassung nicht verliehen und von der staatlichen Gewalt auch nicht entzogen werden. „Wie einer, der die totalitären Erziehungsansprüche des nationalsozialistischen Staates ablehnt, ein solches Recht leugnen zu können glaubt, bleibt mir ein Rätsel". Das Elternrecht werde im Schulartikel der Menschenrechtscharta der Vereinten Nationen proklamiert; müsse, was dort als Grundrecht und

112 12. Januar 1949 Böhler an Heuss, abgedr. in: *Mertens* (Bearb.), Akten (Fn. 2), S. 461-464.

Menschenrecht definiert werde, nicht ebenso selbstverständlich Raum in der Verfassung finden? Der Bund habe die Pflicht und das Recht, Eingriffe der Länder in dieses Elternrecht zu verhindern; ein solcher Schutz könne nie als Eingriff in die Kulturhoheit eines Landes betrachtet werden.

Dann legte Böhler Heuss noch einmal die Frage vor, ob in dem angenommenen Fall, dass sich in einem Land der Ostzone die Schule zu einer marxistischen oder sogar bolschewistischen Schule entwickele, katholischen oder evangelischen Eltern das Recht verweigert werden könne, sich unter Berufung auf ihr naturgegebenes Elternrecht zu wehren, wenn man ihre Kinder in solche Schulen hineinzwingen wolle. Besitze der Staat das Recht, christliche Kinder in bolschewistischen Staatsschulen bolschewistisch zu erziehen? Diese Frage könne nur mit ‚nein' beantwortet werden. Damit aber zeige sich, dass dem Staat auf diesem Gebiet Grenzen zu setzen seien. Bei einer Nichtanerkennung des Elternrecht im Westen würde den Eltern in der Ostzone bei ihrem Kampf um ihr Recht der Boden unter den Füßen weggezogen. Damit sei auch der Hinweis hinfällig, es denke im Westen Deutschlands niemand an eine Vergewaltigung der Eltern, man brauche den hier entstehenden Staat nicht zu fürchten. Wie schnell der Charakter eines Staates geändert werden könne, hätten alle erlebt. Der Einwand, man müsse bei Geltung des Elternrechts in den Gemeinden Streit und Zersplitterung des Schulwesens befürchten, sei ebensowenig stichhaltig, wie Nordrhein-Westfalen zeige. Auch der Hinweis, die Leistungsfähigkeit des Schulwesens könne durch Bekenntnisschulen herabgemindert werden, sei nicht stichhaltig. Schon deshalb nicht, weil die ganze Erfahrung gezeigt habe, dass praktisch die Bildungshöhe bei dieser Frage überhaupt nicht berührt werde. Auch zeige das Beispiel Holland, wo nach einem 70 Jahre dauernden Kampf die freieste Schulgesetzgebung erlassen wurde, dass die Entwicklung des Schulwesens dadurch einen ungeahnten Aufschwung erlebte. Er bitte Heus deshalb, die christliche Elternschaft in diesem Punkt ernst nehmen zu wollen.

Der Brief ging am 14. Januar 1849 in Abschrift auch an Adenauer,[113] wobei Böhler darauf hinwies, mit der Ostzone sei ein Punkt gefunden, an dem Heuss schon im Gespräch die Antwort schuldig geblieben sei. Hier könne vielleicht angesetzt werden. Auch scheine ihm, „daß es Herrn Heuss

113 14. Januar 1949 Böhler an Adenauer, abgedr. in: *Mertens* (Bearb.), Akten (Fn. 2), S. 469.

sehr unangenehm ist, wenn er sich hier unbedingt in Gegensatz zur ganzen christlichen Welt stellen muß. Das muß ihm bewußt werden".[114]

Freilich dürfte Böhler klargeworden sein, dass bei Heuss mit seiner altwürttembergischen Verwurzelung grundsätzliche Vorbehalte gegen die katholische Kirche vorlagen. Jedenfalls wandte er sich wenige Tage später an den Ratsvorsitzenden der EKD, Landesbischof Theophil Wurm in Stuttgart, um diesen zu bewegen, auf Heuss einzuwirken und ihm – wie Böhler zugespitzt formulierte – die Alternative vor Augen führen, ob die FDP „mit der Linken für die Gewalt stimmen" oder sich doch „für Gewissensfreiheit und Recht entscheiden" wolle.[115] Dass Böhler dem württembergischen Landesbischof einen gewissen Einfluss auf Heuss zuerkannte, lässt vermuten, dass er damals über entsprechende Informationen verfügte. Eine Antwort von Wurm an Böhler ist allerdings nicht bekannt; ebensowenig wurde bislang von evangelischer Seite geklärt, ob und welchen Einfluss Wurm auf Heuss auszuüben versuchte. Immerhin lässt sich später ein gewisses Bemühen von Heuss um Kompromisse (etwa in Bezug auf den Religionsunterricht als ordentliches Schulfach an den Berufsschulen) feststellen, was *auch* mit einer entsprechenden Initiative von evangelischer Seite zusammenhängen könnte. Andererseits ließ Heuss in Bezug auf das zentrale Anliegen der Katholischen Kirche, den Konfessionsschulen keinen Stein in den Weg zu legen, nicht mit sich reden,[116] was möglicherweise wieder Rückschlüsse auf die Position Wurms (und der Evangelischen Kirche) zulässt.[117]

---

114 Eine Antwort Adenauers ist nicht bekannt, doch kam es am 20. Januar 1949 zu einer mündlichen Besprechung zwischen beiden.

115 17. Januar 1949 Böhler an Wurm, abgedr. in: *Mertens* (Bearb.), Akten (Fn. 2), S. 475 (475).

116 Die naturrechtliche Begründung des Elternrechts wurde vom Heuss abgelehnt, weil er darin den Ausfluss einer antistaatlichen Haltung sah. Deshalb polemisierte er gegen das „antistaatliche „Naturrechts'-Gerede". 23. September 1948 Heuss an Eli Heuss-Knapp, abgedr. in: *E. W. Becker* (Bearb.u. Hrsg.), Theodor Heuss. Erzieher zur Demokratie. Briefe 1945-1949, München 2007, S. 409. – In einem Brief an seinen Parteifreund Reinhold Maier, den Ministerpräsidenten von Württemberg-Baden, begründete Heuss weshalb er sich auf die Frage, ob es sich beim „Elternrecht" um ein Grundrecht handle, gar nicht einlassen wollte. Es wurden allein praktische Motive genannt: 1. fordere bereits das das föderalistische Prinzip den Verzicht auf eine Aufnahme von Schul- und Kirchenartikeln ins Grundgesetz; 2. wolle er das Elternrecht nicht ins Grundgesetz lassen, „nachdem es in unserer Verfassung" – gemeint war die württemberg-badische – „geglückt war, es zu vermeiden"; und 3. würden dem Staat aus dem Elternrecht lediglich neue Lasten erwachsen. 6. Dezember 1948 Heuss an Reinhold Maier, abgedr. in: *Becker* (Bearb. u. Hrsg.), Heuss (Fn. 113), S. 432 f. (432 f.) – In einem weiteren Brief bemerkte Heuss, er habe die Auseinan-

Noch einmal wandte sich Böhler übrigens am 24. Januar 1949 an Heuss.[118] Es ging ihm um eine ausführliche beleghafte Widerlegung der von diesem am 7. Dezember im Parlamentarischen Rat aufgestellten Behauptung, die Katholiken hätten sich faktisch mit der Verletzung des Reichskonkordats durch die Länderverfassungen abgefunden. Denn – so die Argumentation von Heuss – in Nordwürttemberg/Nordbaden und Groß-Hessen sei durch die Verfassungen die Simultanschule eingeführt und damit ganz offensichtlich die Bestimmung des Reichskonkordats verletzt worden. Aber weder die kirchliche Behörde noch die katholischen Eltern hätten dagegen Protest eingelegt oder sich irgendwie auf das Reichskonkordat berufen, sondern sich mit dieser Situation abgefunden und schienen zufrieden damit zu sein. Dieses Argument war von Heuss als ‚Totschlagargument' gegen das Elternrecht und die schulpolitischen Forderungen der Kirche ins Feld geführt worden.

Inzwischen hatte Böhler sich mit den bischöflichen Ordinariaten in Verbindung gesetzt und konnte folgende Feststellungen machen: Das bischöfliche Ordinariat in Rottenburg habe sich in einem Schreiben vom 20. Januar „erstaunt" gezeigt, „welche Behauptungen ausgesprochen werden über die Haltung des Bischöflichen Ordinariats und der katholischen Eltern zu der Frage Gemeinschaftsschule und Bekenntnisschule anlässlich der Verhandlungen über die Verfassung in Nord-Württemberg". Man habe sich bereits im September 1945 schriftlich für die Bekenntnisschule ausgesprochen und dabei ausdrücklich auf das Konkordat Bezug genommen. Bei mündlichen Verhandlungen habe man sich in demselben Sinn geäußert,

dersetzung bereits als württemberg-badischer Kultminister „leidenschaftlich und erfolgreich durchgekämpft": Wohl auch deshalb lehnte er plebiszitäre Elemente in der Verfassung ab. Dieses Fass wollte er nicht noch einmal aufmachen, zumal er die Konfessionsschule aufgrund der enormen konfessionellen Vermischung nach 1945 als Relikt einer vergangenen Epoche betrachtete. Mit einem gewissen Recht erkannte er die „Paradoxie", dass in diesem Punkt ausgerechnet „die ‚Föderalisten' eine zentral bindende Lösung fordern, und die als Zentralisten gelten, die gliedstaatliche Autonomie anerkennen". 21. März 1949 Heuss an Franz Varrentrapp, abgedr. in: *Becker* (Bearb. u. Hrsg.), Heuss (Fn. 113), S. 479 f. (480).

117 Dass Wurm ein „doppeltes Spiel" durchaus verstand, hatte sich in anderem Zusammenhang gezeigt, vgl. *D Burkard,* Der Katholizismus – Profiteur der nationalsozialistischen Kirchenpolitik? Ein Beitrag zum Verhältnis der Konfessionen in Württemberg im „Dritten Reich", Zeitschrift für Württembergische Landesgeschichte 2018, 305 ff.

118 24. Januar 1949 Böhler an Heuss, abgedr. in: *Mertens* (Bearb.), Akten (Fn. 2), S. 491-495.

im Februar 1946 sogar eine ausführliche Denkschrift ausgearbeitet und darin mit Nachdruck auf das Reichskonkordat verwiesen. Diese Denkschrift sei unter anderem dem Kultusministerium und der CDU zugegangen. Mit Zustimmung des Kultusministeriums sei zudem eine Elternbefragung durchgeführt worden, mit einem eindeutigen Ergebnis für die Bekenntnisschule. Die Eltern selbst hätten in zahlreichen Schreiben aus allen Bezirken Nord-Württembergs an das Kultusministerium die Bekenntnisschule als ihr Elternrecht gefordert. In den Verfassungsverhandlungen, die ganz auf die Gemeinschaftsschule zielten, habe man im August 1946 in einem Schreiben an die Verfassungsgebende Landesversammlung die Gemeinschaftsschule zurückgewiesen. Später habe das Ordinariat zudem einen Erlass herausgegeben, in dem das Recht auf die Bekenntnisschule gewahrt worden sei. Mit der „christlichen Simultanschule" habe man in Nord-Württemberg seither schlechte Erfahrungen gemacht.[119]

Böhler verkniff es sich auch nicht, Heuss darauf hinzuweisen, dass die geschilderten Vorgänge zumindest zum Teil in eine Zeit fielen, als Heuss Kultusminister des Landes Nord-Württemberg/ Nord-Baden war. Ähnliches lasse sich auch von Groß-Hessen sagen. Weder die katholischen Kirchenbehörden, noch die Eltern hätten sich protestlos mit der Verletzung des Elternrechts und der Nichtanerkennung des Reichskonkordats abgefunden. Sie hätten im Gegenteil die Anerkennung des Elternrechts gefordert und das Reichskonkordat als bestehend angesehen. Damit musste die Argumentation von Heuss in sich zusammenbrechen.

Böhler hatte außerdem auch über die Verhältnisse in Bremen Erkundigungen eingezogen. Dort sei gegen den Anspruch der Kirche und der CDU die Simultanschule in die Verfassung eingeführt und das Elternrecht ignoriert worden. Ein nachträglicher Antrag der CDU, das Elternrecht gesetzlich festzulegen, sei von der SPD-Mehrheit abgelehnt worden. Auf öffentlichen Versammlungen hätten Eltern und Katholikenausschüsse immer wieder die Forderung nach Berücksichtigung des Elternrechts erhoben. Die Nachfrage habe zudem ergeben, dass in Bremen die öffentlichen allgemeinbildenden Schulen Gemeinschaftsschulen seien, an denen ein bekenntnismäßig nichtgebundener Unterricht in biblischer Geschichte erteilt werde. Zwar könnten die Eltern über die Teilnahme an diesem Unterricht bestim-

119 Vgl. auch *R. Winkeler*, Der Kampf um die Konfessionsschule in Württemberg 1945-1949, in: Rottenburger Jahrbuch für Kirchengeschichte 1988, S. 73 ff.; *J. Seiler*, Der Kampf um die Bekenntnisschule im „Südweststaat" (1946-1953), in: *H. Wolf/J. Seiler* (Hrsg.), Das Katholische Sonntagsblatt (1850-2000). Württembergischer Katholizismus im Spiegel der Bistumspresse, Ostfildern 2001, S. 296 ff.

men, aber dieser Unterricht sei der schulplanmäßige Religionsunterricht. Die Kirchen könnten ihren Religionsunterricht nur außerhalb der Schulzeit erteilen für solche Kinder, deren Erziehungsberechtigte dies ausdrücklich wünschten. Diese Tatsachen seien von Heuss seinerzeit – und zu Unrecht – als „absolut unglaubwürdig" bezeichnet worden. Da Heuss mit falschen Aussagen gegen das Elternrecht und gegen die Anerkennung des Reichskonkordats gearbeitet habe, dürfe man von ihm jetzt erwarten, dass er um der Wahrheit willen mithelfe, dass dieses Argument in der Zukunft aus der Debatte verschwinde, und dass jene, die falsch informiert seien, über den wahren Sachverhalt aufgeklärt würden. Das Schreiben gipfelte in dem Appell an Heuss, nun endlich für „echte Gewissensfreiheit" einzutreten.

Eine Antwort von Heuss ließ lange auf sich warten. Sie erfolgte erst am 27. Mai 1949, Wochen, nachdem das Grundgesetz verabschiedet worden war. Für die Verzögerung machte er mildernde Umstände geltend (der Brief sei nicht aufzufinden gewesen, die Sekretärin krank). Auf die Argumente Böhlers ging Heuss aber überhaupt nicht ein.[120]

Dass Heuss auf die gründliche Ausarbeitung Böhlers nicht antwortete und damit Kompromisslosigkeit signalisierte, nahm Kardinal Frings zum Anlass, dessen Parteifreund Franz Blücher (1896-1959),[121] einen Katholiken und ab 1949 Bundesvorsitzender der FDP, abblitzen zu lassen, als dieser sich über eine Diffamierung der FDP als „religionsfeindlich" beschwerte. Seinem Antwortschreiben legte Frings eine Kopie der beiden Briefe bei, die Böhler an Heuss geschrieben hatte, und bezeichnete die Tatsache, dass

120 Vgl. *Mertens* (Bearb.), Akten (Fn. 2), S. 495 Anm. 19. – Brockmann, der neben Adenauer und den bischöflichen Ordinariaten einen Abzug des Briefes erhielt, stimmte Böhler vollständig zu. Man dürfe beim „Elternrecht" die Frage der Bekenntnisschule nicht vorwegnehmen. Man könne den Parteien gegenüber nicht mit religiösen Gesichtspunkten argumentieren, sondern „nur mit der Berufung auf Toleranz und allgemeine Grundsätze der Demokratie". „Wir müssen den Parteien gegenüber noch viel stärker operieren mit der allgemeinen politischen Bedeutung des Elternrechts. Der Kampf um die Schulen in der Ostzone kann unter dem Zeichen der Elternrechte geführt werden. Die Erhaltung der deutschen Sprache im Saargebiet und im übrigen […] Grenzlandgebiet kann durch das Elternrecht gesichert werden. Wir in Westdeutschland sind allen die moralische Rückenstärkung schuldig". 25. Januar 1949 Brockmann an Böhler., abgedr. in: *Mertens* (Bearb.), Akten (Fn. 2), S. 498 (498).

121 Zu ihm: *F. Henning,* Franz Blücher. Ein Porträt, Geschichte im Westen 1996, 216 ff.

Heuss keine Antwort darauf gegeben habe, als außerordentlich befremdlich.[122]

d) Es fällt auf, wie still es in den kirchlichen Quellen um die SPD ist. Freilich: Von der Vorstellung einer parteipolitischen Äquidistanz konnte im damaligen Katholizismus keine Rede sein, so wenig damals innerhalb der SPD bereits auf die weltanschaulich neutralere Linie des späteren Godesberger Programms eingeschwenkt war.[123] Dennoch hätte es durchaus Brücken ins Lager der SPD gegeben, möglicherweise mehr als hinüber zur FDP.

Weshalb versuchte man beispielsweise nicht wirklich, das staatsrechtliche Schwergewicht Carlo Schmid für die kirchlichen Belange zu interessieren? Die Ausgangslage dafür wäre aus mehreren Gründen eigentlich nicht schlecht gewesen. Zum einen war der Vorsitzende der SPD-Fraktion

---

122 Im Übrigen listete Frings ein ‚Sündenregister' der Partei auf: Bisher habe die Fraktion in den Verhandlungen im Parlamentarischen Rat es abgelehnt, das Elternrecht bezüglich des Charakters der Schule anzuerkennen. Sie habe sich damit in Gegensatz zur Lehre des Naturrechtes und zur Lehre der katholischen Kirche gestellt und die Gewissen der katholischen Staatsbürger in Bedrängnis gebracht. Wie ihm Prälat Böhler versicherte, habe Höpker Aschoff ihm ausdrücklich erklärt, dass es für ihn kein Naturrecht gebe, und Heuss habe ihm ausdrücklich erklärt, dass die Eltern kein subjektives Recht gegenüber der vom Staat gegründeten Schule hätten. Damit sprächen sich auch diese beiden führenden Politiker der Partei gegen die Gewissensfreiheit bzw. das Naturrecht und gegen die Lehre der katholischen Kirche aus. Auch habe die FDP daran mitgewirkt, dass die Definition der Ehe als ‚rechtmäßige dauernde Lebensgemeinschaft von Mann und Frau' nicht in das Grundgesetz aufgenommen wurde. Weiterhin habe die FDP sich scharf gegen die Aufnahme des Artikels ausgesprochen, der die Aufnahme des Reichskonkordats in die Verfassung bezweckte. Höpker Aschoff habe seinen Standpunkt in einem Zeitungsartikel in ‚Die Zeit' eingehend dargelegt und klar zum Ausdruck gebracht, dass er jede Aufnahme der Konkordate ablehnen müsse, weil dann das Elternrecht wieder in die Verfassung hineinkomme. Damit habe sich die FDP in katholischen und wohl auch evangelischen Kreisen eine scharfe Verurteilung zugezogen. Ob bei der Verurteilung des Verhaltens auch das Wort ‚religionsfeindlich' gebraucht worden sei, könne er nicht sagen. Wenn die FDP nun für den Religionsunterricht eingetreten sei und die Rechte der Privatschulen mit gewährleistet habe, so sei anzuerkennen, dass sie in diesen beiden Punkten für die kirchlichen Forderungen Verständnis an den Tag gelegt habe. Damit werde aber das andere Verhalten nicht wiedergutgemacht. 23. April 1949 Frings an Blücher, abgedr. in: *Mertens* (Bearb.), Akten (Fn. 2), S. 601 f. (601 f.).

123 Vgl. hierzu: *D. Burkard,* Die politische Dimension kirchlichen Handelns – Historische Zugänge, in: I. Dingl/C. Tietz (Hrsg.), Die politische Aufgabe von Religion. Perspektiven der drei monotheistischen Religionen. Veröffentlichungen des Instituts für Europäische Geschichte Mainz. Abteilung für Abendländische Religionsgeschichte. Beiheft 87, Göttingen 2011, S. 143 ff.

vom Landtag von Württemberg-Hohenzollern nur aufgrund einer Absprache mit CDU-Staatspräsident Gebhard Müller (1990-1990)[124] in den Parlamentarischen Rat gewählt worden. Man durfte also Konzessionen oder jedenfalls keine absolute Blockadehaltung erwarten.[125] Zum anderen hatte der zwar katholische, aber streng laizistisch erzogene Schmid als junger Mann offenbar zeitweilig sogar ein theologisches Studium erwogen.[126] Und schließlich hatte er 1945/46 in Tübingen sogar einem kleinen Kreis von Intellektuellen angehört, der sich um den katholischen Studentenseelsorger Bernhard Hanssler (1907-2005) scharte.[127] Hanssler hatte in jenen Jahren durchaus Einfluss auf Schmid, zumal dieser es ihm verdankte, dass er nach dem Einmarsch der Franzosen rasch aus einer Inhaftierung befreit wurde.[128] Später wurde Hanssler Leiter des bischöflichen Cusanus-Werkes in Bonn und geistlichen Direktor des Zentralkomitees der deutschen Katholiken (ZdK), womit er durchaus wieder in die (nur?) räumliche Nähe Schmids kam. Beides könnte freilich auch zu einer Entfremdung zwischen beiden geführt haben.[129] Denn das Cusanus-Werk hatte damals eine poin-

---

124 Zu ihm: *G. Buchstab,* Gebhard Müller (1900-1990), in: J. Aretz/R. Morsey/A. Rauscher (Hrsg.), Zeitgeschichte in Lebensbildern. Aus dem deutschen Katholizismus des 19. und 20. Jahrhunderts. Bd. 8, Münster 1997, S. 247 ff.; Gebhard Müller. Ein Leben für das Recht und die Politik. Symposium anläßlich seines 100. Geburtstages am 17. April 2000 in Stuttgart, in: G. Thaddey (Hrsg.), Veröffentlichung der Kommission für geschichtliche Landeskunde in Baden-Württemberg. Reihe B: Forschungen. Bd. 148, Stuttgart 2000.

125 Diesbezügliche Absprachen lassen sich aber – bei einer kursorischen Durchsicht der beiden Nachlässe – nicht erkennen.

126 Vgl. *P. Weber,* Carlo Schmid 1896-1979. Eine Biographie, München 1996, S. 31.

127 Eine zeitgenössische Schilderung von Schmid in Hansslers „Musen-Kranz" vgl. *D. Burkard,* Zwischen Bomben und Besatzung. Stadt und Universität Tübingen (1943-1946). BriefGeschichten 1, Stuttgart 2024, hier S. 136 f.

128 Vgl. *Weber,* Schmid (Fn. 122), S. 192 f. – Auffallenderweise äußerte sich hierzu nur Bernhard Hanssler, während Schmid in seiner Autobiographie kein Wort darüber fallenlies und dort auch sonst Hanssler nicht erwähnt. Auch die kursorische Einsichtnahme des politischen Nachlasses von Schmid ergab keinerlei Treffer, wie überhaupt die Arbeit Schmids im Parlamentarischen Rat durch den Nachlass schlecht dokumentiert zu sein scheint. Zu seiner dortigen Tätigkeit jedoch *G. Hirscher,* Carlo Schmid und die Gründung der Bundesrepublik. Eine politische Biographie, Bochum 1986, S. 201 ff.; *Weber,* Schmid (Fn. 122), S. 331 ff.

129 Erstaunlicherweise konnten bei gezielten Stichproben in dem im Archiv der sozialen Demokratie verwahrten 107 lfm umfassenden Nachlass von Schmid keine Briefe von Hanssler oder interessantere Akten zur Arbeit im Parlamentarischen Rat entdeckt werden. Damit korrespondiert die Tatsache, dass Schmid Hanssler in seiner Autobiographie nicht einmal erwähnt. Man fragt sich, ob hinter diesen

tiert elitäre Ausrichtung,[130] die sich mit den Vorstellungen der SPD wenig vertrug. Und beim ZdK konnte von einer Äquidistanz zu den Parteien – wenn überhaupt – erst seit Ende der 1970er Jahre die Rede sein. Es wäre dennoch einmal der Frage näher nachzugehen: Gab es – zwar nicht von Böhler aus, aber doch vielleicht von anderer Seite her – kirchliche Versuche, wenn schon nicht auf die SPD, so doch vielleicht auf Schmid einzuwirken? Dieselbe Frage wäre selbstredend auch in Bezug auf andere Abgeordnete von SPD und FDP zu stellen.

3. Bemühen um die Gesamtheit der CDU/CSU-Fraktion

Böhlers Hoffnungen, über vereinzelten Kontakte zu Abgeordneten auf den Parlamentarischen Rat einwirken zu können, erfüllten sich letztlich nur zum Teil. Die Parlamentarier der weltanschaulichen Gegner zeigten sich unzugänglich, und selbst bei der Union wirkte die mangelnde Homogenität der Partei in Kirchenfragen, die durch die konfessionellen Differenzen von vornherein gegeben war, hemmend.[131] Mehrfach versuchte Böhler deshalb, die Fraktion als Ganze zu adressieren. In mehreren Schriftsätzen wandte er sich direkt an die CDU/CSU-Fraktion.[132] Dieser Weg wurde vor allem in der heißen Phase zwischen Februar und April 1949 beschritten.

Beobachtungen ein Bruch zwischen Schmid und Hanssler steht, der möglicherweise mit der politischen Entwicklung beider zusammenhängt.

130 Vgl. *R. Hank,* Der Geistliche und die Macht – Bernhard Hanssler, Frankfurt a.M. 1997.

131 Ivo Zeiger hatte bereits in seinem geopolitischen Bericht vom April 1948 auf die Problematik hingewiesen, die sich aus dem Fehlen einer katholischen Partei für die Kirche ergab und daraus gefolgert: der Weg zu einer leichten und wirksamen Einflussnahme auf die Partei sei praktisch fast verbaut, es müssten deshalb neue Wege „in direkter und daher mühsamer Einwirkung" erst gesucht werden. Vgl. *van Schewick,* Verfassungen (Fn. 4), S. 77.

132 Vgl. 23. Februar 1949 Böhler an die CDU/CSU-Fraktion im Parlamentarischen Rat, abgedr. in: *Mertens* (Bearb.), Akten (Fn. 2), S. 542 f.; 9. März 1949 Böhler an die CDU/CSU-Fraktion im Parlamentarischen Rat, abgedr. in: *Mertens* (Bearb.), Akten (Fn. 2), S. 569 f.; 11. April 1949 Böhler an die CDU/CSU-Fraktion im Parlamentarischen Rat, abgedr. in: *Mertens* (Bearb.), Akten (Fn. 2), S. 593-596; 27. April 1949 Böhler an die CDU/CSU-Fraktion im Parlamentarischen Rat, abgedr. in: *Mertens* (Bearb.), Akten (Fn. 2), S. 606-608.

Hinzu kamen persönliche Besprechungen mit der Fraktion.[133] Ansatzweise findet sich Ähnliches auch in Bezug auf die Zentrumspartei. So ließen Böhler und Frings auch deren Vorsitzendem Brockmann immer wieder Abschriften ihrer Briefe an Adenauer zukommen. Anfang Februar 1949 wurde Böhler von Frings außerdem angewiesen, der Zentrumspartei öffentlich seinen Dank dafür auszusprechen, dass sie sich in den kulturpolitischen Fragestellungen die Position der Kirche zueigen gemacht hatte; freilich nicht ohne gleichzeitig die dringende Bitte zu formulieren, „auch in den weiteren Verhandlungen unnachgiebig zu sein".[134]

4. Gutachterliche Tätigkeit und Besorgung von Sachinformationen

Neben den mündlichen Austausch trat zunehmend, je intensiver die Diskussionen wurden, die Versorgung mit argumentativ einsetzbarem Material sowie mit Sachprüfungen der in den Debatten von anderer Seite vorgebrachten Behauptungen. Zu diesem Zweck fanden gelegentliche Besprechungen Böhlers mit Sachverständigen statt.[135] Auf Wunsch einer Reihe von Abgeordneten ließ Böhler seine Ausführungen vom 14. Dezember 1948 vor dem Parlamentarischen Rat drucken und den Abgeordneten als Argumentationshilfe zur Verfügung stellen.[136] Vielfach stellte Böhler auch später noch die Zusendung von Argumentationsmaterial[137] oder sogar Stellungnahmen und Gutachten[138] in Aussicht.

133 Vgl. etwa 7. Februar 1949 Böhler an Adenauer, abgedr. in: *Mertens* (Bearb.), Akten (Fn. 2), S. 525-530 (525): Demnach hatte er „in den letzten Monaten häufig die Ehre, mit den Abgeordneten von CDU/CSU über die Forderungen der Kirche und des katholischen Volksteils zu sprechen in Bezug auf die kulturpolitischen Fragen in der Grundrechtsverfassung".

134 Bei den noch umstrittenen Fragen handle es sich um wesentliche christliche Forderungen, in denen ein Nachgeben unmöglich sei. 3. Februar 1949 Frings an Brockmann, abgedr. in: *Mertens* (Bearb.), Akten (Fn. 2), S. 520 (520).

135 Vgl. 30. Dezember 1948 Bericht: Besprechungen von Sachverständigen über das Grundgesetz, abgedr. in: *Mertens* (Bearb.), Akten (Fn. 2), S. 446-451.

136 14. Dezember 1948 Bericht Böhlers, abgedr. in: *Mertens* (Bearb.), Akten (Fn. 2), S. 421-429.

137 Vgl. etwa 15. Januar 1949 Böhler an Süsterhenn (zum Konkordat), abgedr. in: *Mertens* (Bearb.), Akten (Fn. 2), S. 474 (474).

138 Vgl. etwa 21. Januar 1949 Böhler an Adenauer, abgedr. in: *Mertens* (Bearb.), Akten (Fn. 2), S. 483-487 (485 f.): „Zu der Rechtslage werde ich Montag noch ein Gutachten hereinreichen, das gegenüber den Ausführungen des Herrn Dr. Zinn verwendet werden kann" (Reichskonkordat Art. 32); „Zu der Frage ‚Kirchenartikel der Weima-

5. Mobilisierung der Öffentlichkeit

Weil sich zeigte, dass sich die Mehrheit des Parlamentarischen Rates, vor allem in den Punkten „Elternrecht“ und Religionsunterricht, den kirchlichen Forderungen verschloss, setzte die Katholische Kirche ab Januar 1949 verstärkt auf außerparlamentarische Einflussnahme, d.h. auf eine Mobilisierung der katholischen Bevölkerung. Durch Herstellung einer öffentlichen „Stimmung“ sollte einerseits ein gewisser Erwartungsdruck auf die Abgeordneten ausgeübt, andererseits aber auch deren Position innerhalb des Parlamentarischen Rats öffentlich gestützt und gewissermaßen „demokratisch“ legitimiert werden. Dem Ziel der Mobilisierung dienten neben der kirchlichen Publizistik auch Petitionen, die von allen Seiten den Parlamentarischen Rat erreichen sollten, sowie Versammlungen und Vorträge, um die Katholiken und selbst den Klerus entsprechend zu unterrichten. Es sei „dringend notwendig, daß der Klerus genau Bescheid weiß über die Dinge, die sich in Bonn abgespielt haben“. Auch im Klerus selbst seien „viele Mißverständnisse und irrtümliche Auffassungen vorhanden. Man hat zum Teil den Kampf für überflüssig gehalten und versteht nicht, warum man ihn überhaupt begonnen hat, bei den bekannten Mehrheitsverhältnissen“.[139] Zur Unterrichtung wurden Richtlinien ausgegeben; ungewollte Störungen sollten vermieden werden.

Die Planungen für eine größere Kampagne, gesteuert wieder von Böhler, liefen noch im Dezember 1948 an: „Erst nach Weihnachten wird die Diskussion über diese Fragen wieder beginnen. Es scheint dringend notwendig, daß die Presse, daß die Kirchenblätter Artikel über das Elternrecht bringen und unsere Forderungen in verständlicher Weise begründen.“ Die Kirche müsse sich nun auf die Frage des Elternrechts konzentrieren. Das katholische Volk müsse aufgeklärt werden, dass die Aufnahme des Elternrechts bezüglich der Schule zu den unabdingbaren Forderungen an die neue Verfassung gehöre. Es müsse wissen, welche Gefahr drohe. Die Forderungen müssten mit aller Klarheit und Schärfe erhoben werden. Es müsse betont werden, dass es sich um ein unverletzliches Recht der Eltern handle. „In der Öffentlichkeit wird zunächst diese Schärfe genügen. Die Verhandlungen werden bald zeigen, ob eine noch schärfere Stellungnah-

---

rer Verfassung‘ werde ich ebenfalls am Montag eine Stellungnahme überreichen können“.

139 9. März 1949 Richtlinien für Referate vor dem Klerus, abgedr. in: *Mertens* (Bearb.), Akten (Fn. 2), S. 564-566 (564).

me notwendig sein wird." Auch die Katholikenausschüsse und ähnliche Einrichtungen müssten informiert werden. „Sie alle haben die dringende Aufgabe, mitzuarbeiten. Geprüft wird im Augenblick die Frage, ob unter Umständen die Forderungen betreffend Elternrecht durch Volksentscheid entschieden werden soll. Dieser Punkt muss aber streng vertraulich bleiben. Er darf in der Öffentlichkeit noch nicht behandelt werden".[140]

Die Frage, ob man gegebenenfalls ein Plebiszit über das Elternrecht oder gar über das ganze Grundgesetz herbeiführen solle, war schon in dem langen Schreiben von Frings an Adenauer vom 25. Oktober 1948 aufgetaucht: „Der Parlamentarische Rat ist nicht durch direkte Wahlen des Volkes beauftragt, obwohl ihm die Aufgaben zufallen sollen, eine Art Verfassung für das Volk zu beschließen und die Bundesrechte festzulegen, die für das Zusammenleben innerhalb des Volkes maßgebend sein sollen. Wie kann eine Verfassung Sache eines ganzen Volkes werden, wenn sie von einem Gremium beschlossen ist, das sich höchstens auf einen nur indirekten und nur einschlußweisen Auftrag des Volkes berufen könnte, während das Volk selber sich dieses Auftrages nicht bewusst ist. Wie kann unser Volk zu einer wahren Demokratie erzogen werden, wenn man so über sein erstes Recht einfach hinwegschreitet?" Der Parlamentarische Rat könne an sich nur das Recht haben, ein Wahlrecht auszuarbeiten. Aufgrund dieses Wahlrechtes müsse dann ein neuer Rat gewählt werden, der die Grundrechte beziehungsweise die Verfassung zu bestimmen habe. Die Tatsache unterschiedlicher Wahlrechte in den einzelnen Ländern habe „auf die Zusammensetzung des Rates einen ungünstigen Einfluß ausgeübt", wodurch sich eine zahlenmäßige Zusammensetzung ergeben habe, „die wohl den wirklichen Parteiverhältnissen nicht entspricht".[141] Später wurde die Überlegung reaktiviert im Sinne eines Druckmittels.[142]

---

140 14. Dezember 1948 Bericht Böhlers, abgedr. in: *Mertens* (Bearb.), Akten (Fn. 2), S. 421-429 (428).

141 25. Oktober 1948 Frings, Köln, an „Oberbürgermeister" Adenauer, abgedr. in: *Mertens* (Bearb.), Akten (Fn. 2), S. 338-342 (341 f.).

142 Vgl. etwa 7. Februar 1949 Böhler an Adenauer, abgedr. in: *Mertens* (Bearb.), Akten (Fn. 2), S. 525-530: „Gewiß ist in Bonn die Parlamentarische Mehrheit auf der Gegenseite. Die Wahlberechtigten aber, die Anhänger des Elternrechts sind, würden – das Ergebnis einer Volksabstimmung brauchte hierfür nicht gefürchtet zu werden – die Mehrheit im Volke darstellen, wenn an sie appelliert würde. Deshalb taucht immer wieder die Frage auf: Kann diese Frage nicht durch Volksentscheid entschieden werden? Muss eine demokratische Verfassung nicht diesen Appell an das Volk vorsehen? Soll es einer kleinen parlamentarischen Mehrheit in einem demokratischen Staat möglich sein, ein so wichtiges Recht wie das Elternrecht zurückweisen

III. Ein koordiniert-strategisches Vorgehen der Kirchen?

„... am meisten Schwierigkeiten machten die Bischöfe".[143] So erinnerte sich nur wenige Wochen nach Beendigung der Arbeiten im Parlamentarischen Rat Theodor Heuss (1884-1963).[144] Noch während der Verhandlungen hatte er gegenüber einem Korrespondenzpartner mit dem für ihn typischen Spott vermerkt: „Die evangelische Kirche ist zum Teil in ihrer offiziellen Vertretung bedauerlich ins Schlepptau der katholischen Auffassung geraten".[145] Mit dieser Feststellung wurden vom späteren Bundespräsidenten zwei Behauptungen aufgestellt, die für den Historiker auch Fragen aufwerfen: Lassen sich *konfessionelle Unterschiede* und Präferenzen in den Inhalten erkennen? Und: Gab es eine *katholische Dominanz*, die den Protestantismus für die eigene Position vereinnahmte?

1. Konfessionelle Präferenzen?

Burkhard van Schewick betonte 1980 in auffallender Weise, die katholische und evangelische Kirche hätten angesichts ihrer guten Kontakte ihre Stellungnahmen zeitlich und inhaltlich aufeinander abgestimmt.[146] Den Beweis für diese Aussage blieb er allerdings schuldig. Die Frage müsste tatsächlich einmal intensiver untersucht werden, denn es gibt doch deutliche Indizien dafür, dass – auch wenn es freilich gemeinsame Anliegen der beiden Konfessionen gab – von einem koordinierten Vorgehen oder gar einer gemeinsamen Linie nicht wirklich die Rede sein kann. Auf folgende Punkte sei an dieser Stelle verwiesen:

a) Zwar fällt auf, dass es eine gewisse zeitliche Parallelität der offiziellen Eingaben der Kirchen an den Parlamentarischen Rat gibt, die die Annahme einer koordinierten Aktion nahelegt. Diese Eingaben hatten aber eine durchaus voneinander abweichende Akzentsetzung,

---

zu dürfen, ohne dass das Volk die Gelegenheit hat, durch einen Volksentscheid zu sprechen?"

143 4. Juli 1949 Heuss an Wilhelm Stapel, abgedr. in: *Becker* (Bearb. u. Hrsg.), Heuss (Fn. 113), S. 509 f. (510).

144 Zu ihm: https://www.parlamentarischerrat.de/mitglieder_891_mitglied=46_seitentiefe=2.html (abgerufen am 28.10.2024).

145 21. März 1949 Heuss an Franz Varrentrapp. abgedr. in: *Becker* (Bearb. u. Hrsg.), Heuss (Fn. 113), S. 479 f. (480).

146 Van Schewick, Verfassungen (Fn. 4), S. 81 f.

so dass man eigentlich eher *nicht* von einer inhaltlichen Abstimmung sprechen kann.[147] Dies zeigt eine synoptische Gegenüberstellung der Forderungen.[148] Tatsächlich deuten die bisher von katholischer Seite zugänglichen Quellen auch nirgendwo darauf hin, dass es gemeinsame Absprachen oder Treffen auf höherer Ebene zwischen den Kirchenführern gegeben hat. Allerdings wandten sich die evangelischen und katholischen Bischöfe Niedersachsens Ende November 1948 mit der öffentlichen Bitte *gemeinsam* an den Parlamentarischen Rat, bei der Gestaltung der Verfassung den Anliegen der christlichen Bevölkerung Rechnung zu tragen.[149]

b) Die Frage, ob überhaupt und – falls ja – in welcher Häufigkeit die Evangelische Kirche, ähnlich wie Frings und Böhler, an Adenauer als Präsident des Parlamentarischen Rats direkte Schreiben gelangen ließ, lässt sich im Moment noch nicht beantworten. Ebenso wenig wissen wir darüber, ob auch die Evangelische Kirche versuchte, über andere Parlamentarier Einfluss zu nehmen. Dies fällt umso mehr auf, als die Evangelische Kirche in der Nachkriegsgeschichte ein deutlich ausgeprägteres politisches Engagement an den Tag legte als der Katholizismus, der den Fokus traditionellerweise immer etwas stärker auf den Bereich der Frömmigkeit legte.

c) Auch beim ersten – und einzigen – gemeinsamen Auftreten von Kirchenvertretern vor dem Parlamentarischen Rat vom 14. Dezember 1948 fallen die Asymmetrien deutlich ins Auge. So war der Austausch offenbar allein aufgrund einer Initiative Böhlers zustande gekommen. Weil Adenauer als Führer der (überkonfessionellen) CDU/CSU-Fraktion aber aus parteistrategischen Gründen konfessionelle Rücksicht nehmen musste, dürfte das gemeinsame Auftreten der Kirchen vor allem (oder ausschließlich) auf sein Konto zu buchen sein. Dazu passt, dass Böhler bei der Besprechung die Wortführung übernahm, während Koch als Präses der Evangelischen Kirche in Westfalen nur ein paar einleitende Worte sprach und sich ansonsten passiv verhielt. Die vorherige Abspra-

147 Vgl. *F. Spotts,* Kirchen und Politik in Deutschland, Stuttgart 1976, S. 160.

148 Demgegenüber stellte van Schewick, Verfassungen (Fn. 4), S. 96 fest, die evangelischen Postulate hätten sich mit den katholischen „im wesentlichen" gedeckt.

149 Vgl. van Schewick, Verfassungen (Fn. 4), S. 97. – Es handelte sich um die katholischen Bischöfe Wilhelm Berning (Osnabrück) und Joseph Godeard Machens (Hildesheim) sowie die lutherischen Bischöfe Hanns Lilje (Hannover), Martin Erdmann und Wilhelm Stählin (Oldenburg) sowie Landessuperintendent Walter Hollweg.

che zwischen den Konfessionen beschränkte sich offenbar auf eine von Süsterhenn geleitete Besprechung am Vortag, bei der eine erfreuliche Einmütigkeit festgestellt werden konnte.[150] Nichts ist jedoch darüber bekannt, ob dieses gemeinsame Auftreten dann auch in eine weitere Zusammenarbeit mündete. Man wird dies wohl verneinen müssen.

d) Es gibt bislang nur den Hinweis auf die *eine* (oben erwähnte) Kontaktnahme Böhlers zum EKD-Ratsvorsitzenden Wurm vom 17. Januar 1949, also zu einem bereits relativ späten Zeitpunkt.[151] Sie blieb offenbar singulär. Bezeichnend daran ist zum einen, dass Böhler sich Wurm erst vorstellen musste, denn das heißt ja nichts anderes, als dass dies sein erster Kontakt zum EKD-Vorsitzenden war. Zum anderen ist eine Antwort Wurms an Böhler nicht überliefert. Nun lassen sich hierfür freilich allerhand mögliche Gründe anführen. Zum einen könnte Wurm in Böhler – obwohl dieser sich als Beauftragter von Kardinal Frings vorstellte – nicht den adäquaten Gesprächspartner gesehen haben; allerdings ist nicht bekannt, dass Wurm sich stattdessen an Frings direkt wandte.[152] Zum anderen stand Wurm damals bereits kurz vor seinem Ausscheiden aus dem aktiven Dienst. Und schließlich befand sich Wurm – jedenfalls vermittelt er diesen Eindruck in seinen Lebenserinnerungen – damals auf Auslandsreisen.[153]

e) Vom März 1949 stammt eine (einzige) Nachricht, die in die Richtung eines Koordinierungsversuchs geht, die zugleich aber viel an Misstrauen und Nicht-Kommunikation verrät:

Am 4. März setzte der Hildesheimer Generalvikar Wilhelm Offenstein (1889-1964)[154] seinen Freund Böhler – und zwar ausdrücklich ganz vertraulich durch ein Handschreiben – über einen „Vorgang" in Kenntnis,[155] der nicht bekannt werden sollte. Demnach hatte wenige Tage zuvor auf

150 Vgl. van Schewick, Verfassungen (Fn. 4), S. 97.

151 17. Januar 1949 Böhler an Wurm, abgedr. in: *Mertens* (Bearb.), Akten (Fn. 2), S. 475.

152 *Trippen,* Frings (Fn. 8), weiß nichts Entsprechendes zu berichten.

153 Dass Wurm hier nur von diesen Reisen schreibt, die Beratungen des Parlamentarischen Rates – trotz ihrer Bedeutung – aber übergeht, fällt auf. Waren hier verschleiernde Absichten am Werk? Zu ähnlichen Beobachtungen in anderer Hinsicht vgl. *Burkard,* Katholizismus (Fn. 114), 305 ff.

154 Zu ihm: *H.-G. Aschoff,* Wilhelm Offenstein (1889-1964), in: E. Gatz (Hrsg.), Die Bischöfe der deutschsprachigen Länder 1945-2001. Ein biographisches Lexikon, Berlin 2002, S. 271 f.

155 4. März 1949 Offenstein an Böhler, abgedr. in: *Mertens* (Bearb.), Akten (Fn. 2), S. 559 f. (559).

Wunsch des lutherischen Landesbischofs Hanns Lilje (1899-1977)[156] von Hannover eine Unterredung zwischen ihm und Offenstein stattgefunden, von der auch der Bischof unterrichtet war. Lilje teilte Offenstein mit, er habe den Gedanken, ähnlich wie der katholische Episkopat in Pützchen „eine Aktion" in Sachen der Grundrechte zu unternehmen, wolle zuvor aber eine Information über die außerordentliche Versammlung der Bischofskonferenz haben. Es sei ihm nämlich „von den führenden protestantischen Kreisen in Rheinland und Westfalen gesagt worden, daß nach einer Äußerung Adenauers nicht damit zu rechnen sei, daß es mit der Kirche zu einem Konflikt komme, selbst wenn die Grundrechte in der jetzigen Form angenommen würden. Und zwar trotz der Entschließung des katholischen Episkopats!" Mit anderen Worten: Die Äußerung Adenauers lasse vermuten, dass die Entschließung doch nicht mit letztem Ernst gemeint gewesen sei. Es sei für Lilje jedoch höchst wichtig, hierüber etwas zu erfahren, um sich nicht in eine Linie zu stellen, die dann von den Katholiken nicht mitgegangen würde. Offenstein entgegnete darauf, seinen Informationen zufolge habe der katholische Episkopat „noch einmal eine volle Breitseite abgeschossen" und wohlweislich zur Frage, was im Falle der Nichtberücksichtigung geschehen solle, nicht Stellung genommen. Dies sei seines Wissens nach eine völlig offene Frage. Diese Auskunft beruhigte Lilje sehr. Er habe nun, wie gesagt, vor, „eine Parallelaktion zu starten und wegen einer erneuten gemeinsamen Aktion sich mit Exzellenz Berninger in Verbindung zu setzen". Dies habe ihm Offenstein vorgeschlagen, weil der Hildesheimer Bischof derzeit durch einen Grippeanfall gehandikapt sei. Auf Wunsch Liljes habe er Berning unterrichtet. Lilje habe daraufhin dringend gebeten, „man möchte ihn doch wissen lassen, wenn die Haltung des katholischen Episkopats eine neue Nuance erhalten würde, denn er könne doch nicht vorstoßen, ohne sicher zu wissen, daß die Katholiken in der gleichen Linie stehen bleiben würden". Offenstein habe ihm dies indirekt zugesichert.[157] Von Interesse sei nun, wie Adenauer zu der Auffassung kommen konnte, dass der Episkopat schließlich doch mit sich reden lassen würde.

156 Zu ihm: *J. J. Siegmund,* Bischof Johannes Lilje, Abt zu Loccum. Eine Biographie. Nach Selbstzeugnissen, Schriften und Briefen und Zeitzeugenberichten, Göttingen 2003, insbes. S. 116-123.

157 „Ich sagte ihm, nach meiner Meinung wäre dieser Wunsch durchaus berechtigt". 4. März 1949 Offenstein an Böhler, abgedr. in: *Mertens* (Bearb.), Akten (Fn. 2), S. 559 f. (560).

Die Antwort Böhlers,[158] der zunächst für die sehr interessanten Informationen dankte, klang gereizt bis spöttisch: „Hätten die Protestanten sich nur zeitig etwas energischer eingesetzt, das wäre günstiger gewesen. Jetzt kommt der Einsatz reichlich spät".[159] Offenstein habe freilich Recht damit, dass sich der Episkopat in Pützchen „in keiner Weise dazu geäußert" habe, was er tun werde, wenn das Elternrecht nicht in die Verfassung aufgenommen wird. Die Frage könne erst entschieden werden, wenn das ganze Vertragswerk endgültig vorliege und die gesamte Situation übersehen werden könne. Sie hänge aber wohl wesentlich von der Beurteilung der Frage des „Reichskonkordats" ab. Berning, der über alle Einzelheiten im Bilde sei, werde sich sicher mit Köln in Verbindung setzen. Vorläufig werde in Richtung „Volksentscheid" gearbeitet. Mit Frings werde er über die Angelegenheit sprechen. Im Übrigen begrüße er es, „wenn zwischen der katholischen und evangelischen Kirche enger Kontakt bliebe, damit wir uns gegenseitig verständigen und auf dem Laufenden halten können". Adenauers Äußerung versuchte Böhler auffallend wenig Gewicht beizulegen: Von ihm seien „verschiedentlich solche Äußerungen gemeldet" worden. Wahrscheinlich habe er in Gesprächen gesagt, „er hoffe, trotz aller Schwierigkeiten die Verfassung durchzubringen". Böhler wolle ihn „bei nächster Gelegenheit" darauf ansprechen.

Ob sich aus diesem Aufschlag Liljes, einen Monat vor Ende der Verhandlungen, noch etwas ergab? Man wird darin wohl weniger eine Offensive zu einem konfessionsübergreifenden Agieren sehen dürfen, denn einen Versuch, im Sinne taktischen Kalküls den eigenen Standpunkt besser an die Realitäten anzupassen, ohne etwas zu wagen. Dies wirft freilich die alte Frage erneut auf: Wo lagen die Gründe für diese „ökumenische Abstinenz" in Sachen Grundgesetz, das eigentlich ein gemeinsames Vorgehen verlangt hätte?

2. Katholische Prädominanz?

Hatte van Schewick 1980 versucht, ein ökumenisches Agieren der Kirchen zu suggerieren, so unternahm es auch Mikat 1989 in einem instruktiven

158 5. März 1949 Böhler an Offenstein, abgedr. in: *Mertens* (Bearb.), Akten (Fn. 2), S. 560 f.

159 Über das Verhältnis Böhlers zum Protestantismus vgl. *Buchna,* Jahrzehnt (Fn. 4), S. 369-373.

Aufsatz, den von Heuss behaupteten – und übrigens auch in den 1950er und 1960er Jahren politisch instrumentalisierten – Eindruck einer katholischen Prädominanz während der Grundgesetzdebatten zu verwischen. Mikat machte gleichwohl darauf aufmerksam, die Evangelische Kirche sei seit 1945 zunächst mit sich selbst, das heißt mit der Herausforderung des Neuaufbaus und Zusammenschlusses der Landeskirchen, beschäftigt gewesen. Dies ist zweifellos richtig. Doch wer sich die Agenden der Fuldaer Bischofskonferenz aus jenen Jahren ansieht, wird sofort sehen, dass es der katholischen Führungsriege kaum besser ging; zwar verfügte man seit dem 19. Jahrhundert über die Bischofskonferenzen als überdiözesane Entscheidungs- und Abstimmungsgremien, doch mussten auch diese den veränderten Bedürfnissen angepasst werden.[160] Es ist auch richtig, wenn Mikat darauf verwies, dass 1949 mit Hermann Kunst (1907-1999)[161] ein evangelisches Pendant zu Prälat Böhler die politische Bonner Bühne betrat. Doch war dies erst nach Verabschiedung des Grundgesetzes der Fall, was heißt, dass Böhler während der Verhandlungen des Parlamentarischen Rates schlichtweg ein geeigneter evangelischer Ansprechpartner fehlte. Tatsächlich wurden erst 1949 innerhalb der EKD jene personellen Weichenstellungen vorgenommen, die – auch offiziell – dem Protestantismus ein stärkeres politisches Gewicht gaben. Jedenfalls traten nun neue Persönlichkeiten auf, die deutlich politischer und wohl auch effizienter als in den Jahren zuvor agierten.

Dennoch könnte es tieferliegende Gründe für die fehlende Koordination über die eigenen Konfessionsgrenzen hinaus gegeben haben. Zu denken ist zum einen an die Krise des ökumenischen Aufbruchs nach 1945, die just im Juni 1948 durch das bekannte römische Monitum *Cum compertum* entstanden war, und das für ernste Verstimmungen sowie für einen teilweisen Abbruch der theologischen Gespräche zwischen den Konfessionen sorgte.[162] Wirkte sich diese tiefe Krise im ökumenisch-theologischen Gespräch auch auf die praktische Zusammenarbeit der beiden Konfessionen aus? Und welche politischen Auswirkungen hatte diese Krise – sofern sie nicht durch die

160 Vgl. Etwa die Errichtung von „Referaten". Vgl. *J. Seiler,* Lorenz Jaeger als Mitglied der Bischofskonferenz. Ein Überblick, in: N. Priesching (Hrsg.), Lorenz Jaeger als Theologe. Lorenz Kardinal Jaeger Bd. 1, Paderborn 2019, S. 81 ff. – Eine Herausforderung blieb die Parallelstruktur der „Freisinger Bischofskonferenz" der bayerischen Diözesen.

161 Zu ihm: *Buchna,* Jahrzehnt (Fn. 4), insbes. S. 276 ff.

162 Hierzu ist eine archivgestützte Studie an meinem Würzburger Lehrstuhl in Vorbereitung.

institutionalisierte Ökumene in CDU und CSU parteipolitisch kompensiert werden konnte?

Zum anderen muss jedoch festgehalten werden, dass der Protestantismus in den 1940er Jahren sich nicht nur theologisch deutlich inhomogener gestaltete als der Katholizismus, sondern dass es innerhalb der EKD eine weitaus größere parteipolitische Diversität gab. Schon aus historischen Gründen gab es im Protestantismus Verbindungen in fast alle politischen Lager, auch in die SPD und – wohl noch mehr – in die FDP. Von Bedeutung ist in diesem Zusammenhang aber noch ein zweiter Punkt. So hat die jüngere Forschung gezeigt, dass ab 1950 die neue protestantische Führung zur Durchsetzung ihrer konfessionspolitischen Anliegen stets und mit Erfolg den Weg über Bundespräsident Theodor Heuss nahm, während sich die Katholiken eher an Bundeskanzler Adenauer hielten.[163] Während dieser jedoch – aufgrund der Überkonfessionalität seiner Partei – Rücksichten nehmen musste, konnte sich Heuss bei seiner eher antikatholischen Tendenz den protestantischen Anliegen ungezwungener nähern. Man wird allerdings fragen müssen, ob die guten Kontakte der protestantischen Kirche zu Heuss nicht erst 1950 entstanden, sondern sich möglicherweise 1948 und 1949 (und also in den Verhandlungen zum Grundgesetz) bereits bewährt hatten. Anders gewendet: Agierte Heuss im Parlamentarischen Rat möglicherweise in engerer Absprache mit protestantischen Kirchenführern als bislang bekannt ist? Dies jedenfalls könnte erklären, weshalb die FDP ab Januar 1949 eine erstaunliche Kompromissbereitschaft zeigte – freilich nur hinsichtlich *mancher* kirchlicher Forderungen,[164] *nicht jedoch* hinsichtlich der spezifisch katholischen Anliegen. Gab es also möglicherweise ein deutlich stärkeres politisches Engagement des Protestantismus in den Grundgesetz-Debatten als bislang gemeinhin angenommen wird? Und war dieses (stille) Engagement vielleicht sogar effektiver als das offene Auftreten des Katholizismus?[165]

---

163 Vgl. das lange Ringen um die Konfession des Boschafters der Bundesrepublik Deutschland beim Heiligen Stuhl. Zuletzt: *D. Burkard,* Die Berufung Josef Höfers zum geistlichen Botschaftsrat der deutschen Botschaft beim Heiligen Stuhl (1951-1954). Teil 1, Römische Quartalschrift 115/3-4 (2020), 268 ff.; *ders.* Die Berufung Josef Höfers zum geistlichen Botschaftsrat der deutschen Botschaft beim Heiligen Stuhl (1951-1954). Teil 2, Römische Quartalschrift 118/3-4 (2023), 265 ff.

164 Nr. 43: Dreiundvierzigste Sitzung des Hauptausschusses 18. Januar 1949, abgedr. in: *Feldkamp* (Bearb.), Bd. 14: Hauptausschuß (Fn. 5), S. 1324 ff.

165 Die Frage stellt sich, ob bzw. weshalb die Protestanten ihren Einfluss auf die FDP (Heuss) und Teile der SPD nicht in stärkerem Maß geltend machten? Ließ man die

3. Koordinierte und nichtkoordinierte kirchliche Verfassungsinitiativen?

Immer wieder wurde die überwältigende organisatorische und koordinatorische Kraft betont, die Prälat Böhler während der Verhandlungen des Parlamentarischen Rats entfaltete.[166] Zurecht. Böhler war sachkundig, ein begabter Netzwerker, zielorientiert, beharrlich und nahezu rastlos tätig. Wer sich mit den Quellen beschäftigt, begegnet ihm auf Schritt und Tritt. Doch wies Mikat 1989 zugleich hin auf die Voraussetzungen, die diese Rolle überhaupt erst möglich machten: Zum einen habe ihm Kardinal Frings als Vorsitzender der Fuldaer Bischofskonferenz unbedingtes Vertrauen entgegengebracht und auch freie Hand gelassen[167] – eine Beobachtung, der man nun, da zentrale kirchliche Akten ediert sind, vollumfänglich zustimmen kann. Anders verhält es sich jedoch mit der zweiten von Mikat hervorgehobenen Voraussetzung: Dass nämlich Böhlers Wirken „natürlich" vor dem Hintergrund der „großen Homogenität", „Einmütigkeit und Geschlossenheit der deutschen Bischöfe" gesehen werden müsse.[168] Eine solche Geschlossenheit mag vielleicht aus der rückblickenden Perspektive der 1990er Jahre bestanden haben, 1949 war sie jedoch keineswegs gegeben. Die Vorstellung einer geschlossenen politischen Phalanx der Bischöfe ist vielmehr eine Fiktion. Wir wissen aufgrund der Forschungen der vergangenen Jahre sehr viel genauer, wo innerhalb der Bischofskonferenz die Gräben verliefen. Kardinal Frings als Vorsitzender gab zwar die Leitlinien vor, aber keineswegs alle Bischöfe waren auch gewillt, sich diesen anstandslos einzufügen.[169] Ich kann hier nur auf wenige Indizien verweisen.

Katholiken agieren und profitierte von deren Engagement, versagte aber im Stillen den spezifisch katholischen Anliegen die Unterstützung? Es fällt auf, dass Wurm in seinen Erinnerungen darüber völlig schweigt und stattdessen ausführlich über Reisen berichtet.

166 Er kann mit guten Gründen als *die* Verkörperung kirchlicher Einflussnahme auf die Politik angesehen werden.

167 Vgl. *Mikat*, Verfassungsziele, (Fn. 2), S. 33 ff. (37).

168 *Mikat*, Verfassungsziele, (Fn. 2), S. 33 ff. (37).

169 Hierzu nur zwei Indizien: 1. Selbstverständlich musste Böhler versuchen, durch eine intensive Kommunikation bzw. Einbeziehung des Episkopats eine größtmögliche Einhelligkeit zu erzielen und alle sozusagen „mitzunehmen". Schon allein um eine gewisse Durchschlagskraft zu erzeugen und Querschüsse zu verhindern. Die Liste solcher Versuche der Information und Einbindung ist lang. 2. Es zeigt sich jedoch, dass beispielsweise die Bischöfe der britischen Zone, deren Landesverfassung damals ja noch ausstand, sehr viel interessierter und engagierter waren als etwa die südwestdeutschen Bischöfe. Auch die alten Gegensätze zwischen Bayern und dem Rest Deutschlands im Ringen um den Föderalismus waren allgegenwärtig

Zur Gruppe der kirchlichen „Scharfmacher“, die fest gewillt waren, ein Grundgesetz, das wichtige kirchliche Überzeugungen nicht enthielt, abzulehnen, gehörte an vorderster Stelle der Münsteraner Bischof Michael Keller.[170] Um ihn herum gruppierten sich allerdings weitere Bischöfe. Aufschlussreich ist die Gesprächsnotiz von Ivo Zeiger zu einem Telefonat mit Böhler über die außerordentliche Bischofskonferenz vom 10. Februar 1949: „Ergebnis von Pützchen ist äußerlich gesehen anscheinend gering. Für *sogenannte Kampfnaturen* zu gering. Die Verlautbarung läßt alles offen und behält Wege in die Zukunft frei. Aber real gesehen war dies der einzig beste Weg. Ein Ergebnis ist sehr groß: volle Einheit im Episkopat in dieser Sache für alle kommenden Vorgänge und Kämpfe. Die Herren kamen nach Pützchen mit sehr ernsten Meinungsverschiedenheiten, die befürchten ließen. Nun ist einheitliche Haltung gesichert“.[171]

Dass man sich diese Opponenten der Kölner Richtung einmal genauer ansehen müsste, zeigt ein Schreiben des Würzburger Bischofs Julius Döpfner (1913-1976)[172] an Bischof Keller in Münster vom 15. Januar 1949. Aus diesem geht hervor, dass Keller über seinen Generalvikar den eben frisch zum Bischof erhobenen 35-jährigen Döpfner aufgefordert hatte, sich wegen der Verfassungsverhandlungen an die amerikanische Militärregierung zu wenden. Ganz offenkundig sollte über die Militärgouverneure, an Köln vorbei, auf den Parlamentarischen Rat eingewirkt werden. Döpfner lehnte ab, indem er auf seine erst viermonatige Amtszeit verwies, und empfahl Keller, sich mit seinem Anliegen an Kardinal Michael Faulhaber (1969-1952)[173] –

---

und reichten auch in den kirchlichen Bereich herein. – Doch selbst im deutschen Nordwesten gingen die Ansichten auseinander.

170 Eine umfassende moderne Biographie fehlt, doch zeigen die Publikationen, dass Keller schon bald nach dem Ende des Zweiten Weltkriegs zu einer pessimistischen Gesellschaftsanalyse kam. Vgl. *S. Eck*, Michael Keller (1896-1961). Genese und Profil seiner seelsorglichen Konzeptionen, Münster 2012, S. 78 ff.; auch: *N. Köster*, Kampf gegen die Säkularisierung. Nachkriegspastoral im Bistum Münster unter Bischof Michael Keller, in: Wichmann-Jahrbuch des Diözesangeschichtsvereins Berlin 60/61 (2020/2021), S. 25 ff.

171 13. Februar 1949 Aktennotiz Zeiger. Zit. nach *Volk*, Der Heilige Stuhl (Fn. 2), S. 80.

172 Zu ihm: *K. Wittstadt*, Julius Kardinal Döpfner (1913-1976) – Anwalt Gottes und der Menschen, München 2001.

173 Zu ihm: *L. Volk*, Michael Kardinal von Faulhaber (1869-1952), in: J. Aretz/R. Morsey/A. Rauscher (Hrsg.), Zeitgeschichte in Lebensbildern. Aus dem deutschen Katholizismus des 19. und 20. Jahrhunderts. Bd. 2, Münster 2022, S. 101 ff.; *H. Hürten* (Bearb.), Akten Kardinal Michael von Faulhabers. Bd. 3: 1945-1952. Veröffentlichungen der Kommission für Zeitgeschichte. Reihe A: Quellen. Bd. 48, Paderborn/München/Wien/Zürich 2002.

den erfahrenen Vorsitzenden der Bayerischen Bischofskonferenz – oder an den Fuldaer Bischof Johann Baptist Dietz (1879-1959)[174] zu wenden.[175]

Zeigt sich hier etwa der Zipfel einer parallelen oder doch wenigstens ergänzenden Verfassungs*politik* anderer kirchlicher Akteure?

Dass Keller auch *nach* Pützchen in den Verhandlungen härtere Bandagen anlegen wollte, zeigt ein persönliches Schreiben an Adenauer vom 19. April 1949, dem er die bezeichnende Erklärung vorausschickte, dass er nicht im Auftrag des Episkopats handle, sondern nur seine eigenen persönlichen Überzeugungen wiedergebe. Er habe auch absichtlich davon Abstand genommen, Frings zu informieren, um den rein privaten Charakter seines Schreibens zu wahren.

Aus den jüngsten Pressemeldungen habe er den Eindruck gewonnen, dass die Verabschiedung des Grundgesetzes nur noch an der Starrköpfigkeit der SPD scheitere. Er müsse daher annehmen, dass CDU und CSU, falls die SPD in den offenen Fragen der Finanzverwaltung die erforderlichen Zugeständnisse mache, dem vorliegenden Verfassungsentwurf zustimmen werde, wenn auch vielleicht nur unter Protest. Damit aber werde indirekt darauf verzichtet, nochmals einen ernsthaften Versuch zu machen, das Elternrecht im Grundgesetz zu verankern. Man trage sich bei der Union also offenbar mit dem Gedanken, es bei einem „Kompromiss" zu belassen, „der nur einige schwache kulturelle Sicherungen enthält, aber die wesentlichste Forderung des christlichen Volkes nicht berücksichtigt". Offenbar – und dies war der frontale Vorwurf Kellers – sei die CDU zu keinem Zeitpunkt der Verhandlungen entschlossen gewesen, ihre Zustimmung zum Verfassungswerk überhaupt von der Aufnahme des Elternrechte in die Verfassung abhängig zu machen. Diese fehlende Entschlossenheit sei ein starkes psychologisches Hemmnis für die Partei gewesen, ihre ganze Kraft für diese Forderung einzusetzen, und habe umgekehrt den Gegner in seiner Intransigenz bestärkt. Die Gewissensfrage, ob ein Christ es verantworten könne, einer Verfassung seine Zustimmung zu geben, die wesentliche Forderungen des christlichen Gewissens unerfüllt lasse oder sogar praktisch verneine, sei ernst. Sie hänge mit der Frage zusammen, ob die von einer sofortigen Invollzugsetzung des Grundgesetzes zu erwartenden Vorteile derart seien, dass um ihretwegen auf die Sicherung des Elternrech-

174 Zu ihm: Red., Johann Baptist Dietz (1879-1959), in: Gatz (Hrsg.), Bischöfe (Fn. 150), S. 227 f.

175 15. Januar 1949 Döpfner an Keller, abgedr. in: *Mertens* (Bearb.), Akten (Fn. 2), S. 471 f. (471 f.).

tes verzichtet werden könne? Dies sei nur zu verneinen. „Ich bin überzeugt, daß unser wirklich christlich denkender Volksteil es kaum verstehen wird, wenn eine Partei, die sich christlich nennt und der die Vertretung der christlichen Belange im öffentlichen Leben in besonderer Weise anvertraut ist, es in dieser wichtigen, ja entscheidenden Frage bei einem letzten Endes unwirksamen Protest bewenden ließe. Das jetzt schon in der CDU-Presse häufig wiederkehrende Argument, daß die durch die Parteienzersplitterung im christlichen Lager verhinderte Mehrheit die Schuld an der Niederlage im Bund trage," überzeuge nicht. Vielmehr verliere die Wahlpropaganda der CDU für den kommenden Bundestag durch ein solches Verhalten ihre Stoßkraft. „Sollte sich bei dem augenblicklichen Kräfteverhältnis der Parteien im Parlamentarischen Rat unter keinen Umständen eine Sicherstellung des Elternrechtes erreichen lassen, halte ich es entschieden für besser, sich jetzt mit einem provisorischen, für die Bildung einer Bundesregierung ausreichenden Statuts zu begnügen und dem kommenden Bundestag die Schaffung einer Verfassung zu überlassen."[176] Spätestens hier zeigt sich, dass Böhlers und Zeigers Optimismus vom Februar im Hinblick auf eine einheitliche Linie des Episkopats schon wenig später keine Gültigkeit mehr hatte. Keller war sich und seiner schon früher eingenommenen Position treu geblieben. Sein Widerstand, der auch über die Beschlussfassung des Grundgesetzes vom 8. Mai 1949 hinausging, hing wohl mit seinen starken Kontakten ins Zentrum zusammen, dem das Erreichte ebenfalls nicht weit genug ging.[177]

Sekundiert wurde der Gruppe um Keller noch kurz vor Verabschiedung des Grundgesetzes durch ein Vorschlag von Staatssekretär Franz-Josef Wuermeling (1900-1986)[178] aus Koblenz, der in einem Eilschreiben an Kardinal Frings „in letzter Stunde" ebenfalls dafür plädierte, alle Grundrechte zunächst aus dem Grundgesetz herauszunehmen und ihre Festlegung dem kommenden Bundestag mit einfacher Mehrheit zu übertragen.[179] Entsprach dieser Vorschlag im Effekt der wenige Wochen zuvor von der SPD ein-

176 19. April 1949 Keller an Adenauer, abgedr. in: *Mertens* (Bearb.), Akten (Fn. 2), S. 598-601 (600).

177 Kardinal Frings kam die Aufgabe zu, Keller wieder auf Linie zu bringen. Die Instruierung durch Böhler vgl. 12. Mai 1949 Böhler an Frings, abgedr. in *Mertens* (Bearb.), Akten (Fn. 2), S. 637-642.

178 Zu ihm: *J. Aretz,* Franz-Josef Wuermeling (1900-1986), in: J. Aretz/R. Morsey/A. Rauscher (Hrsg.), Zeitgeschichte in Lebensbildern. Aus dem deutschen Katholizismus des 19. und 20. Jahrhunderts. Bd. 10, Münster 2001, S. 245 ff.

179 Vgl. *Mertens* (Bearb.), Akten (Fn. 2), S. 619 Anm. 1.

genommenen Haltung, so war er doch durch die Sorge motiviert, im jetzigen Stadium von christlicher Warte aus zu viele Abstriche machen zu müssen. Wuermeling hatte über diesen Weg bereits am 26. April auf einer Arbeitstagung von CDU und CSU in Königswinter mit Böhler gesprochen. Dieser war es auch, der noch am selben Tag in Frings Auftrag Wuermeling eine ablehnende Antwort sandte.[180] Böhler machte hierfür mehrere Gründe geltend: 1. Nach der augenblicklichen Rechtslage habe der Parlamentarische Rat die Aufgabe, das Grundrecht zu verabschieden, während dem Bundestag kein verfassungsgebendes Recht zugedacht sei, sondern nur Gesetze erlassen dürfe. 2. Nach der Bestimmung der Besatzungsbehörden gehörten die kulturpolitischen Fragen zu denen, über die der zukünftige Bundestag keine gesetzgeberischen Rechte besitze. 3. Es müsste deshalb in einem Artikel im Grundrecht festgelegt werden, dass ausnahmsweise der Bundestag das Recht haben solle, grundrechtliche Bestimmungen über die kulturpolitischen Fragen zu erlassen. Hierzu müsste die Genehmigung der Besatzungsbehörden nachgesucht werden. 4. Sehr fraglich scheine, ob SPD und FDP einen solchen Weg mitgingen. 5. Wenn der Weg tatsächlich gangbar wäre, gäbe es aber noch die Hürde, dass zwei Drittel der Länder dem ebenfalls zustimmen müssten. Davon werde man nicht abgehen, weil diese Grundrechtsfragen sonst gegenüber dem allgemeinen Grundrecht bevorzugt würden. Hier liege aber die hauptsächlichste Schwierigkeit. Die Länder würden wohl zustimmen, wenn die kulturpolitischen Fragen innerhalb des Grundrechts geregelt seien. Ob man aber eine Zweidrittelmehrheit der Länder für die Zustimmung bekomme, wenn der Bundestag die kulturpolitischen Fragen in einem besonderen Gesetz im kirchlichen Sinne löse, sei sehr fraglich. Und schließlich 6. Es sei gut möglich, dass die Besatzungsbehörden später, wenn das Grundrecht einmal da sei, zu kulturpolitischen Lösungen, wenn sie im christlichen Sinne ausfallen würden, sich ablehnend verhalten würden, während sie jetzt die kulturpolitischen Fragen weniger beachteten und mehr Wert auf die allgemein-politischen Dinge legten. Überdies seien diese Fragen im Rahmen des Grundgesetzes leichter durchzubringen als in einer gesonderten Regelung. So wichtig es sei, dass die Situation geklärt werde, so wenig könne vor einer eingehenden Klärung der einzelnen Punkte dieser Weg jetzt schon angeraten werden.

180 3. Mai 1949 Böhler an Staatssekretär Wuermeling, abgedr. in: *Mertens* (Bearb.), Akten (Fn. 2), S. 619 f.

4. Und die höhere Diplomatie?

Ein Letztes: Was im Brief Döpfners aufleuchtet, provoziert die Frage nach der kirchlichen Rolle in der höheren Diplomatie. Anders ausgedrückt: Gibt es für die Haltung der Alliierten und damit für die bekannten Interventionen der Militärgouverneure, welche die Verhandlungen des Parlamentarischen Rats teils in Krisen stürzten, teils forcierten, *auch* einen kirchlichen Hintergrund? Ein solcher wäre angesichts der komplexen religionspolitischen Gemengelage von Franzosen, Amerikanern und Engländern freilich alles andere als einlinig.

Dennoch müsste der Frage anhand der einschlägigen Archivbestände nachgegangen werden. Dazu gehören die Akten des Päpstlichen Staatssekretariats sowie der Päpstlichen Mission in Königsberg. So hatte dessen Leiter, der amerikanische Bischof Alois Muench, der im August 1948 in Fulda tagenden Plenarkonferenz der deutschen Bischöfe eindringlich ins Gewissen geredet, „den Verfassungsberatungen in Bonn das gebotene Gewicht beizumessen und den Rückstand an konstruktiver Vorausplanung aufzuholen".[181] Im Februar 1949 sandte Pius XII. den deutschen Bischöfen ein eigenes Schreiben,[182] das veröffentlicht wurde und – wie Frings dem Papst schrieb – „im rechten Augenblick [...] eine ungeheure Wirkung auf alle Parteien ausgeübt" habe, so dass der Religionsunterricht als ordentliches Schulfach in allen öffentlichen Schulen" habe durchgekämpft werden können und der Vertragsartikel gehalten wurde.[183] Dass man sich in Rom sehr genau berichten ließ[184] und zudem über die Vatikanische Mission in Kronberg auf die Bischöfe – und damit die kirchliche Position – ein-

181 Da „eine Art Reichsregierung mit gemeinsamer Grundverfassung geschaffen" werde, sei es notwendig, „daß in dieser Verfassung möglichst viel von jenen Grundrechten eingebaut wird, die sonst das Gerüst eines Konkordats bilden". Die Bischöfe müssten durch geeignete Priester und Laien in den einzelnen Ländern „Einfluß auf die Verfassungsgestaltung vorzubereiten" suchen. Vgl. 24. August 1948 Begrüßungsansprache Muenchs in Fulda. Zit. nach *Volk*, Der Heilige Stuhl (Fn. 2), S. 73.

182 Abgedr. in: B. Wüstenberg/J. Zabkar (Hrsg.), Der Papst an die Deutschen. Pius XII als Apostolischer Nuntius und als Papst in seinen deutschsprachigen Reden und Sendschreiben von 1917 bis 1956, Frankfurt a.M. 1956, S. 160 f.

183 4. Juni 1949 Frings an Pius XII., abgedr. in: *Mertens* (Bearb.), Akten (Fn. 2), S. 680 f. (681).

184 Zweifelsohne erhielt Rom über die Vatikanische Mission in Kronberg nicht nur die ausführlichen Berichte Böhlers (alle abgedruckt bei *Mertens* (Bearb.), Akten (Fn. 2). Hier auch einige Hinweise auf die Kontakte zwischen Böhler und Ivo Zeiger (so am 03.12.1948, 10.12.1948, 27.01.1949).

zuwirken suchte, zeigt auch die durch Muench am 23. November 1948 erfolgte Einberufung eines Kreises von Sachverständigen aus verschiedenen Diözesen der Westzonen nach Kronberg, um über die Formulierung von Entwurfanträgen und die einzuschlagende Taktik zu beraten.[185]

Ebenso wären die bischöflichen und landeskirchlichen Archive zu konsultieren. Denn mit den Kirchenleitungen in Deutschland standen die Besatzungsmächte seit Jahren in einem teils ausgesprochen engen Arbeitsverhältnis. Dass der Gedanke nahelag, diese Kontakte auch im Blick auf die laufenden Verhandlungen um das künftige Grundgesetz zu nutzen, ist nicht aus der Luft gegriffen. Dies zeigt das erwähnte Ansinnen Kellers gegenüber Döpfner.

IV. Resümee und abschließende Thesen

1. Die Kirchen waren nach der bedingungslosen Kapitulation des Deutschen Reiches vom 7. Mai 1945 die einzigen intakten, in der Fläche präsenten Großorganisationen, die aufgrund ihrer weitgehenden Frontstellung gegenüber dem Nationalsozialismus das Ansehen der westlichen Alliierten besaßen. So wuchs ihnen und den Bischöfen in einer Zeit des Vakuums einerseits die Rolle bevorzugter Ansprechpartner der Besatzungsmächte zu, andererseits die Funktion von „Repräsentanten" des deutschen Volkes. Ihre dadurch gewonnene politische Bedeutung wirkte sich direkt wie indirekt auch in den Verfassungsverhandlungen aus.
2. Die Verhandlungen über das künftige Grundgesetz sind nicht isoliert zu sehen. Sie waren verzahnt mit den Verfassungsdiskussionen auf Länderebene: Es handelte sich um einen Prozess, der 1946 zu ersten Landesverfassungen geführt hatte, im Sommer 1948 aber noch keineswegs abgeschlossen war. Auch hier engagierten sich die Kirchen, zumal die Länder traditionellerweise die Kulturpolitik für sich reklamierten. Da dem kirchlichen Bemühen um Aufnahme ihrer Anliegen in die Länderverfassungen nicht überall gleicher Erfolg beschieden war, ergaben sich

185 Neben Muench, seinem Mitarbeiter Zeiger und Prälat Böhler nahmen der Speyerer Bischof Joseph Wendel (1901-1960) sowie die Generalvikare Johannes Zinkl von München, Simon Hirt (1890-1958) von Freiburg, August Hagen (1889-1963) von Rottenburg, Johannes Pohlschneider (1896-1961) von Münster, Wilhelm Offenstein (1889-1964) von Hildesheim sowie Josef Lamay (1892-1961) von Limburg teil. Volk, Der Heilige Stuhl (Fn. 2), S. 75.

komplexe Frontstellungen, die 1948/49 im Parlamentarischen Rat Probleme bereiteten.

3. Bei den Beratungen über das Grundgesetz ging es den Kirchen vor allem darum, im Grundrechtskatalog das sogenannte „Elternrecht" sowie das Recht auf Leben und körperliche Unversehrtheit zu verankern, den Religionsunterricht als ordentliches Schulfach abzusichern sowie Ehe und Familie dem besonderen Schutz des Staates zu unterstellen. Zudem forderten sie eine Garantie der Selbstbestimmung und Freiheit der Kirchen von staatlicher Bevormundung, die Garantie ihrer historisch und rechtlich begründeten Ansprüche, die Absicherung der Fortdauer der Konkordate und Staatskirchenverträge. Trotz großer Gemeinsamkeiten bestimmten unterschiedliche konfessionelle Akzentsetzungen den Gang der Debatten.
4. Um politischen Einfluss geltend zu machen, beschritten die Kirchen dieselben Wege wie schon in der Weimarer Republik: Öffentliche Meinungsbildung und Mobilisierung, Austausch und Kommunikation mit Multiplikatoren, direkte Kontakte zu Entscheidungsträgern, (diplomatische) Verhandlungen, Proklamationen sowie Eingaben bzw. Petitionen an die beschlussfassenden Gremien. Es wäre einmal näher zu untersuchen, wie die Lobbyarbeit anderer gesellschaftlicher Großgruppen aussah.
5. Von zentraler Bedeutung war die parteipolitische Vertretung der kirchlichen Anliegen. Der politische Katholizismus alten Stils war 1933 jedoch untergegangen. In bewusster Abkehr vom Parteiensystem der Weimarer Republik, aber in großer personeller Kontinuität zum Zentrum, zur Bayerischen Volkspartei und zu den Christlichen Gewerkschaften, waren 1945 neue politische Zusammenschlüsse entstanden, die dezidiert auf christlichen Vorstellungen aufbauten: Neben der wiederbegründeten Zentrumspartei kam den neugegründeten überkonfessionellen Parteien CDU und CSU aufgrund ihrer Wahlerfolge große Bedeutung zu. Der Einfluss der Kirchen auf die Beratungen über das Grundgesetz war aufs Engste verknüpft mit ihrem Einfluss auf die Parlamentarier dieser Parteien.
6. Trotz schwieriger Ausgangslage gelang es den Kirchen, entscheidend an der Gestaltung des Grundgesetzes – und insbesondere an der Erweiterung des Grundrechtskatalogs – mitzuwirken. Dennoch blieb ihr Einfluss (aus vielfältigen Gründen) beschränkt. Weder konnten alle ihre Anliegen durchgesetzt werden, noch war die Zustimmung der Kirchen zum Grundgesetz als Kompromiss der verschiedenen gesellschaftlichen Kräfte

und Vorstellungen eine Selbstverständlichkeit. Vermittelnde Persönlichkeiten auf allen Seiten sorgten dafür, dass das Grundgesetz letztlich von einem breiten (und schließlich auch kirchlichen) Konsens getragen wurde.

Der Einfluss des Grundgesetzes auf die Zivilrechtsdogmatik

von *Prof. Dr. Jan Dirk Harke*

I. Das Lüth-Urteil: Wertordnung einerseits, Generalklauseln andererseits

Es gibt nur wenige Themen der bundesrepublikanischen Rechtswissenschaft mit derart unverrückbarem Ausgangspunkt wie die Frage, ob und auf welche Weise die Grundrechte im Privatrecht wirken. Auch mehr als 66 Jahre nach seiner Verkündung bildet das Lüth-Urteil,[1] 1958 ergangen und damit zumindest aus heutiger Sicht wenig jünger als das Grundgesetz selbst, nach wie vor das Fundament aller Überlegungen. Und seine Basis bildet wiederum ein zwei Jahre zuvor erschienener Aufsatz von *Günter Dürig*,[2] dessen Konzept das Verfassungsgericht damals weitgehend rezipierte.

Das schon lange erkannte Kernproblem des Urteils und der Theorie *Dürigs* ist, dass sie die Frage nach dem Ob der Grundrechtsgeltung im Privatrecht mit der nach der Art und Weise vermengt, wie sich diese vollzieht.[3] Während heute kaum noch bestritten wird, dass die Grundrechte auch zivilrechtliche Entscheidungen beeinflussen,[4] ist das Problem, in welcher Form dies geschieht, nach wie vor Diskussionsgegenstand. Dabei besteht freilich zumindest insofern Konsens, als man sich einig ist, dass nicht jeder Privatrechtsfall zur Verfassungsfrage gemacht werden darf. Die zugrunde liegende Sorge vor einer Überformung des Zivilrechts durch die

1 BVerfGE 7, 198.

2 *G. Dürig*, Grundrechte. Grundrechte und Zivilrechtsprechung, in: T. Maunz (Hrsg.), Vom Bonner Grundgesetz zur gesamtdeutschen Verfassung. Festschrift für Hans Nawiasky, München 1958, S. 157.

3 Dass beide Aspekte zu trennen sind, machen zu Recht *W. Leisner*, Grundrechte und Privatrecht, München 1960, S. 306 ff. und *J. Schwabe*, Die sogenannte Drittwirkung der Grundrechte. Zur Einwirkung der Grundrechte auf den Privatrechtsverkehr, München 1971, S. 77, 156, geltend; vgl. auch *W. Rüfner*, Grundrechtsadressaten, in: J. Isensee/P. Kirchhof (Hrsg.), Handbuch des Staatsrechts der Bundesrepublik Deutschland. Band V: Allgemeine Grundrechtslehren, Heidelberg 2000, § 117 Rn. 60; *H. Dreier* in: ders. (Hrsg.), Grundgesetz-Kommentar, Bd. I, 3. Aufl., Tübingen 2013, Vorb. Art. 1 Rn. 98.

4 Eine Ausnahme macht in neuerer Zeit nur noch *P. A. Windel*, Über Privatrecht mit Verfassungsrang und Grundrechtswirkungen auf der Ebene einfachen Rechts, Der Staat 1998, 385 (387 ff.).

Grundrechte hat auch die Lehre von *Dürig* und ihre Weiterführung in der Judikatur des BVerfG geprägt.

Gegenstand des Lüth-Urteils war eine Unterlassungsverfügung, die eine Filmproduktionsgesellschaft und ein Filmverleiher gegen den Namensgeber der Entscheidung, den damaligen Leiter der Pressestelle der Freien und Hansestadt Hamburg erwirkt hatten. Gerichtet war sie gegen dessen öffentlichen Aufruf zum Boykott eines Filmes, der unter Leistung des durch sein Wirken in nationalsozialistischer Zeit kompromittierten Regisseurs Veit Harlan entstanden war. Lüth sah diesen ungeachtet seines Freispruchs in einem Strafverfahren moralisch verurteilt und in seiner Wiederkehr im Filmgeschäft eine Gefahr für das neue Kulturwesen der Bundesrepublik. Nachdem die Instanzgerichte Lüth antragsgemäß verurteilt hatten, hob das Verfassungsgericht ihre Entscheidung mit der Begründung auf, die Gerichte hätten die besondere Bedeutung des Grundrechts auf freie Meinungsäußerung verkannt. Dessen Geltung in einer zivilrechtlichen Auseinandersetzung führte das BVerfG darauf zurück, dass die Grundrechte nicht nur Abwehrrechte im Verhältnis zum Staat, sondern auch Elemente einer „objektiven Wertordnung“ seien, die als „verfassungsrechtliche Grundentscheidung für alle Bereiche des Rechts“ verbindlich sei und Gesetzgebung und Rechtsprechung jeweils „Richtlinien und Impulse“ gebe.[5] Im Privatrecht wirkten die Grundrechte über das Medium der hier unmittelbar anwendbaren Vorschriften, im konkreten Fall über § 826 BGB, der eine Haftung für arglistige sittenwidrige Schädigung statuiert und Grundlage des streitgegenständlichen Unterlassungsanspruchs war. Bei der Interpretation dieser Bestimmung müsse der Zivilrichter kraft seiner in Art. 1 Abs. 3 GG festgeschriebenen Bindung an die Grundrechte diese als wesentlichen Faktor der Wertvorstellungen berücksichtigen, auf die das Tatbestandsmerkmal der „guten Sitten“ verweise.[6]

Das Urteil, dessen Kernaussagen bis heute den Grundstock verfassungsgerichtlicher Entscheidungen zur Wirkung der Grundrechte im Privatrecht bilden, leidet an einem nicht zu übersehenden Selbstwiderspruch. Auf der einen Seite bekundet das Gericht, der gesamte zivilrechtliche Normenapparat unterliege dem Einfluss des von den Grundrechten konstituierten Wertesystems: „keine bürgerlich-rechtliche Vorschrift darf in Widerspruch zu ihm stehen, jede muss in seinem Geiste ausgelegt werden“.[7] Auf der

---

5 BVerfGE 7, 198 (205).
6 BVerfGE 7, 198 (206).
7 BVerfGE 7, 198 (205).

anderen Seite sieht es diesen Einfluss auf sogenannte „Generalklauseln“ konzentriert, zu denen es wegen der Bezugnahme auf die „guten Sitten“ auch die streitentscheidende Norm des § 826 BGB zählt. Zwar gelingt dem Gericht der Spagat zwischen beiden Aussagen zumindest vordergründig, indem es die Generalklauseln nicht zu exklusiven Trägern der grundrechtlichen Werteordnung, sondern zu Vorschriften erklärt, bei denen diese im Privatrecht „vor allem“ Wirkung entfalte.[8] Als Teil des zwingenden Rechts hätten sie eine „nahe Verwandtschaft mit dem öffentlichen Recht“. Zugleich bezeichnet das BVerfG die Generalklauseln aber im Anschluss an *Dürig* als die „Einbruchstellen der Grundrechte in das bürgerliche Recht“.[9] Damit provoziert das Gericht unweigerlich die Vorstellung, das Privatrecht bilde eine gegenüber dem Verfassungsrecht grundsätzlich immune Rechtsmasse, die nur punktuell eine Rücksicht auf verfassungsrechtliche Gebote zulasse. Unterstützt wird dieser Eindruck dadurch, dass das BVerfG noch von einer „Ausstrahlungswirkung“ der Grundrechte spricht und diese mit der Beschränkung der verfassungsgerichtlichen Kontrolle in Zusammenhang bringt. Es sieht sich nicht als Revisions- oder „Superrevisions“-Instanz, sondern in seiner Funktion darauf begrenzt, lediglich die solchermaßen begrenzte Wirkung der Grundrechte auf das bürgerliche Recht zur Geltung zu bringen.[10] Auch dem sorgfältigen Leser erschließt sich danach nicht, ob nun sämtliche Normen der Privatrechtsordnung oder nur bestimmte Vorschriften auf den verfassungsrechtlichen Prüfstand zu stellen sind.

II. Dürig *und* Nipperdey: *„mittelbare Drittwirkung“ und absolute Geltung der Grundrechte*

Mittlerweile hat das BVerfG zwar ausdrücklich klargestellt, dass sich der Einfluss der Grundrechte auf Auslegung und Anwendung der zivilrechtlichen Normen nicht auf Generalklauseln beschränkt, sondern alle „auslegungsfähigen und -bedürftigen“ Tatbestandsmerkmale zivilrechtlicher Vorschriften erfasst.[11] Es bleibt aber bei der Feststellung, dass sich die Wirkung der Grundrechte „vor allem“ bei Generalklauseln und den ihnen

8 Als wunden Punkt der Argumentation des BVerfG erkennt dies *Leisner*, Grundrechte (Fn. 3), S. 374.
9 BVerfGE 7, 198 (206).
10 BVerfGE 7, 198 (207).
11 BVerfGE 142, 74 (101, Rn. 82).

gleichgeachteten „unbestimmten Rechtsbegriffen" bemerkbar macht.[12] Und es bedient sich eigens des im Lüth-Urteil noch vermiedenen Begriffs der „mittelbaren Drittwirkung".[13] Damit verweist es immer noch auf die Lehre von *Dürig*, der diesen Ausdruck geprägt hat.

Entworfen hat *Dürig* sein Konzept als Gegenmodell zu dem von *Nipperdey*.[14] Dessen Ansicht wird heute gemeinhin mit dem Schlagwort von der „unmittelbaren Drittwirkung" der Grundrechte belegt. *Nipperdey* selbst spricht stattdessen ebenso wie die von ihm geprägte frühere Judikatur des BAG[15] schlicht von einer „unmittelbaren" oder „absoluten" Wirkung der Grundrechte im Privatrecht.[16] Als Ordnungssätze des sozialen Lebens und einheitliche Regelung der gesamten Rechtsordnung sollen sie hier nicht auf einen Transport durch bestimmte zivilrechtliche Normen angewiesen sein, vielmehr neben und im Zusammenspiel mit diesen direkt die Rechtsbeziehungen zwischen Privaten bestimmen. Konkret soll dies bedeuten, dass Verträge, die das Grundrecht eines Kontrahenten ungebührlich einschränken, wegen Verstoßes gegen ein gesetzliches Verbot nach § 134 BGB nichtig und grundrechtsverletzende Handlungen Auslöser eines Schadensersatzanspruchs gemäß § 823 Abs. 1 BGB sind.[17] Ein Unterschied zum Verhältnis zwischen Staat und Bürger ergibt sich für *Nipperdey* allein daraus, dass es im privaten Rechtsverkehr zwangsläufig zur Kollision mit gegenläufigen Freiheitsrechten der anderen Privaten kommt, so dass sich die Grundrechte ihrer verschiedenen Träger gegenseitig begrenzen.[18]

Noch heute wird dieser Lehre vorgeworfen, sich über Art. 1 Abs. 3 GG hinwegzusetzen, wonach die Grundrechte bloß Gesetzgebung, vollziehende Gewalt und Rechtsprechung, nicht aber Private binden.[19] Dass ihrem Gel-

---

12 BVerfGE 148, 267 (280, Rn. 82); vgl. auch BVerfGE 73, 261 (269); BVerfGE 89, 214 (233).

13 BVerfGE 152, 152 (190, Rn. 86); BVerfGE 148, 267 (279 f., Rn. 31).

14 Sie stößt heute überwiegend auf Ablehnung; vgl. etwa *Dreier* (Fn. 3), Vorb. Art. 1 Rn. 98, der in ihr eine Denaturierung der Grundrechte zu einer Pflichtenordnung erkennt. Verteidigt wird sie hingegen noch von *Leisner*, Grundrechte (Fn. 3), S. 356 ff.

15 BAG 1, 185 (192 ff.).

16 *H. C. Nipperdey*, Grundrechte und Privatrecht, Krefeld 1961, S. 14 f.

17 *Nipperdey*, Grundrechte (Fn. 16), S. 15 f.

18 *Nipperdey*, Grundrechte (Fn. 16), S. 18 f.

19 Vgl. etwa *M. Herdegen* in: G. Dürig/R. Herzog/R. Scholz (Hrsg.), Grundgesetz-Kommentar, Bd. I, 104. Aufl., München 2024, Art. 1 Abs. 3 Rn. 64; *H.-J. Papier*, Drittwirkung der Grundrechte, in: D. Merten/H.-J. Papier (Hrsg.), Handbuch der Grundrechte in Deutschland und Europa. Band II. Grundrechte in Deutschland – Allgemeine Lehren I, Heidelberg 2006, § 55 Rn. 16 f.; *C.-W. Canaris*, Grundrechte und

tungsanspruch zumindest die Judikatur und damit unter anderem die Zivilrechtsprechung unterliegt, heißt aus *Dürigs* Sicht noch nicht, dass dies auch für das mit ihrer Hilfe durchgesetzte materielle Zivilrecht gilt.[20] Er hält es für eine „Ausgangserkenntnis", dass die verfassungsrechtliche Entscheidung für die Gewährung von Freiheitsrechten gegenüber dem Staat für den Einzelnen die Freiheit mit sich bringt, im Privatrechtsverkehr von den Regeln abweichen zu können, die sein Verhältnis zur öffentlichen Gewalt bestimmen. Diese habe die Handlungen Privater auch dann als rechtmäßig hinzunehmen, wenn sie ihr selbst wegen ihrer Grundrechtsbindung versagt wären.[21] So ist die absolute Wirkung der Grundrechte aus *Dürigs* Sicht im Zivilrecht zugunsten der Privatautonomie und Eigenverantwortung relativiert, mit der die Bürger selbständig ihre Rechtsbeziehungen regeln.[22] Für einen Rückgriff auf das Verfassungsrecht sei in diesem Rahmen nur dort Raum, wo einfachgesetzliche Schutznormen fehlen und der in Art. 1 Abs. 1 S. 2 GG vorgesehene Schutzauftrag nur durch „wertausfüllungsfähige und wertausfüllungsbedürftige Generalklauseln" umgesetzt werden müsste.[23] *Dürig* sieht so die Balance zwischen der Eigenständigkeit des Privat- und der Einheit des Gesamtrechts gewahrt.[24]

Wie man sieht, geht *Dürig* im Gegensatz zu *Nipperdey* nicht von der Konkurrenz der privaten Freiheitsrechte als immanente Schranke für die Grundrechtswirkung im Privatrecht aus. Für ihn ergibt sich die Begrenzung ihres Einflusses aus der verfassungsrechtlich gebotenen Rücksicht auf die institutionelle Autonomie, mit der die Bürger ihr Verhältnis untereinander gestalten. Als Instrumente dieser Selbstregulierung nennt er zwar neben Verträgen und Rechtsgeschäften ausdrücklich auch „Handlungen und Unterlassungen", mit denen er offenbar deliktsrechtlich relevantes Verhalten erfassen will.[25] Im Fokus seiner Betrachtung stehen aber eindeutig die Rechtsfolgen, die rechtsgeschäftlich ins Werk gesetzt werden.[26] Auch wenn

---

Privatrecht, Berlin/New York 1999, S. 16; *J. Neuner*, Allgemeiner Teil des Bürgerlichen Rechts, 13. Aufl., München 2023, § 5 Rn. 12.

20 *Dürig*, Grundrechte (Fn. 2), S. 157 f.

21 *Dürig*, Grundrechte (Fn. 2), S. 158 f.

22 *Dürig*, Grundrechte (Fn. 2), S. 176; vgl. auch *Herdegen* (Fn. 19), Art. 1 Abs. 3 Rn. 74.

23 *Dürig*, Grundrechte (Fn. 2), S. 176.

24 *Dürig*, Grundrechte (Fn. 2), S. 177.

25 *Dürig*, Grundrechte (Fn. 2), S. 159.

26 Dass *Dürig* nicht hinreichend zwischen Verträgen und außervertraglicher Haftung unterscheidet, wird ihm auch zu Recht von *Leisner*, Grundrechte (Fn. 3), S. 319 vorgehalten.

er § 826 BGB und das Nachbarrecht nicht unerwähnt lässt,[27] widmet er der unfreiwillig erlittenen Rechtsverletzung doch lediglich die knappe Bemerkung, es handele sich um einen Verstoß gegen Privatrecht und nicht gegen das dahinter stehende Grundrecht.[28] Ausgerichtet sind seine Überlegungen damit in aller erster Linie auf die Verwirklichung der Privatautonomie durch die Vertragsfreiheit. Sie erheischt aus seiner Sicht vor allem eine verfassungsrechtliche Zurückhaltung gegenüber dem Grundsatz der Vertragsbindung.[29]

Man mag schon an der Berechtigung des Schlusses zweifeln, den *Dürig* von der Selbstbeschränkung durch privatautonomes Handeln auf die Rolle der Generalklauseln zieht.[30] Jedenfalls ist sein Konzept nicht geeignet, eine deliktsrechtliche Konstellation zu bewältigen, wie sie im Fall von Lüth zur Entscheidung anstand. Hier ging es nicht um eine rechtsgeschäftlich herbeigeführte Bindung, sondern um die Sanktion einer möglichen Rechtsverletzung. Deren Beurteilung unterliegt zwar einer Vorschrift, die man wegen der Bezugnahme auf die „guten Sitten" als Generalklausel ansehen kann. Auch ohne die Annahme, dass hier eine „Einbruchstelle" der Grundrechte in das Privatrecht vorliegt, wäre ein Gericht aber dazu gezwungen, das Vermögensinteresse der Kläger mit dem Recht auf Meinungsfreiheit abzuwägen, das der Beklagte für seine ohne erwerbswirtschaftliches Motiv getätigte Äußerung in Anspruch nehmen konnte. Es gibt keine privatautonom gesetzte Schranke, die es zu respektieren gälte und die geböte, den Fall allein mit Hilfe der Zivilrechtsordnung zu beurteilen. Auf eine Grenze konnte die Meinungsfreiheit des Beklagten allein durch die Kollision mit den betroffenen Grundrechten der Kläger und des Regisseurs stoßen, dessen Wirken im nationalsozialistischen Filmbetrieb den Anlass für den Boykottaufruf geliefert hatte. Ginge die Abwägung zwischen diesen Positionen nicht schon in die Feststellung der Sittenwidrigkeit ein, müsste sie im Rahmen der Frage erfolgen, ob die Verletzung der Rechte der Kläger gerechtfertigt war oder nicht. Dass sie im Rahmen einer Generalklausel stattfindet, ist eher Zufall.

---

27 *Dürig*, Grundrechte (Fn. 2), S. 180 ff.

28 *Dürig*, Grundrechte (Fn. 2), S. 175.

29 *Dürig*, Grundrechte (Fn. 2), S. 160 f.

30 Dass sie keine Sonderrolle spielen dürfen, meint auch *J. Hager*, Grundrechte im Privatrecht, JZ 1994, 373 (376).

Der Widerspruch, der das Lüth-Urteil prägt, erweist sich damit als das Ergebnis eines Imports der Lehre von Dürig,[31] die auf vertragsrechtliche Auseinandersetzungen zugeschnitten ist und von vornherein nicht auf eine deliktsrechtliche Fallgestaltung passt. Will man einen Einfluss der Grundrechte hier nicht schlechthin leugnen, kann er seine Grenze von vornherein nur in ihrer wechselseitigen Beschränkung finden, wie sie auch *Nipperdey* in seiner von *Dürig* bekämpften Lehre vorschwebt. Hat sich das BVerfG gleichwohl nicht für sie, sondern für *Dürig* entschieden, kann dies nur an dem Unbehagen liegen, das eine unmittelbare Geltung der Grundrechte deshalb weckt, weil sie zu einer durchgängigen Kontrolle der privatrechtlichen Lösungen am Maßstab des Verfassungsrechts führen könnte.

III. Kritik und Neuentwurf: Das Schutzpflichtkonzept

Die Schwachstellen des Lüth-Urteils sind nicht unbemerkt geblieben. Die Kritik gilt vor allem drei Punkten. Zunächst einmal trifft sie den Begriff der „Ausstrahlungswirkung",[32] einerseits wegen seiner Bedeutungsoffenheit,[33] die er mit der Rede von der „Wertordnung" teilt,[34] andererseits wegen der Vermengung mit der Frage der verfassungsgerichtlichen Kontrolldichte:[35] Dass dem BVerfG nicht die Funktion einer „Superrevisionsinstanz" zukommt, ist kein Spezifikum des Privatrechts, sondern gilt gleichermaßen für das öffentliche Recht. Entfalten die Grundrechte hier unstreitig Direktwirkung, kann man die Zurückhaltung des Verfassungsgerichts in zivilrechtlichen Fragen nicht mit den Besonderheiten dieses Rechtsgebiets erklären.

Zweitens wird die Sonderrolle der sogenannten Generalklauseln bestritten. Sie gehören selbst nicht dem Verfassungsrecht an, sondern stehen auf derselben Stufe wie die übrigen Vorschriften des bürgerlichen Rechts.[36] Ist

---

31 *Leisner*, Grundrechte (Fn. 3), S. 374 spricht von einer „vergröberten Auflage" von *Dürigs* Lehre.

32 Verteidigt wird er von *M. Dolderer*, Objektive Grundrechtsgehalte, Berlin 2000, S. 228 ff.

33 Vgl. *Canaris*, Grundrechte (Fn. 19), S. 53; *Neuner*, Allgemeiner Teil (Fn. 19), § 5 Rn. 14; ferner *Herdegen* (Fn. 19), Art. 1 Abs. 3 Rn. 74.

34 Hiergegen wendet sich *R. Alexy*, Theorie der Grundrechte, Frankfurt a. M. 1986, S. 480.

35 Vgl. *Canaris*, Grundrechte (Fn. 19), S. 27 f. und *Dreier* (Fn. 3), Vorb. Art. 1 Rn. 99.

36 *Canaris*, Grundrechte (Fn. 19), S. 17.

ihre Handhabung auch stärker wertungsgebunden, gleichen sie den sie umgebenden Bestimmungen doch darin, dass sie ebenfalls der Auslegung zugänglich und auf sie angewiesen sind. Es gibt daher keinen Grund für eine selektive Einwirkung der Grundrechte.[37] Dieser Gedanke ist, wie schon gesagt,[38] auch schon von der verfassungsgerichtlichen Judikatur aufgenommen worden, die eine Prüfung am Maßstab der Grundrechte nunmehr bei der Anwendung sämtlicher auslegungsfähigen und -bedürftigen zivilrechtlichen Normen für denkbar hält.

Der dritte Einwand richtet sich gegen das Fundament der Lehre von *Dürig*, die Differenzierung zwischen der Zivilrechtsjudikatur und dem materiellen Zivilrecht. Dass beide gleichermaßen dem Einfluss der Grundrechte unterliegen müssen, ist das unabweisbare Ergebnis, zu dem ein unbefangenes Verständnis von Art. 1 Abs. 3 GG zwingt. Werden hier Gesetzgebung, vollziehende Gewalt und Rechtsprechung im Verbund als Grundrechtsadressaten aufgeführt, bedeutet dies, dass sowohl die Vorschriften des Privatrechts als auch ihre Anwendung im Wirkungsbereich der Grundrechte liegen.[39] Ebenso wenig, wie sich eine exklusive Bindung der Judikatur beim Umgang mit Generalklauseln rechtfertigen ließe, darf sich die verfassungsrechtliche Beurteilung auf die Gesetze selbst beschränken. Da es die Rechtsprechung ist, die aus dem Normenapparat ein lebendes Privatrecht macht,[40] müssen beide, die Gesetze und ihre Anwendung, einer Überprüfung unter dem Gesichtspunkt der betroffenen Grundrechte standhalten. Wird ein Streit unter Privaten zum Gegenstand einer gerichtlichen Entscheidung, gelten die Grundrechte hier zwangsläufig unmittelbar[41] und bedürfen weder einer Vermittlung durch zivilrechtliche Öffnungsklauseln, noch muss man zu der Annahme einer durch die Grundrechte konstituierten „Wertordnung" Zuflucht nehmen.[42]

37 *Neuner*, Allgemeiner Teil (Fn. 19), § 5 Rn. 14.

38 S. o. Fn.

39 Vgl. *Canaris*, Grundrechte (Fn. 19), S. 14 f., 25, der sich auch auf Art. 93 Abs. 1 Nr. 4a GG beruft. Ferner *Hager*, Grundrechte (Fn. 30), 375 ff. Geleugnet wird die Grundrechtsbindung von *Windel*, Privatrecht (Fn. 4), 387 ff., der in Art. 1 Abs. 3 GG keinen Auftrag zur Umgestaltung der Zivilrechtsordnung erkennen will.

40 *Canaris*, Grundrechte (Fn. 19), S. 24 f.; *M. Ruffert*, Vorrang der Verfassung und Eigenständigkeit des Privatrechts. Eine verfassungsrechtliche Untersuchung zur Privatrechtswirkung des Grundgesetzes, Tübingen 2001, S. 122 ff.

41 Vgl. *Alexy*, Theorie (Fn. 34), S. 490 ff.; *Canaris*, Grundrechte (Fn. 19), S. 26 f.; *C. Starck* in: H. v. Mangoldt/F. Klein/C. Starck (Hrsg.), Grundgesetz-Kommentar, Bd. 1, 7. Aufl., München 2018, Art. 1 Rn. 312.

42 *Canaris*, Grundrechte (Fn. 19), S. 32.

In einem Fall, wie er dem Lüth-Urteil zugrunde liegt, geht es dabei um die Beurteilung eines regelrechten Eingriffs der öffentliche Gewalt in das einschlägige Freiheitsrecht:[43] Durch die drohende Verurteilung zur Unterlassung weiterer Äußerungen hätte der Staat versucht, ihren Urheber seiner Meinungsfreiheit zu berauben. Dass der Antrag hierzu von anderen Privatrechtssubjekten gestellt wurde und die Verurteilung in deren Interesse gelegen hätte, bleibt ohne Bedeutung. Denn auch die Anwendung öffentlich-rechtlicher Normen durch die Verwaltung oder Gerichte kann dem Ziel dienen, andere Private zu begünstigen, ohne dass der so motivierte Eingriff deshalb von einer Kontrolle am Maßstab der Grundrechte ausgenommen wäre oder diese erleichtert wäre.[44] Ebenso wie hier muss bei der Beurteilung des Eingriffs nur ein gegenläufiges Freiheitsrecht des anderen Teils berücksichtigt werden. Außer bei der Verteidigung gegen eine deliktsrechtliche Sanktion lässt sich eine vergleichbare Abwehrsituation unschwer auch dann feststellen, wenn ein Vertragspartner in seiner Gestaltungsfreiheit durch zwingendes Vertragsrecht beschränkt wird.

Nach mittlerweile überwiegender Ansicht im Schrifttum erfasst die Eingriffsperspektive jedoch nur einen Teil der Fälle von Grundrechtsrelevanz im Zivilrecht. Geht es darum, einem Privaten bei der Durchsetzung seiner Interessen mit den Mitteln des Deliktsrechts zu helfen, oder um eine Auseinandersetzung über die Vertragsbindung, sollen die Grundrechte statt zur Abwehr staatlicher Eingriffe vielmehr in ihrer Funktion als Schutzpflichten zum Zuge kommen:[45] Begehrt jemand die Sanktion einer eingetretenen oder drohenden Rechtsverletzung durch einen anderen, soll seine Forderung mangels Zurechnung des schädigenden Verhaltens an den Staat nicht auf Verteidigung gegen diesen gerichtet sein. Stattdessen soll in Frage stehen, ob ihm die öffentliche Gewalt im Verhältnis zu seinem Kontrahenten Schutz gewährt oder hiervon absieht. Dasselbe soll beim Streit über die Vertragsbindung gelten, wenn der eine Teil sie für seine Forderung nach

43 Vgl. *Canaris*, Grundrechte (Fn. 19), S. 31 f.; *Dreier* (Fn. 3), Vorb. Art. 1 Rn. 99; allgemein zur Abwehrfunktion der Grundrechte im Privatrecht *Ruffert*, Vorrang (Fn. 40), S. 88 ff.

44 *Canaris*, Grundrechte (Fn. 19), S. 19.

45 *Alexy*, Theorie (Fn. 34), S. 483; *Canaris*, Grundrechte (Fn. 19), S. 37 ff.; *S. Oeter*, „Drittwirkung" der Grundrechte und die Autonomie des Privatrechts, AöR 119 (1994), 529 (535 ff.); *Ruffert*, Vorrang (Fn. 40), S. 141 ff.; *Herdegen* (Fn. 19), Art. 1 Abs. 3 Rn. 73 f.; *Rüfner*, Grundrechtsadressaten (Fn. 3), § 117 Rn. 60 ff.; *Papier*, Drittwirkung (Fn. 19), § 55 Rn. 10. An der Lehre von der mittelbaren Drittwirkung scheint hingegen *Dreier* (Fn. 3), Vorb. Art. 1 Rn. 98, festhalten zu wollen.

Vertragserfüllung in Anspruch nimmt, der andere sich hingegen durch dieselbe in grundrechtswidriger Weise belastet sieht.

Der mit dem Perspektivenwechsel erstrebte Effekt soll in der Lockerung der Anforderungen an die Verfassungskonformität und damit zur Schonung der Eigenständigkeit des Privatrechts bestehen, wie sie ja auch schon mit der Lehre von Austrahlungs- oder mittelbaren Drittwirkung angestrebt war. Geht es nicht um Eingriffsabwehr, sondern um den Schutz gegenüber Privaten, ist die Wirkung der Grundrechte insofern schwächer, als die Verfassung kein bestimmtes Schutzniveau, sondern allenfalls ein Mindestmaß vorschreibt, das Gesetzgeber und Rechtsprechung nicht unterschreiten dürften.[46] Bei Wahrung dieses Untermaßverbots soll der Gesetzgeber über einen weiten Gestaltungsspielraum verfügen,[47] dessen Nutzung der verfassungsgerichtlichen Kontrolle entzogen sei. Das BVerfG spricht selbst von einem „grundlegenden" Unterschied zwischen Abwehrrechten und Schutzpflichten und davon, dass diese „gänzlich unbestimmt" seien, woraus sich ein weiter „Einschätzungs-, Wertungs- und Gestaltungsspielraum" ergebe.[48]

Im Hinblick auf die Grundrechtswirkung im Privatrecht hat sich das BVerfG das Schutzpflichtkonzept zumindest insofern zu eigen gemacht, als es inzwischen selbst von einer Schutzpflicht spricht, die aus einer betroffenen Grundrechtsnorm abzuleiten sei.[49] Diese Formulierung steht jedoch unverbunden neben der nach wie vor gängigen Rede von der mittelbaren Dritt- und Ausstrahlungswirkung der Grundrechte,[50] so dass die Annahme eines grundlegenden Konzeptionswechsels insoweit schwerfällt.

IV. Doch Abwehrrecht und Abwägung

Bei genauerem Hinsehen entpuppt sich das Schutzpflichtkonzept denn auch als eine nur vordergründig eingängige Lösung. Denn die zugrunde liegende Differenzierung zwischen Eingriffsabwehr und Schutz ist bloß eine Frage der Formulierung. Kann man in der Entscheidung gegen eine Auflockerung der Vertragsbindung das Unterlassen des begehrten Grundrechts-

---

46 *Canaris*, Grundrechte (Fn. 19), S. 39 ff.; *Neuner*, Allgemeiner Teil (Fn. 19), § 5 Rn. 15 f.

47 *Ruffert*, Vorrang (Fn. 40), S. 201 ff.; *C. Hillgruber*, Grundrechtsschutz im Vertragsrecht, AcP 191 (1991), 69 (76); *Herdegen* (Fn. 19), Art. 1 Abs. 3 Rn. 73.

48 BVerfGE 157, 30 (114, Rn. 152).

49 BVerfGE 97, 169 (175 f.).

50 Vgl. aus neuerer Zeit BVerfGE 148, 267 (279 f., Rn. 31 f., 283 f., Rn. 41); 152, 152 (185, Rn. 76).

schutzes sehen,[51] lässt sich ebenso gut sagen, das betroffene Freiheitsrecht werde in diesem Fall durch eine rigide Durchführung des Prinzips der Vertragsbindung eingeschränkt.[52] Und umgekehrt kann man in der fehlenden Durchsetzbarkeit einer vertraglichen Vereinbarung gleichermaßen eine Entscheidung gegen den Schutz des an der Vertragsgeltung interessierten Teils wie einen Eingriff in seine Privatautonomie sehen.[53] Auch die Weigerung, einem Grundrechtsträger deliktsrechtliche Ansprüche zuzugestehen, muss man nicht als Absage an einen Schutz seiner Position deuten;[54] mit demselben Recht lässt sich behaupten, dass das Deliktsrecht oder seine Handhabung in das betroffene Grundrecht eingreift, indem es seine Beeinträchtigung durch Dritte sanktionsfrei stellt und damit zulässt. Hier wie dort wird nicht etwa das Verhalten eines Privaten dem Staat zugerechnet.[55] Vielmehr lässt sich die Einschränkung des Grundrechts unmittelbar auf die Privatrechtsordnung zurückführen: Ein vertraglich begründeter Anspruch, durch den sich der Schuldner verletzt sieht, ist kein Anspruch, den der Gläubiger autonom erzeugt hätte und vor dem der Schuldner externen staatlichen Schutz suchte. Es ist ein Anspruch, der zwar den Abschluss eines Rechtsgeschäfts voraussetzt, sich aber aus dem Gesetz ergibt, sei es aus einer besonderen Norm, sei es zumindest aus dem in § 311 Abs. 1 BGB statuierten Grundsatz der Vertragsbindung.[56] Und auch bei einer außervertraglichen Schädigung ist die Beeinträchtigung des einschlägigen Grundrechts nur auf der Ebene der Tatbestandsvoraussetzungen dem Verhalten des Schädigers zuzuschreiben; in rechtlicher Hinsicht geht sie hingegen auf die Ausgestaltung des Deliktsrechts oder seine Handhabung zurück. Gestattet sie dem Schädiger, den Geschädigten sanktionslos zu benachteiligen, ist dies ein staatlicher Eingriff in dessen Freiheit.[57]

Man kann nicht behaupten, die Unterscheidung zwischen Eingriffsverbot und Schutzgebot falle lediglich in Grenzfällen schwer, bewähre sich

---

51 So *Canaris*, Grundrechte (Fn. 19), S. 37 f.

52 Richtig *R. Poscher*, Grundrechte als Abwehrrechte. Reflexive Regelung rechtlich geordneter Freiheit, Tübingen 2003, S. 346 ff.

53 Im zuletzt genannten Sinn deutet sie *Hager*, Grundrechte (Fn. 30), 377, 380.

54 Dies tun aber *Alexy*, Theorie (Fn. 34), S. 487 f. und *Canaris*, Grundrechte (Fn. 19), S. 39 f.

55 So aber *Papier*, Drittwirkung (Fn. 19), § 55 Rn. 6.

56 Richtig *Schwabe*, Drittwirkung (Fn. 3), S. 67 ff. Auch *Canaris*, Grundrechte (Fn. 19), S. 47 f. räumt dies ein, um zu rechtfertigen, dass Grundrechtsschutz auch gegenüber der Vertragsbindung gewährt wird.

57 Richtig *Schwabe*, Drittwirkung (Fn. 3), S. 62 ff.

sonst aber ebenso, wie die Trennung von Tag und Nacht ungeachtet der Dämmerung berechtigt sei.[58] Eingriff und Schutzversagung fallen nicht nur in einer Grauzone, sondern stets zusammen, weil es sich um unterschiedliche Ansichten desselben Phänomens handelt.[59] Statt von einer Schutzpflicht als eigenständiger Grundrechtsfunktion lässt sich daher viel eher mit *Poscher* davon sprechen, dass die Grundrechte im privatrechtlichen Kontext als „reflexive Abwehrrechte“ zur Geltung kommen.[60] Und als solche binden sie sowohl den Gesetzgeber als auch die Rechtsprechung.[61]

Bietet die Konstruktion von Schutzpflichten kein tragfähiges Konzept, um eine reduzierte Wirksamkeit der Grundrechte beim Streit unter Privaten zu rechtfertigen, bleibt als Korrektiv nur die Abwägung.[62] Ist jemand durch eine zivilrechtliche Regelung oder ihre Anwendung in seinem Grundrecht nachteilig betroffen, steht ihm im Privatrechtsverkehr stets ein anderer Grundrechtsträger gegenüber, der sich auf ein gegenläufiges Freiheitsrecht berufen kann.[63] Auf die deshalb erforderliche Abwägung steuern ohnehin die meisten Theorien zur Grundrechtsgeltung im Privatrecht zu.[64] Und auch das Bundesverfassungsgericht fordert in ständiger Rechtsprechung, kollidierende Grundrechtspositionen unter Privaten nach dem Grundsatz der praktischen Konkordanz so in Ausgleich zu bringen, dass sie für alle Beteiligten möglichst weitgehend wirksam werden.[65] Die erforderliche Abwägung rechtfertigt nicht nur die Beschränkung von Grundrechten;

58 *Canaris*, Grundrechte (Fn. 19), S. 45.

59 Für *Hager*, Grundrechte (Fn. 30), 381 f. ergibt sich dies daraus, dass der Schutz einer Seite stets einen Eingriff in die Position des Gegners und umgekehrt die Wahrung seiner Rechte immer die Verweigerung des Schutzes für den Kontrahenten bedeute.

60 *Poscher*, Grundrechte (Fn. 52), S. 317 ff. – Dagegen ist es eine zirkuläre Argumentation, wenn *Dolderer*, Grundrechtsgehalte (Fn. 32), S. 191 für die abwehrrechtliche Konstruktion einen Anhaltspunkt im Text des GG vermisst; wenn überhaupt, bedarf nicht die Deutung als Abwehrrecht, sondern das Schutzpflichtkonzept einer besonderen Rechtfertigung.

61 *Poscher*, Grundrechte (Fn. 52), S. 349 ff.

62 Richtig *Schwabe*, Drittwirkung (Fn. 3), S. 98 ff. Gerade dies will *Poscher*, Grundrechte (Fn. 52), S. 408 vermeiden.

63 Man muss daher nicht mit *Poscher*, Grundrechte (Fn. 52), S. 350 auf ein übergeordnetes Ziel der Privatrechtsordnung verweisen.

64 *Alexy*, Theorie (Fn. 34), S. 484; vgl. auch *Rüfner*, Grundrechtsadressaten (Fn. 3), § 117 Rn. 70. Entgegen *Dolderer*, Grundrechtsgehalte (Fn. 32), S. 192 f. lässt sich behaupten, der in der Abwägung wirksame Grundsatz der Verhältnismäßigkeit sei nur operabel, wenn eine Seite wie in der Beziehung zwischen Staat und Bürger über „Zieldefinitionsmacht“ verfügt.

65 Vgl. aus jüngerer Zeit etwa BVerfGE 142, 74 (96 f., Rn. 70); 148, 267 (280, Rn. 32); 152, 152 (185, Rn. 76).

sie liefert, wie das Verfassungsgericht ebenfalls schon ausgesprochen hat,[66] auch eine hinreichende Grundlage für die Annahme einer weitreichenden Gestaltungsfreiheit des Gesetzgebers. Statt aus einer Herabstufung des verfassungsrechtlichen Abwehrauftrags zu einer bloßen Schutzpflicht kann man sie ohne Weiteres direkt aus der Kollision mit den Grundrechten anderer Privater herleiten; denn der Ausgleich der widerstreitenden Interessen kann im Regelfall auf vielfältige Weise geschehen.

V. Ein Patt als Normalfall

Über die Art und Weise, wie gegenläufige Positionen der Grundrechtsträger zum Ausgleich zu bringen sind, herrscht im Grundsatz Einigkeit. Ein Übergewicht einer Position lässt sich vor allem nach Maßgabe der Intensität annehmen, mit der ein privatrechtliches Gesetz oder seine Handhabung den Bürger betrifft. Dies entspricht nicht nur der Rechtsprechung des Bundesverfassungsgerichts;[67] auch die Vertreter des Schutzpflichtkonzepts sehen dies so.[68] Wie aber lässt sich konkret bestimmen, ob eine Seite in einer zivilrechtlichen Auseinandersetzung in ihrer Freiheit besonders eingeschränkt ist?

Die Antwort liefert ein Blick auf das Tableau der Grundrechte, die im Privatrechtsverkehr typischerweise betroffen sind. Es sind die allgemeine Handlungsfreiheit gemäß Art. 2 Abs. 1 GG, das von Art. 14 Abs. 1 GG garantierte Eigentum und die durch Art. 12 Abs. 1 GG gewährleistete Berufsfreiheit. Die allgemeine Handlungsfreiheit schützt die Privatautonomie. Zum Eigentum im Sinne der Verfassung gehören alle vermögenswerten Rechte, die ihrem Inhaber so zugeordnet sind, dass er sich ihrer eigenverantwortlich zum privaten Nutzen bedienen kann. Und die Berufsfreiheit deckt die Wahl und Ausgestaltung selbständiger wie unselbständiger Erwerbstätigkeit ab. Im Grundfall eines Streits unter Privaten neutralisieren sich diese Positionen, weil sie auf beiden Seiten gleich schutzwürdig sind. Es gibt keinen Vorrang der Berufsfreiheit eines Arbeitnehmers vor demselben Grundrecht des Arbeitgebers. Es gibt keine Rangfolge der Rechte, die zum Eigentum nach Art. 14 GG zählen. Auch wenn sich eine Seite auf ihr Eigentum im Sinne von § 903 BGB beruft, heißt dies nicht, dass sie die Oberhand

66 BVerfGE 81, 242 (261); 97 (169, 176).

67 BVerfGE 42, 143; 54, 129; 61, 1.

68 *Starck* (Fn. 41), Art. 1 Rn. 318; *Canaris*, Grundrechte (Fn. 19), S. 80.

im Verhältnis zu einem Konkurrenten haben müsste, der Inhaber einer bloß schuldrechtlichen, aber vermögenswerten und ihm fest zugeordneten Position ist. Und sogar die Privatautonomie hat zwei Aspekte, die in der vertragsrechtlichen Auseinandersetzung für die konkurrierenden Interessen in Anspruch genommen werden können: Auf der einen Seite gewährleistet sie Vertragsfreiheit im formalen Sinn. Als solche kann sie zur Abwehr von Beschränkungen der vertraglichen Gestaltungsfreiheit und dafür ins Feld geführt werden, dass ein einmal geschlossener Vertrag auch durchgeführt und nicht mit Rücksicht auf die Interessen des anderen Teils frustriert wird. Auf der anderen Seite schützt sie, wie das BVerfG bereits anerkannt hat[69] und auch im Schrifttum kaum in Frage gestellt wird[70], die materiale Vertragsfreiheit als Voraussetzung einer selbstbestimmten und von Willensbeeinträchtigungen unbehelligten Gestaltung der privaten Rechtsbeziehungen. In dieser Funktion rechtfertigt die allgemeine Handlungsfreiheit gerade die Einschränkung der vertraglichen Gestaltungsfreiheit durch zwingende Schutznormen zugunsten eines in seiner Entscheidungsfreiheit beeinträchtigten Vertragspartners sowie Durchbrechungen des Prinzips der Vertragsbindung. Und sie kann zumindest auch zur Abwehr außervertraglicher Ansprüche angeführt werden, wenn durch sie der privatautonome Gestaltungsspielraum beschnitten wird.

Wo diese widerstreitenden Positionen schlicht aufeinandertreffen, ist kein Raum für eine Kontrolle anhand der Verfassung. Denn ohne Hinzutreten besonderer Umstände kommt keiner Seite der Vorrang vor dem jeweiligen Gegner zu. Wer eine Sache oder ein anderes Rechtsgut beschädigt oder verletzt hat oder zu beinträchtigen droht, muss sich der plausiblen Sanktion fügen, zum Schadensersatz oder zur Unterlassung verpflichtet zu sein, ohne sich hiergegen mit Erfolg auf seine allgemeine Handlungsfreiheit berufen zu können. Wer einen Vertrag eingegangen ist, ohne einem regelrechten Willensmangel unterlegen zu sein, muss sich damit abfinden, seine privatautonomerzeugte Verpflichtung auch erfüllen zu müssen, weil seiner Handlungsfreiheit die des Kontrahenten gegenübersteht. Und umgekehrt muss dieser zwingende Regelungen zum Schutz seines Vertragspartners hinnehmen, weil die vertragliche Gestaltungsfreiheit mit dem Recht auf materiale Selbstbestimmung des anderen Teils konfligiert. Wer als Eigentümer unter Berufung auf sein dingliches Recht seine Sache nicht herausgeben oder zur Verfügung stellen will, kann hierzu gleichwohl gezwungen

69 BVerfGE 89, 214 (233); zur Entscheidung s. u.
70 Vgl. *Canaris*, Grundrechte (Fn. 19), S. 49.

werden, wenn sein Widerpart über einen ordnungsgemäß begründeten Anspruch auf eben diese Leistung verfügt. Und wer als Arbeitnehmer seine Berufsausübung durch Anweisungen des Arbeitgebers beeinträchtigt sieht, muss sie dulden, solange sich sein Kontrahent im Rahmen des ihm zukommenden Weisungsrechts hält und hierfür auf seine eigene Berufsfreiheit verweisen kann. Ein Übergewicht einer Seite ergibt sich noch nicht daraus, dass die Angelegenheit für sie, gemessen an ihren Vermögensverhältnissen, von größerer Bedeutung ist als für die andere. Denn Reich und Arm kommen gleichermaßen in Genuss des Grundrechtsschutzes.

VI. Existenzielle Bedeutung als Auslöser der Verfassungsfrage

Anlass zu einer verfassungsrechtlichen Kontrolle der Lösung eines privatrechtlichen Konflikts besteht hiernach nur unter zwei Gesichtspunkten: Entweder eine Partei kann sich auf ein weiteres Freiheitsrecht berufen, das zu den sich typischerweise ausgleichenden Grundrechtspositionen hinzutritt; oder sie ist in ihrem Freiheitsrecht in existenzieller Weise betroffen:

Grundrechte, die sowohl in vertragsrechtlichen Auseinandersetzungen als auch bei der außervertraglichen Haftung hinzukommen können, sind beispielsweise die in Art. 5 GG verbürgten. So konnte sich Lüth gegenüber dem gegen ihn geltend gemachten Unterlassungsanspruch erfolgreich auf seine Meinungsfreiheit berufen. Und umgekehrt konnte sich der Herausgeber einer Wochenzeitung, zu deren Boykott die Unternehmen des Springer-Konzerns unter Einsatz wirtschaftlichen Drucks aufgerufen hatten, zur Begründung seines hieraus abgeleiteten Schadensersatzanspruchs auf die Pressefreiheit berufen.[71] Ein Mieter, der zum Empfang der Fernsehprogramme seiner ausländischen Heimat auf die Anbringung einer Parabolantenne angewiesen war, konnte deren Duldung durch den Vermieter wegen seiner von Art. 5 Abs. 1 S. 2 GG verbürgten Informationsfreiheit als Teil des ihm zugestandenen Mietgebrauchs verlangen.[72] Und auch bei einer arbeitsrechtlichen Entscheidung, die die Meinungsfreiheit einer Seite berührt, gebietet Art. 5 Abs. 1 S. 1 GG stets die Rücksicht auf die Bedeutung dieses Grundrechts.[73]

71 BVerfGE 25, 256 (263 ff.).
72 BVerfGE 90, 27 (36 ff.).
73 BVerfGE 86, 122 (128).

Ohne Hinzutreten eines weiteren Freiheitsrechts kann sich eine verfassungsrechtliche Überprüfung der privatrechtlichen Gesetzgebung und ihrer Handhabung aus dem Grunde als erforderlich erweisen, dass jemand in seinem Grundrecht in existenzieller Weise betroffen ist. Auch wenn die Abwägung der im Zivilrechtsstreit typischerweise einschlägigen Grundrechte keiner absoluten oder relativen Quantifizierung zugänglich und ein vermögender Privater im Prinzip ebenso geschützt ist wie ein mittelloser, kann sich ein Übergewicht daraus ergeben, dass ein Grundrechtseingriff das Fundament der geschäftlichen oder privaten Lebensführung bedroht.[74] Unter diesem Gesichtspunkt sind die Entscheidungen des BVerfG zur ordentlichen Kündigung von Miet- und Arbeitsverhältnissen und zur Störung des Vertragsschlusses infolge einer ungleichen Verhandlungsstärke der Parteien zu verstehen:

Der 1993 ergangene Beschluss zur ordentlichen Kündigung eines Wohnraummietverhältnisses ist dadurch bekannt geworden, dass das BVerfG hierin erstmals das Besitzrecht des Mieters an der gemieteten Wohnung als Eigentum im Sinne Art. 14 Abs. 1 S. 1 GG anerkennt. Obwohl zuweilen heftig kritisiert,[75] ist diese Entscheidung völlig selbstverständlich und das Ergebnis einer einfachen Subsumtion und den Begriff des verfassungsrechtlichen Eigentums. Fallen hierunter seit der von *Martin Wolff*[76] übernommenen Definition sämtliche vermögenswerten Rechte, die ihrem Inhaber zur privaten Nutzung zustehen und seiner Verfügungsbefugnis unterliegen,[77] müssen auch schuldrechtliche Positionen Eigentum im Sinne der Verfassung sein. Um dies im konkreten Fall anzunehmen, hätte das Verfassungsgericht noch nicht einmal auf das Besitzrecht des Mieters abstellen müssen. Es entfaltet insofern Drittwirkung, als es durch Besitzschutzrechte und die Deliktshaftung bewehrt ist und sich infolge des in § 566 BGB statuierten

74 Zu demselben Ergebnis kommt man, wenn mit *Canaris*, Grundrechte (Fn. 19), S. 78 die Angewiesenheit auf ein grundrechtlich geschütztes Gut zum maßgeblichen Faktor der Abwägung erklärt. Denkbar ist es vielleicht auch, wenn man mit *Dürig*, Grundrechte (Fn. 2), S. 179 f. einen Schutz der „ureigensten Privat- und Geheimsphäre" fordert.

75 Vgl. nur *O. Depenheuer/J. Froese*, in: v. Mangoldt et al. (Hrsg.), Grundgesetz-Kommentar (Fn. 41), Art. 14 Rn. 157 ff.; für falsch halten die Rückführung des Mieterschutzes auf Art. 14 GG auch *Canaris*, Grundrechte (Fn. 19), S. 85 und *Neuner*, Privatrecht und Sozialstaat, München 1999, S. 260, der ihn „methodenoffen" aus Art. 1 Abs. 2 GG herleiten will.

76 *M. Wolff*, Reichsverfassung und Eigentum, in: Festgabe der Berliner Juristischen Fakultät für Wilhelm Kahl, Tübingen 1923, Teil IV, S. 3.

77 BVerfGE 83, 201 (208 f.); 95, 267 (300); 131, 66 (79 f., Rn. 41).

Grundsatzes „Kauf bricht nicht Miete" auch gegenüber einem Erwerber der vermieteten Immobilie durchsetzt.[78] Aus verfassungsrechtlicher Sicht kann als Eigentum schon der schlichte Anspruch des Mieters auf zeitweise Überlassung des Wohnraums gelten. Seine Zuordnung zum Eigentum im Sinne von Art. 14 GG genügt aber nicht, um den besonderen Schutz zu rechtfertigen, den der Mieter gegenüber einer Auflösung des Mietverhältnisses durch den Vermieter genießt. Nicht nur für die außerordentliche Kündigung, auch für die ordentliche Auflösung des Mietverhältnisses muss dieser einen Kündigungsgrund dartun und sich insbesondere gemäß § 573 Abs. 2 Nr. 1 und 2 BGB entweder auf eine Pflichtverletzung des Mieters oder seinen Eigenbedarf berufen können. Diese besondere Erschwernis und auch ihre verfassungsgerichtliche Überprüfung finden ihren Grund darin, dass die Wohnung, auf deren Überlassung der Anspruch des Mieters gerichtet ist, für ihn den „Mittelpunkt seiner privaten Existenz" bildet, auf den er „zur Befriedigung elementarer Lebensbedürfnisse" und „Entfaltung seiner Persönlichkeit angewiesen" ist. Mit eben diesen Erwägungen begründet das BVerfG, warum das Besitzrecht des Mieters dem Sacheigentum des Vermieters ähnlich und von Art. 14 GG geschützt ist.[79] Sie sind hierfür aber ebenso wenig erforderlich wie der Rekurs auf die Drittwirkung des Mietbesitzes. Unabdingbar sind sie hingegen, wenn es darum geht, zu erklären, warum der Vermieter einer Wohnung in einer Befugnis eingeschränkt ist, die sich für ein Dauerschuldverhältnis eigentlich von selbst versteht, nämlich es durch ordentliche Kündigung zum Erlöschen zu bringen. Entgegen der Einschätzung des Verfassungsgerichts[80] stellt dies durchaus eine einseitige Bevorzugung des Mieters und keine ausgewogene Regelung dar. Die Begünstigung einer Seite findet ihren zureichenden Grund aber eben darin, dass zur Eigentumsgarantie, auf die sich beide Parteien berufen können, im Fall des Mieters die existenzielle Bedeutung der Wohnung hinzukommt. Neutralisiert wird sie nur gleichsam durch Verwirkung, wenn sich der Mieter ein Fehlverhalten vorwerfen lassen muss, oder in dem Fall, dass sich der Vermieter auf seinen Eigenbedarf berufen kann und damit ebenfalls auf die Wohnung als Mittelpunkt seiner privaten Lebensführung angewiesen ist. Hätte das BVerfG dieses Argument nicht schon für die Subsumtion unter den verfassungsrechtlichen Eigentumsbegriff verschwendet, würde klarer hervortreten, warum der Kündigungsschutz des Mieters trotz der Pattsitua-

78 Dies erwähnt das BVerfG eigens; vgl. BVerfGE 89, 1 (7).
79 BVerfGE 89, 1 (6).
80 BVerfGE 89, 1 (9).

tion gerechtfertigt ist, in der sich die beiden Vertragspartner durch Verweis auf ihr jeweiliges Grundrecht befinden. Und es träte auch klarer hervor, warum das Gericht es nicht bei Feststellung der Verfassungsmäßigkeit der Kündigungsregelung belässt, sondern sich den Details des konkreten Falles widmet und die angegriffene Entscheidung des Landgerichts im Einzelnen überprüft.[81]

Mindestens ebenso wichtig wie die Wohnung ist der Arbeitsplatz, dessen Wegfall infolge einer ordentlichen Kündigung des Arbeitgebers gleichfalls reguliert ist und gemäß § 1 KSchG einer sozialen Rechtfertigung bedarf. Aus Sicht des BVerfG, das sich in einem 1998 ergangenen Beschluss hiermit beschäftigen musste, ist bei Abwägung der so geschützten Berufsfreiheit des Arbeitnehmers mit derjenigen des Arbeitgebers zu berücksichtigen, dass der Arbeitsplatz für einen Arbeitnehmer und seine Familie die wirtschaftliche Existenzgrundlage bildet, die über Lebenszuschnitt, gesellschaftliche Stellung und Selbstwertgefühl entscheidet.[82] Sie trägt zwar im Allgemeinen die gravierende Einschränkung der Befugnis des Arbeitgebers zur einseitigen Auflösung des Arbeitsverhältnisses, gebietet sie aber nicht für die von § 23 Abs. 2 KSchG ausgenommenen Kleinbetriebe mit bis zu fünf Arbeitnehmern. Denn hier ist wiederum die Dispositionsbefugnis des Arbeitgebers in besonders hohem Maße schutzwürdig. Da der Erfolg eines Kleinbetriebs von jedem einzelnen Arbeitnehmer abhängt,[83] kommt der Entscheidungsfreiheit des Arbeitgebers in diesem Fall ihrerseits existenzielle Bedeutung zu, die das Interesse des Arbeitnehmers aufwiegt.

Nicht allein die Berufs-, sondern auch die allgemeine Handlungsfreiheit betraf der 1990 gefasste Beschluss des BVerfG zur Karenzentschädigung eines selbständigen Handelsvertreters. Nach der bis Ende 1989 gültigen Fassung von § 90a Abs. 2 S. 2 HGB fiel sie weg, wenn ein Unternehmer den Vertrag mit einem Handelsvertreter wegen dessen schuldhaften Verhaltens aus wichtigem Grund beendet hatte. Für den Beschwerdeführer im verfassungsgerichtlichen Verfahren hatte dies zur Konsequenz, dass er, ohne einen angemessenen Ausgleich zu erhalten, für die Dauer von zwei Jahren nicht mehr seinem Beruf als Weinhandelsvertreter nachgehen konnte und praktisch zu einem Berufswechsel gezwungen war. Das BVerfG

---

81 Kritisch hierzu insbesondere *Oeter*, „Drittwirkung" (Fn. 45), 556 ff.; *Ruffert*, Vorrang (Fn. 40), S. 391 f. fürchtet, dass das Verfassungsgericht im Mietrecht die Herrschaft über die Kontrolldichte verliert.

82 BVerfGE 97, 169 (177).

83 BVerfGE 97, 169 (177 f.).

erkannte hierin eine Beschränkung, die der Beeinträchtigung seiner Berufswahl nahekam[84] und vor Art. 12 Abs. 1 GG nicht zu rechtfertigen war. Das besondere Problem des Falles ergab sich daraus, dass die gesetzlichen Bestimmungen über das Wettbewerbsverbot und die Karenzentschädigung nicht ohne Weiteres, sondern nur deshalb zur Anwendung kamen, weil der Beschwerdeführer sich hierauf in dem Vertrag mit dem Unternehmer eingelassen hatte. War die Privatautonomie damit formal gewahrt, fehlte es doch nach Ansicht des BVerfG an den „Bedingungen freier Selbstbestimmung", weil der Unternehmer über ein so starkes Verhandlungsgewicht verfügte, dass er den Inhalt des Vertrags praktisch allein diktieren konnte. Dies musste das Gericht nicht eigens feststellen, sondern konnte es schon der Begründung entnehmen, die der Gesetzgeber für die eigentlich als Schutzvorschrift für den Handelsvertreter konzipierten Norm des § 90a HGB geliefert hatte.[85] Danach sollte die Regelung dem Umstand Rechnung tragen, dass Handelsvertreter, obwohl formal selbständige Kaufleute, gewöhnlich von dem durch sie vertretenen Unternehmer wirtschaftlich abhängig sind und ihm gegenüber bei der Vertragsgestaltung nicht gleichberechtigt auftreten können. Diese Asymmetrie hatte der Gesetzgeber bewusst zum Anlass genommen, den Grundsatz der Vertragsfreiheit zum Schutz von Handelsvertretern einzuschränken.[86] Sein Ziel wurde nach Ansicht des BVerfG aber dadurch verfehlt, dass einem Handelsvertreter im Fall einer Kündigung des Unternehmers aus wichtigem Grund undifferenziert und vollständig jegliche Karenzentschädigung abgesprochen wurde, und dies, obwohl der Handelsvertreter außer der Beendigung des Vertrags ohnehin die Verpflichtung zum Ersatz des durch sein Fehlverhalten verursachten Auflösungsschadens hinnehmen musste. Dass er sich selbst in dem Vertrag mit dem Unternehmer auf dieses Regime eingelassen hatte, wäre unter gewöhnlichen Bedingungen ein Grund gewesen, ihn an der Regelung festzuhalten, weil seiner Berufs- und allgemeinen Handlungsfreiheit eben dieselben Grundrechte auf der Seite des Unternehmers entgegenstehen. Auch das Ungleichgewicht beim Vertragsschluss trägt, für sich genommen, noch nicht den Befund eines ungerechtfertigten Grundrechtseingriffs; denn es ist dem Prinzip der Vertragsfreiheit geradezu immanent. Zum Verfassungsproblem wird der Fall dadurch, dass die von den Parteien ins Werk gesetzte Regelung der Karenzentschädigung im HGB den Handelsvertreter, wie

84 BVerfGE 81, 242 (253).
85 BVerfGE 81, 242 (256 ff.).
86 BT-Drucks. 1/3856, S. 10 f.

das BVerfG eigens hervorhebt,[87] in seiner beruflichen und wirtschaftlichen Existenz traf.[88] Da sie sich nicht durch die Rücksicht auf die gegenläufigen Belange des Unternehmers rechtfertigen ließ, musste das Gericht die einschlägige Vorschrift für verfassungswidrig erklären.

Noch klarer zum Ausdruck kommt der Bezug auf existenzielle Belange schließlich in der bekannten Bürgschaftsentscheidung, die ebenso wie der Beschluss zum Mietrecht aus dem Jahr 1993 stammt. Sie galt unter anderem der Verfassungsbeschwerde der Tochter eines Unternehmers, der bei einer Sparkasse Kredite in Millionenhöhe aufgenommen hatte. Zur Sicherung des Rückzahlungsanspruchs hatte die Beschwerdeführerin, obwohl erst 21 Jahre alt, ohne Ausbildung, vermögens- und überwiegend auch arbeitslos, eine Bürgschaft übernommen. Der Höchstbetrag war derart bestimmt, dass sie aus ihrem laufenden Einkommen nicht einmal die Zinsen hätte aufbringen können. Nachdem das OLG die Klage der Sparkasse mit der Begründung abgewiesen hatte, ihr sei ein Verschulden bei Vertragsverhandlungen vorzuwerfen, hob der BGH diese Entscheidung auf, indem er den Vertragsschluss für unbedenklich und die Vertragsbindung der Beschwerdeführerin für unausweichlich erklärte.[89] Das BVerfG erkannte hierin einen Verstoß gegen die allgemeine Handlungsfreiheit der Beklagten, die in praktische Konkordanz mit dem gegenläufigen Grundrecht der Sparkasse zu bringen sei. Die Vertragsfreiheit tauge nur bei einem annährend ausgewogenen Kräfteverhältnis der Parteien zum Mittel eines angemessenen Interessenausgleichs.[90] Sie versage in den Fällen einer strukturell ungleichen Verhandlungsstärke. Für die Zivilgerichte ergebe sich hieraus die Aufgabe, der Frage nach einer solchen Störung der Vertragsparität nachzugehen und mit Hilfe der einschlägigen Generalklauseln, namentlich des Verbots sittenwidriger Verträge und des Grundsatzes von Treu und Glauben, einzugreifen. Diese Prüfung sei, wie das BVerfG eigens ausführt, nicht stets, sondern nur dann geboten, wenn „der Inhalt des Vertrags für eine Seite ungewöhnlich belastend und als Interessenausgleich offensichtlich unangemessen“ ist.[91] Auslöser der verfassungsrechtlichen Kontrolle ist damit ersichtlich die existenzielle Bedeutung, die sie für eine Seite hat. Die besondere Belastung

87 BVerfGE 81, 242 (253).

88 *Poscher*, Grundrechte (Fn. 52), S. 362 f. sieht hingegen die soziale Ordnungsfunktion des Privatrechts verfehlt. – Kritik an der Lösung des Einzelfalles übt *Hillgruber*, Grundrechtsschutz (Fn. 47), 77 ff.

89 BGH NJW 1989, 1605 (1606).

90 BVerfGE 89, 214 (233).

91 BVerfGE 89, 214 (234). Vgl. auch BVerfGE 103, 89 (100 f.); 148, 267 (282 f., Rn. 38).

der Beschwerdeführerin ergab sich im konkreten Fall nämlich daraus, dass sie sich nach ihren Einkommens- und Vermögensverhältnissen bis an ihr Lebensende nicht von der Bürgschaftsschuld würde befreien können.[92] Ihre Bindung an den Vertrag wäre einer Vernichtung ihrer wirtschaftlichen Existenz gleichgekommen, zumal es seinerzeit die erst 1999 geschaffene Möglichkeit einer Restschuldbefreiung durch privates Insolvenzverfahren noch nicht gab. Dies rechtfertigte es, ihrem Begehren nach Gewährleistung von Vertragsfreiheit im materialen Sinn den Vorrang vor dem Interesse des Kreditinstituts an Vertragsbindung als Ausprägung der Garantie formaler Vertragsfreiheit zu geben.[93] Maßgebliches Kriterium für die vom BGH in Reaktion auf die verfassungsgerichtliche Entscheidung kreierte Vermutung einer sittenwidrigen Übervorteilung ist denn auch dessen krasse finanzielle Überforderung geworden.[94]

VII. Rücksicht auf den Einzelfall, Parlamentsvorbehalt und Rechtsfortbildung

In seiner Bürgschaftsentscheidung betont das BVerfG eigens, eine Rechtsordnung könne nicht für alle Fälle Vorsorge treffen, in denen das Verhandlungsgleichgewicht gestört ist. Sie müsse jedoch eingreifen, wenn es sich um eine „typisierbare“ Konstellation handelt, die eine strukturelle Unterlegenheit eines Kontrahenten offenbare. Diese Voraussetzung nennt das Verfassungsgericht neben dem Erfordernis, dass die Konsequenzen der Vertragsbindung für den schwächeren Vertragspartner „ungewöhnlich belastend“ sind.[95] Sie muss also zur existenziellen Bedeutung der Sache hinzukommen und scheint auszuschließen, dass der Einfluss der Grundrechte im Privatrecht eine Gerechtigkeit im Einzelfall bewirkt. Diese Zurückhaltung findet auch im Schrifttum Zuspruch, sei es, dass man die unbefriedigende Lösung konkreter Fälle nicht als Gefahr für die soziale Ordnungsfunktion des Privatrechts wahrnimmt,[96] sei es, dass man durch eine zu starke Ori-

92 BVerfGE 89, 214 (230 f.).

93 Dagegen sieht *Ruffert*, Vorrang (Fn. 40), S. 341 einen Grundrechtsschutz nur geboten, wenn typisiert-strukturelle Ungleichheit in konkrete Unfreiheit umschlägt. Diese manifestiert sich aber gerade im Ergebnis, zu der die Vertragsbindung führt.

94 Vgl. etwa BGH NJW-RR 2017, 241 (243, Rn. 20).

95 BVerfGE 89, 214 (232).

96 *Poscher*, Grundrechte (Fn. 52), S. 360 f.

entierung am Einzelfall Privatautonomie und Rechtssicherheit gefährdet sieht.[97]

Die Abstraktion vom Einzelfall ist ein wirksames Instrument, um die Eigenständigkeit des Privatrechts zu wahren und seine Überformung im Wege einer durchgängigen verfassungsrechtlichen Kontrolle zu verhindern. Auf den ersten Blick scheint sie sich außerdem gut zu dem auch für die Grundrechtswirkung im Privatrecht geltenden Parlamentsvorbehalt zu fügen, wonach der Gesetzgeber die maßgeblichen Grundentscheidungen selbst treffen muss.[98] Gerade wenn der Ausgleich der widerstreitenden Freiheiten dem Gesetzgeber, wie vom BVerfG stets betont,[99] einen weiten Gestaltungsspielraum eröffnet, bedeutet dies, dass zunächst einmal er und nicht die Gerichte dazu berufen sind, diesen Spielraum zu nutzen. Fehlt es an einer Regelung, die für einen angemessenen Ausgleich im Einzelfall sorgt, muss der Gesetzgeber sie so schaffen, dass sie den typischen Konstellationen gerecht wird. Um den Grundrechten in einem hiervon nicht erfassten Einzelfall zur Geltung zu verhelfen, könnte die Zivilrechtsprechung nur zum Mittel der Rechtsfortbildung greifen, wobei sie sich aber an der Entscheidung des Gesetzgebers orientieren müsste. Eine Analogie oder teleologische Reduktion, die sich unmittelbar auf die betroffenen Grundrechte stützt, kommt nicht in Betracht. Zwar lässt sich hier an die aus der Umsetzung europäischen Richtlinienrechts bekannte Erwägung stützen, der Gesetzgeber habe bei der getroffenen Regelung in jedem Fall das höherrangige Recht wahren wollen und nur dessen Gehalt verkannt.[100] Bei Grundrechtskollisionen im Privatrecht fehlt es im Gegensatz zu europäischen Richtlinien jedoch an einer konkreten Vorgabe des höherrangigen Rechts, an der sich die Rechtsprechung orientieren könnte. Mit einer Rechtsfortbildung jenseits der konkreten gesetzgeberischen Absicht griffe die Ziviljustiz folglich in unzulässiger Weise in den Gestaltungsspielraum der Legislative ein.[101]

Diesen Überlegungen läuft freilich zuwider, dass das BVerfG den Zivilrichter in seiner Bürgschaftsentscheidung auf die Generalklauseln verweist. Sie geben ihm im Regelfall doch die Möglichkeit, für eine Gerechtigkeit

---

97 So *Papier*, Drittwirkung (Fn. 19), § 55 Rn. 19 f.

98 Auf den Vorrang des Gesetzgebers verweist in seiner Kritik vor allem *Oeter*, „Drittwirkung" (Fn. 45), 556; vgl. auch *Papier*, Drittwirkung (Fn. 52), § 55 Rn. 21.

99 S. o.

100 BGHZ 179, 27 (36 ff., Rn. 24 ff.).

101 So vom Standpunkt des Schutzpflichtkonzepts *Ruffert*, Vorrang (Fn. 40), 223 ff.; ebenso *Neuner*, Allgemeiner Teil (Fn. 19), § 5 Rn. 22.

im Einzelfall zu sorgen, die vom Gesetzgeber zwar mit den spezifisch einschlägigen Normen nicht vorprogrammiert ist, aber doch seinem Willen entspricht. Trifft der Gesetzgeber eine besondere Regelung für einen bestimmten Konflikt, heißt dies gewöhnlich nicht, dass er so auch das Verbot sittenwidriger Verträge oder den Grundsatz von Treu und Glauben außer Kraft setzen will. Beide Instrumente versagen nur in einem Fall, wie er der Handelsvertreterentscheidung des BVerfG zugrunde lag, in dem der Gesetzgeber selbst eine grundrechtsbeeinträchtigende Anordnung getroffen hat, die keiner weiteren Differenzierung zugänglich ist. In den meisten Situationen, und so auch in dem Fall der Bürgschaftsentscheidung, kann der Zivilrichter ungeachtet einer gesetzlichen Regelung die Grundrechte sehr wohl noch mit Hilfe der Generalklauseln zur Geltung bringen.[102] Würde er sich auch in diesem Rahmen auf typisierbare Konstellationen beschränken, stellte sich unweigerlich die kaum zu beantwortende Frage, mit welchem Recht er in anderen Situationen davon absehen könnte. Denn durch eine grundrechtsgeleitete Handhabung der Normen im Einzelfall trüge er nur dem vom BVerfG anerkannten Zweck der Generalklauseln Rechnung. Eine Zurückhaltung bei ihrer Anwendung ließe sich noch nicht einmal damit rechtfertigen, dass die Feststellung einer Grundrechtsverletzung eine gewisse Schwere und nach der ständigen Rechtsprechung des BVerfG voraussetzt, dass die Entscheidung von einer grundsätzlich falschen Anschauung der Bedeutung eines Grundrechts geprägt ist.[103] Denn diese Einschränkung betrifft allein die verfassungsgerichtliche Kontrolle, die man aber, wie die Kritik am Lüth-Urteil richtig hervorhebt, nicht mit der materiellrechtlichen Frage der Grundrechtswirkung vermengen darf.

Lässt sich die grundrechtskonforme Rechtsfindung im Einzelfall gerade wegen der Generalklauseln nicht auf typische Fälle beschränken, ist genau dies der Grund für die Sonderrolle, die diese Normen spielen. Sie sind keine Einbruchstellen für das Verfassungsrecht, dem ansonsten im Privatrecht keine Bedeutung zukäme. Sie sind vielmehr das Medium, mit dessen Hilfe der Zivilrichter ohne speziellen Auftrag durch den Gesetzgeber dafür sorgen kann und auch muss, dass im Einzelfall keine Grundrechtsverletzung stattfindet.

---

102 Dagegen führt *Herdegen* (Fn. 19), Art. 1 Abs. 3 Rn. 74 auch hier wieder die Wesentlichkeitslehre an.

103 BVerfGE 18, 85 (93); 81, 242 (253); 89, 214 (230); 129, 78 (101 f., Rn. 86); 142, 74 (101, Rn. 83); 148, 267 (281, Rn. 34).

Eine Grenze für die Rücksicht auf die Grundrechte bei der Entscheidung eines privatrechtlichen Falles ergibt sich damit allein aus der Abwägung, zu der die Kollision mit dem Freiheitsrecht des Gegenübers zwingt. Sie bewirkt im Normalfall, dass sich die Grundrechte gegenseitig neutralisieren, so dass sich der Zivilrichter nur am einfachen Gesetz orientieren muss. Die Frage eines Grundrechtsverstoßes stellt sich erst, wenn zu den klassischen Freiheitsrechten, die im Privatrechtsverkehr einschlägig sind, weitere Grundrechte hinzutreten oder eine Seite durch die Anwendung der zivilrechtlichen Normen existenziell betroffen ist. Auch unter diesen Umständen kann eine Grundrechtsverletzung verneint werden, wenn die vom Privatrecht ausgeworfenen Rechtsfolgen zwar existenzgefährdend, vielleicht sogar -vernichtend, aber doch nur Konsequenzen eines Interessenausgleichs sind, der einer praktischen Konkordanz der involvierten Freiheitsrechte entspricht.

VIII. Sozialstaatsgebot und Schutz der natürlichen Lebensgrundlagen

Sowohl in der Entscheidung zum Handelsvertreterrecht als auch im Bürgschaftsbeschluss verweist das BVerfG auf das Sozialstaatsgebot.[104] Dessen Funktion leuchtet es freilich nicht im Einzelnen aus. Vielmehr begnügt sich das Gericht damit, das Sozialstaatsprinzip gemeinsam mit dem jeweiligen Grundrecht als maßgebliche Verfassungsnorm zu benennen. Da sich die Entscheidung in beiden Fällen allein aus der Geltung des betroffenen Freiheitsrechts herleiten lässt, muss die Rolle, die das Sozialstaatsgebot spielt, darauf begrenzt sein, der allgemeinen Handlungsfreiheit eine paritätische Komponente zu geben.[105] Es rechtfertigt oder unterstützt zumindest das Verständnis der Vertragsfreiheit in einem materialen Sinn, die sich nicht in der formalen Freiheit zur Auswahl des Vertragspartners und Gestaltung des Vertragsinhalts erschöpft, sondern ein gewisses Gleichgewicht der Vertragspartner als Garant für eine echte Selbstbestimmung erheischt.[106] Außerdem kann man sich auf das Sozialstaatsprinzip berufen, um den Vorrang eines

104 BVerfGE 81, 242 (255); 89, 214 (232).

105 Dass sie dies kann, stellt *Ruffert*, Vorrang (Fn. 40), S. 141 ff., 195 ff., 256 ff. in Abrede, indem er den Grundrechten die Staatsaufgabe der Sicherheit zuweist und sie damit klar vom Sozialstaatsprinzip trennt, das ein soziales Privatrecht rechtfertige, aber nicht fordere.

106 *Poscher*, Grundrechte (Fn. 52), S. 364 hält die Möglichkeit zur sinnvollen Verknüpfung von Freiheitsrechten und Sozialstaatprinzip für einen Vorzug der abwehrrecht-

Freiheitsrechts wegen der existenziellen Betroffenheit seines Trägers zu motivieren,[107] sofern man hierfür nicht die Menschenwürde in Anspruch nehmen will, die den Kern eines jeden Grundrechts bildet.[108] Das Sozialstaatsgebot taugt daher nicht unmittelbar als Entscheidungsgrundlage für die Beurteilung einer privatrechtlichen Interessenkollision. Ihm kommt aber eine Hilfsfunktion bei der Grundrechtswirkung zu, indem es die Deutung des einschlägigen Freiheitsrechts steuert.[109] Und es trägt natürlich die Einschränkung von Grundrechten, wie sie durch die Sozialbindung des Eigentums gemäß Art. 14 Abs. 2 GG in der Verfassung auch exemplarisch vorgegeben ist.

Dieser Befund wirft die Frage nach dem Einfluss einer weiteren Staatszielbestimmung auf, deren Bedeutung für das Privatrecht derzeit diskutiert wird. Es ist der von Art. 20a GG vorgeschriebene Schutz der natürlichen Lebensgrundlagen, der die verfassungsrechtliche Basis für die Forderung nach einer „ökologischen" Handhabung des Privatrechts liefert.[110] Einen wesentlichen Antrieb hat hierzu der Klimabeschluss des BVerfG geliefert. In ihm verknüpft das Gericht die Staatszielbestimmung von Art. 20a GG mit den Grundrechten und macht ihn insofern zum Ausgangspunkt für Individualrechtsschutz, als sich der Einzelne gegen eine „eingriffsähnliche Vorwirkung" wenden kann, die aktuelle Klimabelastungen auf seine künftige Freiheit ausüben.[111] Taugt dieser Ansatz auch für die Annahme einer klimabezogenen Grundrechtswirkung im Privatrecht? Die Antwort lautet: Im Prinzip ja, aber sie bleibt weitgehend ohne Konsequenz. Denn durch den Klimawandel sind alle Privaten in derselben Weise betroffen; und er

---

lichen Konstruktion der Grundrechtswirkung im Privatrecht; sie dürfte jedoch auch beim Schutzpflichtkonzept gelingen.

107 Ähnlich *Neuner*, Allgemeiner Teil (Fn. 19), § 5 Rn. 21; vgl. auch *dens.*, Sozialstaat (Fn. 75), S. 259 („soziales Fundamentalrecht").

108 In diese Richtung geht es wohl, wenn man mit *Starck* (Fn. 41), Art. 1 Rn. 314 ff. eine Rücksicht auf das in den Grundrechten zum Ausdruck kommende Menschenbild fordert. *Neuner*, Allgemeiner Teil (Fn. 19), § 5 Rn. 21 spricht von der Menschenwürde und „sozialen Menschenrechten"; vgl. auch *dens.*, Sozialstaat (Fn. 75), S. 261 („menschenrechtliche Grundforderungen"). *Leisner*, Grundrechte (Fn. 3), S. 390 will sich am „Kern" der Grundrechte orientieren.

109 *Dreier* (Fn. 3), Vorb. Art. 1 Rn. 99 erkennt richtig eine sozialstaatliche Grundrechtsauslegung am Werke.

110 Den Vergleich zum Sozialstaatsgebot ziehen auch *A. Hellgardt/V. D. Jouannaud*, Nachhaltigkeitsziele und Privatrecht, AcP 222 (2022), 163 (198 f.).

111 BVerfGE 157, 30 (131, Rn. 184). – Danach lässt sich schwerlich mit *J. Neuner*, Die ökologisch orientierte Auslegung und Fortbildung des Privatrechts, ZfPW 2024, 127 (136) noch behaupten, es gebe kein Klimagrundrecht.

hat für jeden gleichermaßen existenzielle Bedeutung, für einen auf vegane Produkte konzentrierten Ökolandwirt nicht minder als für ein Energieversorgungsunternehmen, das derzeit noch ungleich stärker durch CO_2-Emissionen zu ihm beiträgt.[112] Der Ubiquität der Betroffenheit entspringt auch das ungute Gefühl, das die Vorstellung weckt, jeder könne jeden auf Emissionsverringerung in Anspruch nehmen.[113] Mit dem Grundrechtspatt, der einem verfassungsrechtlichen Einfluss auf die Klimahaftung entgegensteht, findet es einen angemessenen rechtlichen Ausdruck und wehrt einem unkontrollierten Einsatz des Deliktsrechts für den Klimaschutz.[114]

Bieten die Grundrechte keinen Hebel für eine ökologisch orientierte Handhabung des Privatrechts, kann das Staatsziel des Schutzes der natürlichen Lebensgrundlagen selbstverständlichebenso wie das Sozialstaatsgebot die Ausgestaltung privatrechtlicher Rechtspositionen steuern und dabei auch freiheitsbeschränkend wirken. Und neben seiner entsprechenden Wirkung auf die Gesetzgebung[115] hat es auch die Funktion, die Interpretation privatrechtlicher Normen zu steuern,[116] sofern sie Raum für klimaschützende Erwägungen lassen.[117] Dies gilt auch, aber keineswegs nur, für die sogenannten Generalklauseln. Dass ein Vertrag wegen seines klimaschädlichen Gegenstands das Sittengebot verletzt und deshalb gemäß § 138 Abs. 1 BGB als nichtig gilt, ist zwar durchaus denkbar;[118] es dürfte aber ein weitaus

112 Entgegen *Neuner,* Auslegung (Fn. 111), 137 f. genügt also nicht der bloße Charakter als Staatszielbestimmung, um der Zivilrechtsprechung den Rekurs auf Art. 20a GG abzuschneiden.

113 *I. Bach/E.-M. Kieninger*, Ökologische Analyse des Zivilrechts, JZ 2021, 1088 (1098) beruhigen sich in dieser Hinsicht damit, dass praktisch nur NGOs gegen *carbon majors* klagen werden.

114 Dagegen spricht entgegen *Neuner*, Auslegung (Fn. 111), 153 nicht die Staatsgerichtetheit der Grundrechte; und auch der Parlamentsvorbehalt lässt sich nicht unbedingt gegen ein Vorsprechen der Zivilrechtsjudikatur in Stellung bringen, weil der Gesetzgeber ja zumindest über ein „Rückholrecht" verfügt; vgl. *J.-E. Schirmer*, Klimahaftung: Überforderung der Gerichte?, ZfPW 2024, 159 (165 f.).

115 *Bach/Kieninger*, Analyse (Fn. 113), 1088 (1093 ff.) denken hier etwa an einen Vorrang der Mängelbeseitigung vor der Nachlieferung und dem Rücktritt eines Käufers sowie ein verändertes Verjährungsregime. Schon jetzt hält *Neuner*, Auslegung (Fn. 111), 145 beim Rücktritt eine stärkere Rücksicht auf die Reparaturfähigkeit einer Sache für möglich. Vgl. auch *Hellgardt/Jouannaud*, Nachhaltigkeitsziele (Fn. 110), 211 ff.

116 Anerkannt hat dies, wenn auch ohne Konsequenz im zu entscheidenden Fall, schon BGH NJW 2006, 1424 (1424 f., Rn. 11).

117 *Hellgardt/Jouannaud*, Nachhaltigkeitsziele (Fn. 110), 198; *Neuner*, Auslegung (Fn. 111), 138 f.

118 Beispiele bei *Neuner,* Auslegung (Fn. 111), 142 f.

selteneres Phänomen bleiben, als dass ein Vertrag mit Inhalten angereichert wird, die auf die Erwartung eines umwelt- und insbesondere klimaschonenden Verhaltens zurückgehen. Diese werden wiederum weniger über den Grundsatz von Treu und Glauben[119] als vielmehr über Vorschriften relevant, die vertragliche Qualitätsanforderungen allgemein festlegen. Beim Kaufvertrag sind es die sogenannten „objektiven Anforderungen" an eine Kaufsache, die sich gemäß § 434 Abs. 3 S. 1 Nr. 2 BGB an der Käufererwartung orientieren und ausweislich der Sammlung von Regelbeispielen in S. 2 der Vorschrift insbesondere die Haltbarkeit der Sache betreffen.[120] Die zu unterstellende Käufererwartung ist die eines umsichtigen Kunden, der schon jetzt und in Zukunft wohl noch mehr darauf Wert legt, sein unternehmerisches oder Konsumentenverhalten möglichst ressourcenschonend zu gestalten.[121] Auf dieser Basis lässt sich bereits heute und ohne Eingriff des Gesetzgebers die Reparaturfähigkeit einer Kaufsache zu den objektiven Anforderungen an deren Qualität zählen.[122] Eine solche Einstellung kann auch zur Grundlage der Bestimmung gemacht werden, worin der „vertragsgemäße Gebrauch" zu sehen ist, zu dem sich eine Mietsache gemäß § 535 Abs. 1 und § 536 Abs. 1 BGB eignen muss.[123] Und er beeinflusst in besonderem Maße die Aktualisierungspflicht bei Kaufsachen mit digitalen Elementen, deren Dauer die einschlägige Regelung in § 475b Abs. 4 Nr. 2 BGB gänzlich der Erwartung des Verbrauchers überlässt.[124] Im Deliktsrecht ist denkbar, dass die Verkehrspflichten, deren Verletzung den Ausschlag für die außervertragliche Haftung gibt, ebenfalls mit den Erwartungen angereichert werden, die ein auf Ressourcenschonung bedachter Bürger hat.

In all diesen Fällen bewähren sich die Begriffe, die am Beginn der Judikatur des BVerfG zur Grundrechtswirkung im Privatrecht stehen, namentlich die „mittelbare Drittwirkung" und die Bezeichnung der Verfassung als „Wertordnung". Geht es um Grundrechte, sind sie mindestens miss-

---

119 *Hellgardt/Jouannaud*, Nachhaltigkeitsziele (Fn. 110), 200 erwägen etwa Auskunftsrechte kraft ergänzender Vertragsauslegung.

120 *Bach/Kieninger*, Analyse (Fn. 113), 1092 f. erkennen hierin ein „Paradebeispiel" für die Steuerungswirkung des Zivilrechts, die im konkreten Fall wegen der vergleichsweise kurzen Verjährung freilich die Durchschlagskraft verwehrt bleibe.

121 *Neuner*, Auslegung (Fn. 111), 141 f. Mit der Herausbildung branchenspezifischer Nachhaltigkeitserwartungen rechnen *Hellgardt/Jouannaud*, Nachhaltigkeitsziele (Fn. 110), 214.

122 Eher eine Gesetzesänderung haben hier offenbar *Bach/Kieninger*, Analyse (Fn. 113), 1093 im Blick.

123 *Neuner*, Auslegung (Fn. 111), 145 f.

124 Richtig *Bach/Kieninger*, Analyse (Fn. 111), 1093.

verständlich, weil diese durch die Bindung der Legislative und Rechtsprechung in zivilrechtlichen Sachverhalten direkt zur Anwendung kommen, und dies auch nicht etwa als Teil einer übergesetzlichen Wertordnung, sondern als einzelne Freiheitsrechte, die der Gesetzgeber und die Judikatur auch im zivilrechtlichen Kontext zu beachten haben. Angebracht sind die Bezeichnungen hingegen, wenn es um die Beschreibung des Einflusses geht, den Staatszielbestimmungen im Privatrecht haben.[125] Dienen sie der Ausfüllung des Erwartungshorizonts im vertraglichen oder deliktsrechtlichen Kontext, kommen das Streben nach einem sozialen Miteinander und das Ziel, die natürlichen Lebensgrundlagen zu schützen, gerade als Werte zum Einsatz, die einem Privaten wegen ihrer Verankerung in der Verfassung zuzutrauen sind und zugetraut werden müssen. Als solche wirken sie in der Tat „mittelbar", weil sie eben nicht infolge der Bindung der Staatsgewalt, sondern nur über das Vehikel der anzunehmenden Einstellung eines Privaten Bedeutung erlangen.

IX. Ergebnisse

Die „mittelbare Dritt-" oder „Ausstrahlungswirkung", von der die verfassungsrechtliche Judikatur zur Geltung der Verfassung in privatrechtlichem Kontext ihren Ausgang nimmt, trifft nicht, was sie eigentlich beschreiben soll, nämlich den Einfluss der Grundrechte auf die Lösung von Konflikten unter Privaten. Die Begriffe eignen sich aber dazu, die Wirkung von Staatszielbestimmungen im Privatrecht zu beschreiben. Denn diese wirken allerdings mittelbar über den Erwartungshorizont eines verständigen und umsichtigen Bürgers, der sich an die vom Grundgesetz vorgegebene Wertordnung hält. Die Grundrechte wirken hingegen unmittelbar, indem sie vom Privatrechtsgesetzgeber und der Zivilrechtsprechung zu beachten sind. Der Furcht vor einer Überlagerung des Privatrechts durch das Verfassungsrecht kann man sinnvoll weder mit der Annahme begegnen, die Grundrechte wirkten nur über Generalklauseln als Einbruchstellen des Verfassungsrechts in das Zivilrecht, noch mit der Überlegung, die Grundrechte zeitigten hier meist bloß Schutzpflichten, deren Umsetzung dem Gesetzgeber einen weiten Spielraum eröffnet. Generalklauseln unterscheiden sich in ihrer Struktur nicht von anderen auslegungsbedürftigen Normen des Privatrechts; und die Konstruktion einer Schutzpflichtverletzung ist

125 Deshalb richtig *Hellgardt/Jouannaud,* Nachhaltigkeitsziele (Fn. 110), 199 f.

zumindest im Privatrecht mit der einer Eingriffsabwehr austauschbar. Dass nicht jeder Streit unter Privaten zur Verfassungsfrage wird, liegt bloß daran, dass sich die Grundrechte der Beteiligten in der gebotenen Abwägung regelmäßig neutralisieren. Eine verfassungsrechtliche Kontrolle ist nur dort am Platz, wo sich eine Seite neben den üblicherweise betroffenen Grundrechten der Handlungs- und Berufsfreiheit und des Eigentums auf ein weiteres Freiheitsrecht berufen kann oder existenziell betroffen ist. Letzteres gilt insbesondere, wenn es um die Wohnung, den Arbeitsplatz oder andere Faktoren geht, die für die Lebens- und Wirtschaftsführung des Einzelnen von zentraler Bedeutung sind. Hier wie in allen anderen Fragen gilt natürlich der Parlamentsvorbehalt, der es der Rechtsprechung verwehrt, ihre eigene grundrechtsgeleitete Lösung an die Stelle der Einschätzung des Gesetzgebers zu setzen. Mit den Generalklauseln verfügt sie jedoch über Instrumente, mit denen sie ohne speziellen gesetzgeberischen Auftrag Rücksicht auf die Grundrechte nehmen kann, weil dies gerade dem Sinn und Zweck dieser Vorschriften entspricht und von der Absicht des Gesetzgebers gedeckt ist. Hieraus ergibt sich die Sonderrolle der Generalklauseln, auf die das BVerfG ebenfalls von Anfang an verwiesen hat. Sie sind nicht etwa „Einbruchstellen“ für ein sonst vom Verfassungsrecht verschontes Privatrecht, sondern Ermächtigungsgrundlagen für einen justizielle Rückgriff auf Grundrechte ohne Vorgabe des Gesetzgebers.

Grundgesetz und Strafrecht*

von *Prof. Dr. Dr. Eric Hilgendorf*

I. Ausgangslage

Strafrechtspflege ist Ausübung von Staatsgewalt, so dass die Vorgaben des Grundgesetzes unmittelbar auch für das Strafrecht und seine Anwendung gelten. Das ist heute eine Selbstverständlichkeit.[1] Sieht man genauer hin, so lassen sich fünf Teilbereiche unterscheiden, in denen sich die verfassungsrechtlichen Vorgaben auswirken: die Strafgesetzgebung, das Strafverfahren, die Interpretation und Anwendung von Strafnormen, die Strafzumessung und der Strafvollzug. Autoritäre und totalitäre Staaten setzen ihren Herrschaftsanspruch gegenüber dem Individuum regelmäßig mit Hilfe von Strafrecht durch. Auch in der Zeit des Nationalsozialismus war dies nicht anderes. Der Volksgerichtshof unter seinem fanatischen Vorsitzenden Roland Freisler gehört zu den schlimmsten Beispielen totalitärer Justiz in der Geschichte des 20. Jahrhunderts.[2]

Die neuen grundgesetzlichen Regelungen für Strafverfahren und Strafrecht, und insbesondere die Betonung des Gesetzlichkeitsprinzips, lassen sich auch als Antwort auf die Exzesse der NS-Justiz verstehen. Nicht nur die rechtsstaatlich orientierten älteren Strafrechtslehrer, sondern auch und gerade die jüngere Generation von Strafrechtswissenschaftlern, die in den 60er Jahren allmählich in führende Positionen aufrückten, waren von der Erfahrung des Unrechtsstaats geprägt.[3]

---

* Der Vortragstext wurde beibehalten und nur durch einen Fußnotenapparat ergänzt.

1 *T. Weigend* in: G. Cirener/H. Radtke/R. Rissing-van Saan/T. Rönnau/W. Schluckebier (Hrsg.), Leipziger Kommentar zum Strafgesetzbuch, Bd. 1, 13. Aufl., Berlin/Boston 2020, Einleitung Rn. 14 mwN.

2 *H. Ortner,* Der Hinrichter. Roland Freisler – Mörder im Dienste Hitlers, Frankfurt a. M. 2014.

3 „Dieses Rechtsschutzdenken ist eine Denkart, die unserer Generation ganz besonders vertraut ist. Den Generationen vor uns, deren Staatsbild noch heil war, die den Staat nur als gütigen niemals Unrecht begehenden ‚Vater Staat' kennengelernt haben, mußte schon aus diesem Grunde unsere moderne rechtsstaatliche Betrachtungsweise fernliegen. Der jüngeren Generation ist der Staat als Unrechtsstaat noch in lebendiger Erinnerung. Hier hat das Unrechtserlebnis die Staatsauffassung geprägt. Diese Genera-

Zum Teil enthält das Grundgesetz selbst explizit Vorgaben für die Justiz, teilweise werden bestimmte Grundsätze daraus hergeleitet.[4] Zu den expliziten Vorgaben gehören die Festschreibung der richterlichen Unabhängigkeit, Art. 97 GG und die Abschaffung der Todesstrafe, Art. 102 GG, aber auch die sog. Justizgrundrechte, etwa der Zugang zum Rechtsweg, Art. 19 Abs. 4 GG, das Verbot von Ausnahmegerichten, Art. 101 Abs. 1 S. 1 GG, das Recht auf den gesetzlichen Richter, Art, 101 Abs. 1 S. 2 GG, der Anspruch auf rechtliches Gehör, Art. 103 Abs. 1 GG, das Gesetzlichkeitsprinzip, Art. 103 Abs. 2, der Grundsatz „ne bis in idem", Art. 103 Abs. 3 GG, und bestimmte in Art. 104 GG festgeschriebene Rechtsgarantien beim Freiheitsentzug.

Umstritten ist, ob außerdem ein „Grundrecht auf Sicherheit"[5] akzeptiert werden sollte, welches dem Polizei- und auch dem Strafrecht eine zusätzliche Basis im Grundgesetz verschaffen könnte. M.E. sprechen gute Argumente für die Annahme eines solchen Grundrechts.[6] Da aber auch die herrschende Verfassungslehre Sicherheit jedenfalls als zentrale Staatsaufgabe versteht,[7] können die Argumente für und gegen ein „Grundrecht auf

---

tion begegnet dem Staat kritisch, sie will gerichtliche Überprüfung jedes Eingriffs in Individualrechte und zuvor gesetzliche Bestimmtheit eines jeden Eingriffs. Der Gesetzesvorbehalt ist für sie selbstverständlich." *J. Baumann,* Die Dienst- und Vollzugsordnung vom 1.12.61 (1964), zitiert nach *ders.,* Kleine Streitschriften zur Strafrechtsreform, Bielefeld 1965, S. 158 (164).

4 *S. Schmahl,* Verfassungsrechtliche Vorgaben für das Strafrecht, in: E. Hilgendorf/H. Kudlich/B. Valerius (Hrsg.), Handbuch des Strafrechts. Bd. 1: Grundlagen des Strafrechts, Heidelberg 2019, § 2; siehe auch *M. Möstl,* Grundrechtliche Garantien im Strafverfahren, in: J. Isensee/P. Kirchhof (Hrsg.), Handbuch des Staatsrechts der Bundesrepublik Deutschland. Band VIII: Grundrechte: Wirtschaft, Verfahren, Gleichheit, 3. Aufl., Heidelberg 2010, § 179; *K.-A. Schwarz,* Verfassungsgewährleistungen im Strafverfahren, Jura 2007, 334.

5 Grundlegend *J. Isensee,* Das Grundrecht auf Sicherheit, in: Schriftenreihe der Juristischen Gesellschaft e.V. (Hrsg.), Berlin 1983; *ders.,* Das Grundrecht als Abwehrrecht und als staatliche Schutzpflicht, in: J. Isensee/P. Kirchhof (Hrsg.), Handbuch des Staatsrechts der Bundesrepublik Deutschland. Band IX: Allgemeine Grundrechtslehren, 3. Aufl., Heidelberg 2011, § 191, insbes. Rn. 18 ff.

6 Kritisch aber z.B. *F. Hufen,* Staatsrecht II: Grundrechte, 10. Aufl., München 2023, § 1 Rn. 11, der argumentiert, ein „Grundrecht auf Sicherheit" könne „als alle konkreten Schranken überspielende „ungeschriebene Grundrechtsschranke" missverstanden und missbraucht werden". Dem lässt sich entgegenhalten, dass jede (geschriebene wie ungeschriebene) Rechtsnorm missverstanden oder falsch bzw. unzweckmäßig interpretiert werden kann. Es liegt an den Grundgesetzinterpreten, Grundrechte sinnvoll, d.h. individual- und gemeinwohlfördernd, auszulegen..

7 *H. Maurer/K.-A. Schwarz,* Staatsrecht I, 7. Aufl., München 2023, § 8 Rn. 6 weisen darauf hin, dass „Sicherheit" nicht bloß die erste, sondern auch die älteste Staatsaufgabe darstellt.

Sicherheit" hier auf sich beruhen. Selbst wenn man ein solches Grundrecht anerkennen wollte, bliebe es, von wenigen Ausnahmen abgesehen, dem Staat überlassen, wie er Sicherheit herstellen möchte.[8]

Dagegen ist unstrittig, dass sich zentrale strafrechtsdogmatische Grundsätze, etwa das Gesetzlichkeitsprinzip, das Schuldprinzip und das ultima-ratio-Prinzip, unmittelbar oder jedenfalls mittelbar aus dem Grundgesetz herleiten lassen, wobei teilweise auf das Rechtsstaatsprinzip, teilweise auf die Menschenwürdegarantie verwiesen wird.[9] Gerade im Strafverfahrensrecht sind die grundgesetzlichen Vorgaben in Theorie und Praxis omnipräsent. Die Menschenwürdegarantie, Art. 1 Abs. 1 GG, prägt heute das gesamte Strafverfahren, und zwar zu Recht, denn das Strafverfahren ist ein Tätigkeitsbereich, in dem der Staat direkt und sehr weitgehend in die Interessen- und Rechtssphäre Einzelner eingreifen kann.

II. Eigenständige Tradition des Individualschutzes im Strafrecht

Es ist allerdings bemerkenswert, dass fast alle erwähnten Grundsätze und Prinzipien bereits vor Erlass des Grundgesetzes in der deutschen Strafrechtsdogmatik bekannt und überwiegend auch anerkannt waren. Die Geschichte der Leitgedanken des heutigen Strafrechts reicht mindestens bis in die Aufklärung zurück.[10] Eine Art Initialzündung für die Herausbildung rechtsstaatlicher Prinzipien im Strafrecht und seiner Anwendung bildete der „Fall Jean Calas" Anfang der sechziger Jahre des 18. Jahrhunderts, der nach dem Eingreifen Voltaires und seinen Attacken gegen die überkommene Strafjustiz zum Ausgangspunkt einer europaweiten Reformbewegung wurde.[11] Das bis heute berühmteste Werk zur Strafrechtsreform, Beccarias

8 *Isensee*, Sicherheit (Fn. 5), S. 38 ff.

9 *Weigend* (Fn. 1), Einleitung Rn. 14 f.; zur Bedeutung des Verhältnismäßigkeitsgrundsatzes für das Strafrecht *J. Kaspar*, Verhältnismäßigkeit und Grundrechtsschutz im Präventionsstrafrecht, Baden-Baden 2014, S. 100 ff., 352 ff. und passim.

10 *Hilgendorf*, Die geistesgeschichtlichen Grundlagen des heutigen Strafrechts in der Aufklärung, in: ders. et al. (Hrsg.), Handbuch des Strafrechts. Bd. 1 (Fn. 4), § 6.

11 *E. Hilgendorf*, Gesetzlichkeit als Instrument der Freiheitssicherung: Zur Grundlegung des Gesetzlichkeitsprinzips in der französischen Aufklärungsphilosophie und bei Beccaria, in: H. Kudlich/J. P. Montiel/J. C. Schuhr (Hrsg.), Gesetzlichkeit und Strafrecht, Berlin 2012, S. 17.

1764 erschienenes Werk „Von den Verbrechen und den Strafen", fasst die Forderungen der Aufklärung an das Strafrecht zusammen.[12]

Feuerbach, der Begründer der deutschen Strafrechtswissenschaft, formulierte unter dem Eindruck dieser Forderungen schon zu Beginn des 19. Jahrhunderts den zentralen Grundsatz jedes rechtsstaatlichen Strafrechts: „Nullum crimen, nulla poena sine lege".[13] Das damit umschriebene Gesetzlichkeitsprinzip enthält vier Forderungen: Strafe muss auf geschriebenen Gesetzen beruhen, also nicht etwa nur auf Gewohnheitsrecht oder gar auf richterlicher Willkür; die Strafbarkeit muss vor der Tat gesetzlich festgelegt gewesen sein, darf also nicht rückwirkend verhängt werden, drittens müssen die Voraussetzungen der Strafbarkeit im Gesetz so klar gefasst sein, dass sich Bürgerinnen und Bürger ein Bild davon machen können, was ihnen bei Strafe verboten ist und viertens ist eine analoge Anwendung von Strafgesetzen über ihren Wortlaut hinaus nicht zulässig.[14]

Ein knappes Jahrhundert später erklärte Franz von Liszt, den man als den zweiten Begründer der deutschen Strafrechtswissenschaft ansehen kann, dass das Strafgesetz immer auch als eine Art „Magna Charta" des Verbrechers zu verstehen sei.[15] Das Gesetz lege einerseits die Voraussetzungen für Strafbarkeit fest, regele damit aber zugleich, was nicht strafbar ist, und definiere so die Reichweite bürgerlicher Freiheiten. In unserem Zusammenhang besonders bemerkenswert ist von Liszts leitsatzartig formulierte Aussage, Strafe und Recht seien um der Menschen willen da,[16] ein Diktum, welches die berühmte Formulierung in Art. 1 Abs. 1 des Herrenchiemseer Grundgesetz-Entwurfs (1948) vorwegnimmt.

Das Grundgesetz enthält freilich durchaus auch Neuerungen für das Strafrecht. Damit sind in erster Linie die explizit festgelegten Grundrechte gemeint, die den Staat auch und gerade bei der Anwendung von Strafrecht binden. Besonders wichtig ist die Garantie der Menschenwürde in Art. 1 GG, die nicht bloß als Abwehrrecht, sondern auch als Leistungsrecht ausge-

12 *C. Beccaria,* Über Verbrechen und Strafen. Nach der Ausgabe von 1766 übersetzt und herausgegeben von Wilhelm Alff, Frankfurt a. M. 1988.

13 *P. J. A. Ri. v. Feuerbach,* Lehrbuch des gemeinen in Deutschland gültigen Peinlichen Rechts, Gießen 1801, § 24.

14 *Weigend* (Fn. 1), Einleitung Rn. 14.

15 *F. v. Liszt,* Über den Einfluss der soziologischen und anthropologischen Forschungen auf die Grundbegriffe des Strafrechts, in: ders. (Hrsg.), Strafrechtliche Vorträge und Aufsätze. Band 2: 1892 bis 1904, Berlin 1905, S. 80.

16 So schon in der ersten Auflage seines berühmten Lehrbuchs Das deutsche Reichsstrafrecht, Berlin/Leipzig 1881, S. 2.

staltet ist und vor allem das Strafverfahren und den Strafvollzug prägt.[17] Aber selbst die Grundrechte und die Menschenwürdegarantie haben Vorläufer in der Strafrechtsphilosophie und Strafrechtsreformdiskussion der Aufklärung. Für die Grundrechte als positivierte Menschenrechte liegt dies auf der Hand. Als Vorläufer der Menschenwürdegarantie im Strafverfahren lässt sich in gewisser Weise der Grundsatz der Humanität ansehen, ein Topos, der unmittelbar den Texten der Strafrechtsaufklärer entstammt und der immer wieder als Messlatte für Rechtsreformen im Straf- und vor allem Strafverfahrensrecht eingesetzt wurde.[18]

Schon damit wird deutlich, dass zentrale verfassungsrechtliche Gewährleistungen für das Strafrecht nicht erst durch das Grundgesetz eingeführt wurden, sondern schon seit der Aufklärung zu den Kernforderungen der politischen Philosophie und Strafrechtstheorie in Europa gehörten. Sie waren nicht unumstritten, und auch ihre praktische Umsetzung war oft defizitär, dennoch wurden sie jedenfalls in der Theorie hochgehalten und verteidigt. Das Grundgesetz hat diese Prinzipien aufgegriffen, teilweise ausdifferenziert und in Verfassungsrang erhoben, aber nicht neu geschaffen. Die Strafrechtsdogmatik ging deshalb der Grundrechtsdogmatik bei der Ausarbeitung und Interpretation rechtsstaatlicher Grundsätze für das Strafrecht voraus.

Dies dürfte der Hauptgrund dafür sein, dass gerade in den 50er Jahren,[19] aber auch noch in der 60er und 70er Jahren und in einigen Diskussionsfel-

---

17 Eine unmittelbare Ausprägung der Menschenwürdegarantie im Strafverfahren ist das Verbot der Folter und der anderen in § 136a StPO genannten Vernehmungsmethoden.

18 *F. Valjavec,* Geschichte der Abendländischen Aufklärung, Wien/München 1961, S. 297: „Es gibt kaum eine Bestimmung des geltenden Rechts, die von den ‚Philosophen' nicht daraufhin geprüft worden wäre, ob sie den Geboten der Menschlichkeit und des Verstandes entspreche"; vgl. auch ebenda, S. 300 f.

19 Eine sehr bemerkenswerte Verknüpfung gelingt *W. Sax,* Grundsätze der Strafrechtspflege, in: K. A. Bettermann/H. C. Nipperdey/U. Scheuner (Hrsg.), Die Grundrechte. Handbuch der Theorie und Praxis der Grundrechte. Bd. 3, 2. Hbbd., Berlin 1959, S. 909, der die Unterordnung des StGB unter die neue Verfassung betont (besonders deutlich S. 910: StGB als „Ausführungsgesetz" zum GG, vgl. auch unten Fn. 22), und die tradierten strafrechtswissenschaftlichen Inhalte den neuen Verfassungsvorgaben zuordnet. Zu den ersten Arbeiten, die eine stärkere Orientierung des Strafrechts am Grundgesetz einfordern, gehören *A. Hamann,* Grundgesetz und Strafgesetzgebung, Neuwied 1963, und (für das Sanktionenrecht) *W. Stree,* Deliktsfolgen und Grundgesetz: zur Verfassungsmäßigkeit der Strafen und sonstigen strafrechtlichen Maßnahmen, Tübingen 1960. Die Tendenz einer umfassenden Konstitutionalisierung des Strafrechts beginnt in der Strafrechtswissenschaft mit *K. Tiedemann,* Verfassungsrecht und Strafrecht, Heidelberg 1991, *P. Lewisch,* Verfassung und Strafrecht. Ver-

dern sogar bis heute in der Strafrechtsdogmatik die Vorstellung einer eigenständigen Rechtsstaatstradition hochgehalten wird.[20] Ein Beispiel hierfür ist die Rechtsgutstheorie, über die gleich noch zu sprechen sein wird.[21] Uneingeschränkt akzeptiert wurde die Orientierung an der neuen Verfassung dagegen schon in den 50er Jahren im Strafverfahrensrecht.[22] Die relative Eigenständigkeit der rechtsstaatlichen Tradition im deutschen Strafrecht machte es u.a. möglich, dass die deutsche Strafrechtsdogmatik heute mit dem Ziel der Rechtsstaatssicherung weit über die Grenzen Deutschlands hinaus weltweit rezipiert wird, und zwar auch in Ländern, für die eine Rezeption der deutschen Verfassungsordnung keineswegs in Frage kommt.[23]

III. Strafrechtspflege und übergesetzliches Recht nach 1945

Ein zweiter Grund für die Zurückhaltung der Strafrechtsdogmatik gegenüber den neuen verfassungsrechtlichen Vorgaben nach 1949 liegt wohl darin, dass die Fälle mit Bezug zu „höherem Recht", die den Strafgerich-

---

fassungsrechtliche Schranken der Strafgesetzgebung, Wien 1993 und *O. Lagodny*, Strafrecht vor den Schranken der Grundrechte, Tübingen 1996; siehe auch *I. Appel*, Verfassung und Strafe. Zu den verfassungsrechtlichen Grenzen staatlichen Strafens, Berlin 1998.

20 Sehr deutlich wird die Skepsis gegenüber dem Verfassungsrecht etwa bei Luis Greco: „Die Beschäftigung mit dem Verfassungsrecht ist für den Strafrechtler überwiegend nicht nur von eher sekundärer Bedeutung. Vielmehr kann die im Vordringen befindliche Überbetonung des Verfassungsrechts sogar schädlich sein." (Verfassungskonformes oder legitimes Strafrecht? Zu den Grenzen einer verfassungsrechtlichen Orientierung der Strafrechtswissenschaft, in: B. Brunhöber, K. Höffler, J. Kaspar, T. Reinbacher, M. Vormbaum (Hrsg.), Strafrecht und Verfassung. 2. Symposium Junger Strafrechtlerinnen und Strafrechtler Berlin 2012, Baden-Baden 2013, S. 13 (14)).

21 Siehe unten IV. 2.

22 Unmissverständlich formulierte Eberhard Schmidt bereits im Jahr 1952: „Die verfassungsmäßigen Grundrechte sind für die Wiederherstellung eines einheitlichen, rechtsstaatlichen Gerichtsverfassungs- und Strafverfahrensrechtes von maßgebender Bedeutung gewesen und müssen auch bei der Anwendung und Auslegung der Sätze des Strafverfahrensrechtes ständig beachtet werden. [...] In politisch besonders wichtigen Beziehungen, insbesondere bezüglich der Frage, inwieweit im Interesse der Verbrechensbekämpfung staatliche Behörden in die Rechtssphäre des Einzelnen eingreifen dürfen, ist die Strafprozeßordnung nichts anderes als ein Ausführungsgesetz zum Bonner Grundgesetz" (Lehrkommentar zur Strafprozessordnung und zum Gerichtsverfassungsgesetz. Teil 1, Göttingen 1952, Rn. 279).

23 *Hilgendorf*, Die deutsche Strafrechtswissenschaft, in: ders. et. al. (Hrsg.), Handbuch des Strafrechts. Bd. 1 (Fn. 4), § 18 Rn. 5 f.

ten nach 1945 besonderes Kopfzerbrechen bereiteten, mit Hilfe der neuen deutschen Verfassung nicht zu lösen waren. Gemeint sind vor allem die Konstellationen, in denen im „Dritten Reich" Menschen mit politischem Hintergrund von Privatpersonen denunziert und dann von den Machthabern u.U. eingekerkert oder getötet worden waren, oder Fälle, in denen Richter Unrechts-Urteile gesprochen hatten, die weder nach den Standards von „vor 1933" noch nach denen von „nach 1945" akzeptabel erschienen, etwa Verurteilungen zur Todesstrafe wegen „Rassenschande" oder trivialen Beleidigungen der politischen Führung.[24] In beiden Fallgruppen, der Denunziation und der Anwendung von als krasses Unrecht empfundenem NS-Recht, hatten sich die Täter im Einklang mit den zur Tatzeit geltenden Rechtsnormen verhalten. Konnte das, was noch vor einigen Jahren Recht war, jetzt Unrecht sein? Die Frage ließ sich nicht ohne Weiteres mit Rekurs auf die neue Verfassung beantworten, die ja zur Tatzeit noch nicht gegolten hatte.

Angesichts dieses Dilemmas griffen Strafrechtswissenschaft und Strafrechtspraxis über die neue Verfassung hinaus in den Bereich überpositiven Rechts.[25] Dies geschah oft mit einem schlechten Gewissen, weil der Rekurs auf angeblich überpositives Recht schon im „Dritten Reich" bei der „Flexibilisierung" des überkommenen Gesetzesstoffs aus der Weimarer Zeit eine ungute Rolle gespielt hatte.[26] Die „Renaissance des Naturrechts"[27] blieb deshalb eine Episode. Durchgesetzt hat sich stattdessen Radbruchs mini-

24 Zum NS-Strafrecht siehe *K. Ambos,* Nationalsozialistisches Strafrecht. Kontinuität und Radikalisierung, Baden-Baden 2019; zahlreiche Materialien und Hinweise auf Fälle finden sich in: Bundesministerium der Justiz (Hrsg.), Im Namen des Deutschen Volkes. Justiz und Nationalsozialismus. Katalog zur Ausstellung des Bundesministers der Justiz, 5. Aufl., Bielefeld 1998.

25 Darunter sollen hier nicht bloß philosophisch hergeleitete Rechtsgrundsätze verstanden werden, sondern auch historisch fundierte Rechtsgewohnheiten und Rechtsprinzipien, vgl. *E. Hilgendorf* in: G. Cirener/H. Radtke/R. Rissing-van Saan/T. Rönnau/W. Schluckbier (Hrsg.), Leipziger Kommentar zum Strafgesetzbuch, Bd. 19, 13. Aufl., Berlin/Boston 2024, § 339 Rn. 58 f.

26 *B. Rüthers,* Wir denken die Rechtsbegriffe um … . Weltanschauung als Auslegungsprinzip, Zürich 1987; grundlegend *ders.,* Die unbegrenzte Auslegung. Zum Wandel der Privatrechtsordnung im Nationalsozialismus, 8. Aufl., Tübingen 2017.

27 *H. D. Schelauske,* Naturrechtsdiskussion in Deutschland, Köln 1968, S. 22 ff.; *W. Hassemer,* Strafrechtswissenschaft in der Bundesrepublik Deutschland, in: D. Simon (Hrsg.), Rechtswissenschaft in der Bonner Republik, Frankfurt a. M. 1994, S. 259 (263 ff.); siehe auch *E. Hilgendorf,* Rechtsphilosophie zwischen 1860 und 1960, in: ders./J. C. Joerden (Hrsg.), Handbuch der Rechtsphilosophie, 2. Aufl., Berlin 2021, S. 165 (171 f.).

malistische, Gesetzesbindung und damit Rechtssicherheit als Grundregel bewahrende Formel, dass selbst Gesetze aus der Nazi-Zeit nur dann nicht gelten sollten, wenn sie als absolut „unerträglich“ empfunden werden:

> „Der Konflikt zwischen der Gerechtigkeit und der Rechtssicherheit dürfte dahin zu lösen sein, daß das positive, durch Satzung und Macht gesicherte Recht auch dann den Vorrang hat, wenn es inhaltlich ungerecht und unzweckmäßig ist, es sei denn, daß der Widerspruch des positiven Gesetzes zur Gerechtigkeit ein so unerträgliches Maß erreicht, daß das Gesetz als ‚unrichtiges Recht‘ der Gerechtigkeit zu weichen hat. Es ist unmöglich, eine schärfere Linie zu ziehen zwischen den Fällen des gesetzlichen Unrechts und den trotz unrichtigen Inhalts dennoch geltenden Gesetzen; eine andere Grenzziehung aber kann mit aller Schärfe vorgenommen werden: wo Gerechtigkeit nicht einmal erstrebt wird, wo die Gleichheit, die den Kern der Gerechtigkeit ausmacht, bei der Setzung positiven Rechts bewußt verleugnet wurde, da ist das Gesetz nicht etwa nur ‚unrichtiges‘ Recht, vielmehr entbehrt es überhaupt der Rechtsnatur. Denn man kann Recht, auch positives Recht, gar nicht anders definieren als eine Ordnung und Satzung, die ihrem Sinne nach bestimmt ist, der Gerechtigkeit zu dienen.“[28]

Die Rechtsprechung schloss sich diesem Gedanken an. So heißt es in einer frühen Entscheidung des Bundesverfassungsgerichts zur Ausbürgerung eines Juden:

> „Nationalsozialistischen ‚Rechts‘vorschriften kann die Geltung als Recht abgesprochen werden, wenn sie fundamentalen Prinzipien der Gerechtigkeit so evident widersprechen, daß der Richter, der sie anwenden oder ihre Rechtsfolgen anerkennen wollte, Unrecht statt Recht sprechen würde.“[29]

Es ist hier nicht der Ort, die Vor- und Nachteile der Radbruch-Formel näher herauszustellen.[30] Die alte rechtsstaatliche Tradition des deutschen

---

28 *G. Radbruch,* Gesetzliches Unrecht und übergesetzliches Recht, SJZ 1946, 105 (107). Hier zitiert nach *W. Hassemer* (Bearb.), Gustav-Radbruch-Gesamtausgabe. Band 3: Rechtsphilosophie III, Heidelberg 1990, S. 89.

29 BVerfGE 23, 98.

30 Aus dem reichhaltigen Schrifttum siehe etwa *G. Carlizzi,* Die rechtsphilosophischen Grundlagen der „Doppelten Radbruch-Formel“, in: T. Vormbaum (Hrsg.), Juristische Zeitgeschichte. Jahrbuch der Juristischen Zeitgeschichte. Band 19, Berlin/Boston 2018, S. 255; *H. Dreier,* Gustav Radbruch und die Mauerschützen, JZ 1997, 421;

Strafrechts einerseits und das nach 1945 deutlich werdende Erfordernis einer über die Verfassung hinausreichenden normativen Orientierung andererseits können aber vielleicht helfen zu verstehen, warum Strafrechtswissenschaft und Strafrechtspraxis die neuen verfassungsrechtlichen Vorgaben nach 1949 zwar begrüßt und respektiert haben, aber trotzdem in vielen Urteilen, Lehrbüchern und Aufsätzen ältere Begründungsmodelle und Argumentationsmuster nach wie vor eine erhebliche Rolle spielten und z.T. heute noch spielen.

IV. Konfliktzonen

Es liegt auf der Hand, dass die skizzierte Gemengelage zwischen älteren strafrechtlichen Grundsätzen und ihrer neuen verfassungsrechtlichen Positivierung im Grundgesetz mitsamt der Aufnahme von auch und gerade für das Strafrecht und seiner Anwendung wichtigen neuen Grundrechten in die Verfassung konfliktträchtig ist. Daher ist es besonders bemerkenswert, dass Strafrechtsdogmatik und die Dogmatik des Verfassungsrechts in den 75 Jahren seit Inkrafttreten des Grundgesetzes im Großen und Ganzen sehr gut miteinander ausgekommen sind.[31] In der Strafrechtsdogmatik wird der Vorrang des Grundgesetzes heute allgemein anerkannt, umgekehrt werden in der Dogmatik des Verfassungsrechts einschließlich der Rechtsprechung des Bundesverfassungsgerichts und der anderen Verfassungsgerichte eine gewisse Eigenständigkeit des Strafrechts und der Strafrechtsdogmatik nach wie vor respektiert.[32]

Dennoch gab und gibt es Konfliktzonen, in denen die skizzierten unterschiedlichen Rechtstraditionen aufeinanderstoßen. Dies ist durchaus positiv zu werten, denn Konflikte bieten die Möglichkeit, etablierte, möglicherweise gar nicht mehr kritisch reflektierte Gewohnheiten und Traditionen

---

Hilgendorf, Strafrecht im Kontext der Normordnungen, in: ders. et al. (Hrsg.), Handbuch des Strafrechts. Bd. 1 (Fn. 4), § 1 Rn. 36 ff.

31 Als (seltenes) Beispiel für Widerstand des BGH (in Strafsachen) gegenüber dem BVerfG dürfte wohl die „Zweite-Reihe-Rechtsprechung" zur Nötigung bei Straßenblockaden zu werten sein, mit der BGHSt 41, 182 die vom BVerfGE 92, 1 geforderte Abkehr von der älteren BGH-Rechtsprechung konterte.

32 Ein jüngeres Urteil, welches auf das Strafrecht, hier: das Strafrecht der Sterbehilfe, erheblichen Einfluss hatte, ist BVerfGE 153, 182 (Nichtigerklärung des § 217 StGB a.F.). Auch hier wurden jedoch strafrechtsdogmatische Prinzipien nicht verletzt. Anders die Entscheidung zur Triage BVerfGE 160, 79, dazu *E. Hilgendorf,* Anmerkung zum Beschluss des BVerfG v. 16.12.2021, JZ 2022, 153.

zu hinterfragen und auf ihre Tragfähigkeit zu überprüfen. Kritik und die Auseinandersetzung damit sind ein wichtiger Motor für Innovation. Ich möchte im Folgenden drei solcher Konfliktzonen zwischen Strafrecht und Grundgesetz, zwischen Strafrechtsdogmatik und der Wissenschaft vom Verfassungsrecht in der gebotenen Kürze etwas näher beleuchten, zum einen die Art der juristischen Argumentation und damit den Stil der Dogmatik, zweitens die Rechtsgutstheorie und ihr Verhältnis zu den Vorgaben der Verfassung und drittens das Spannungsfeld von Meinungsfreiheit und Persönlichkeitsrechtschutz.

1. Stil der Argumentation und Methodenlehre

Wie bereits erwähnt, steht die Formulierung des Gesetzlichkeitsprinzips durch Feuerbach am Beginn der Entwicklung des modernen Strafrechts.[33] Eine strikte Bindung der Strafjustiz an (schriftlich fixierte) Gesetze ist auch heute noch ein Ziel, das die Strafrechtsreformen in vielen Ländern antreibt, beispielsweise in China oder der Türkei. Dem Gesetzlichkeitsprinzip korrespondiert in der Strafrechtsdogmatik eine Neigung zu einer strukturierten, dogmatisch klaren und präzisen Argumentation, die Transparenz schafft und damit eine strikte Kontrolle grundrechtssensitiver juristischer Begründungszusammenhänge – und dazu gehören auch und gerade Strafurteile – ermöglicht. Mit ihrer Lehre vom Verbrechensaufbau und ihrer präzisen, systematisch aufgebauten Argumentation ist die deutsche Strafrechtsdogmatik zu einem weltweiten Exportschlager geworden.[34] Zentral dabei ist die Trennung von Gesetz und politischen Wünschen: Strafbarkeit ergibt sich nur aus dem Strafgesetz und nicht aus politischen Vorstellungen des Richters oder gar der jeweiligen Machthaber, sofern diese Vorstellungen nicht im Wortlaut des Gesetzes ihren Niederschlag gefunden haben.

Dagegen hat sich die juristische Argumentation im Verfassungsrecht teilweise vom Wortlaut des Grundgesetzes deutlich entfernt. Das gilt vor allem für die Interpretation der Grundrechte, wo das „Abwägen“ von Grundrechtspositionen die Orientierung am Wortlaut in den Hintergrund

33 Siehe oben II.

34 *E. Hilgendorf,* Die internationale Strafrechtswissenschaft, in: ders./H. Schulze-Fielitz (Hrsg.), Selbstreflexion der Rechtswissenschaft, 2. Aufl., Tübingen 2021, S. 153.

gedrängt hat,[35] wobei, diese Bemerkung sei einem einfachen Strafrechtler erlaubt, die Logik des Abwägens keineswegs als geklärt gelten kann.[36] Dadurch wird Eigenwertungen des Grundrechtsinterpreten ein erheblicher Einfluss auf das Interpretationsergebnis zugestanden. Dies ist keineswegs despektierlich gemeint: Die Vorteile dieser Praxis sind Flexibilität, allgemeine Verständlichkeit, Nähe zum politischen Zeitgeist und Akzeptanz in der Bevölkerung, also Gesichtspunkte, die vor allem für ein Bundesverfassungsgericht von großer Bedeutung sind. Zu den Nachteilen gehört allerdings die Inthronisierung von demokratisch nur unzulänglich legitimierten Richterinnen und Richtern als Quasi-Gesetzgeber und gelegentlich auch die Vernachlässigung argumentativer Stringenz.[37] In der grundrechtsdogmatischen Literatur ist der „Kult der Abwägung“ weniger stark ausgeprägt.[38]

Es ist in diesem Zusammenhang bemerkenswert, dass die spezifische Form höchstrichterlichen Argumentierens im Bereich der Grundrechte bislang nicht in andere Bereichen der Grundgesetzinterpretation übernommen wurde, etwa in die Interpretation der Kompetenzvorschriften bei der Gesetzgebung. Auch im Verwaltungsrecht wird nach wie vor wortlautorientiert und „dogmatisch“ argumentiert, und zwar zu Recht, denn die Unterscheidung von Gesetzgebung und Gesetzesinterpretation gehört zu den Kernelementen des Gewaltenteilungsprinzips. Für die Strafrechtsdogmatik tritt das Erfordernis hinzu, so klar und transparent zu argumentieren, dass die Legitimation von Strafe im konkreten Fall nicht bloß überzeugend dargelegt wird, sondern auch im Detail überprüfbar ist. Strafrechtsdogmatik ist damit ein zentrales Instrument der Freiheitssicherung.[39]

Es ist deshalb verfehlt, auf „bloße Dogmatik“ herabzuschauen und den Wortlaut des Gesetzes allzu bereitwillig gegenüber politischen Erwägungen

---

35 Diese Tendenz scheint allerdings in den letzten Jahren zunehmend durch die Entwicklung von „Prüfprogrammen“ aufgefangen zu werden, also Heuristiken, die helfen, relevante Gesichtspunkte systematisch abzuarbeiten.

36 *E. Hilgendorf,* Legal Logic, in: M. Knauff/W. Spohn (eds.), The Handbook of Rationality, Cambridge, MA 2021, S. 659.

37 Allgemein zur Stellung des BVerfG in der deutschen Staats- und Rechtsordnung *M. Jestaedt/O. Lepsius/C. Möllers/ C. Schönberger,* Das entgrenzte Gericht. Eine kritische Bilanz nach 60 Jahren Bundesverfassungsgericht, Berlin 2011.

38 Ein hervorragendes jüngeres Beispiel für einen stringent argumentierenden Text ist *D. Kuch,* Freiheitsentziehung. Eine Reinterpretation der Freiheit der Person (Art. 2 Abs. 2 S. 2, 104 GG) unter besonderer Berücksichtigung präventiver Haft- und Unterbringungsformen, Tübingen 2023.

39 *Hilgendorf,* Gesetzlichkeit (Fn. 11), S. 17.

zu öffnen. Man könnte von einer Auflösung der Rechtsdogmatik in politische Rhetorik sprechen. Derartige Tendenzen stehen in einem deutlichen Spannungsverhältnis zu rechtstaatlichen Grundsätzen der Strafrechtsdogmatik. Ganz deutlich wurde dies in den dreißiger Jahren, als Carl Schmitt das überkommene, rechtsstaatlich orientierte und auf den Gesetzeswortlaut hin orientierte Strafrecht als Ausdruck eines überholten Positivismus und Liberalismus angriff und stattdessen ein politisches, auf den Nationalsozialismus hin ausgerichtetes Strafrecht[40] forderte:

> „Wir suchen", so formulierte Schmitt, „eine Bindung, die zuverlässiger, lebendiger und tiefer ist als die trügerische Bindung an die verdrehbaren Buchstaben von tausend Gesetzesparagraphen." Er fand sie im Rassegedanken: „Wo anders könnte sie [die geforderte neue Bindung, E.H.] liegen als in uns selbst und unserer eigenen Art? Auch hier, angesichts des untrennbaren Zusammenhangs von Gesetzesbindung, Beamtentum und richterlicher Unabhängigkeit, münden alle Fragen und Antworten in dem Erfordernis einer Artgleichheit, ohne die ein totaler Führerstaat nicht einen Tag bestehen kann."[41]

Auch die Unabhängigkeit der Justiz schien Schmitt überholt:

> „Der Führer", so formulierte er nach dem Röhm-Putsch „schützt das Recht vor dem schlimmsten Missbrauch, wenn er im Augenblick der Gefahr kraft seines Führerturms als oberster Gerichtsherr unmittelbar Recht schafft [...]. Der wahre Führer ist immer auch Richter. Aus dem Führertum fließt das Richtertum. Wer beides voneinander trennen oder gar entgegensetzen will, macht den Richter entweder zum Gegenführer oder zum Werkzeug eines Gegenführers und sucht den Staat mit Hilfe der Justiz aus den Angeln zu heben [...]. In Wahrheit war die Tat des Führers echte Gerichtsbarkeit. Sie untersteht nicht der Justiz, sondern war selbst höchste Justiz".[42]

---

40 Ähnlich *F. Schaffstein*, Politische Strafrechtswissenschaft, Hamburg 1934, S. 24: „Gesetz ist, was der Führer befiehlt". Siehe auch die „klassische" Zusammenstellung bei *I. Staff*, Justiz im Dritten Reich. Eine Dokumentation, Frankfurt a. M. 1964.

41 *C. Schmitt*, Staat, Bewegung, Volk. Die Dreigliederung der politischen Einheit (1933), hier zitiert nach *ders.*, Gesammelte Schriften 1933 – 1936 mit ergänzenden Beiträgen aus der Zeit des Zweiten Weltkriegs, Berlin 2021, S. 76 (115).

42 *C. Schmitt*, Der Führer schützt das Recht. Zur Reichstagsrede Adolf Hitlers vom 13. Juli 1934, Deutsche Juristen-Zeitung 1934, 945, hier zitiert nach *Schmitt*, Gesammelte Schriften 1933 – 1936 (Fn. 41), S. 200 (201).

Praktisch verwirklicht wurde das neue Verständnis von Strafrecht und seiner Anwendung in den Prozessen vor dem Volksgerichtshof. Man kann eine direkte Linie zwischen Carl Schmitt und Roland Freisler ziehen: Was Carl Schmitt als Kronjurist des Dritten Reiches legitimierte und forderte, hat Freisler als Vollstrecker umgesetzt. Beide sind Brüder im Geiste.[43] Freislers Biograf Stefan Ortner nennt Freisler einen „Mörder im Dienste Hitlers"[44] und greift damit auf eine Bezeichnung zurück, die schon Voltaire in seinem Kampf gegen die voraufklärerischen, willkürlichen und inhumanen Strafrichter seiner Zeit verwendet hatte.[45] Es gibt niemanden, der eine Rückkehr zur Praxis des Volksgerichtshofs fordert. Der Blick zurück verdeutlicht aber bis heute, wohin eine sich „progressiv" gebende Politisierung von Strafjustiz und ihre Auflösung in Rhetorik führen kann. Eine nüchterne, sachliche und transparente Strafrechtsdogmatik, so lässt sich das Gesagte zusammenfassen, ist weder trivial noch überholt, sondern nach wie vor ein wichtiges und sogar unverzichtbares Instrument der Freiheitssicherung.

2. Die Rechtsgutstheorie im Lichte der Verfassungsdogmatik

Nicht alle überkommenen strafrechtlichen und strafrechtswissenschaftlichen Festlegungen aus der Zeit vor Inkrafttreten des Grundgesetzes lassen sich so leicht verteidigen wie das Gesetzlichkeitsprinzip und der Wert von Dogmatik im Strafrecht. Ein Beispiel für eine Lehre, die meines Erachtens im Lichte der Verfassung modifiziert werden sollte, ist die Vorstellung, dem Strafgesetzgeber seien jenseits der Grundrechte bestimmte „Güter", also allgemein anerkannte Werte, als Rechtsgüter, die strafrechtlichen Schutz verdienen, vorgegeben.

---

43 Es wäre reizvoll, einmal die persönlichen Beziehungen zwischen den beiden Handlangern des „Dritten Reiches" herauszuarbeiten, vgl. dazu einstweilen *R. Mehring,* Carl Schmitt. Aufstieg und Fall. Eine Biographie, München 2009, S. 343, 350, 367, 398. Zu Schmitt auch *B. Rüthers,* Carl Schmitt im Dritten Reich. Wissenschaft als Zeitgeist-Verstärkung?, 2. Aufl., München 1990.

44 So schon im Titel des oben Fn. 2 zitierten Werkes.

45 Siehe oben II. mit *Hilgendorf,* Gesetzlichkeit (Fn. 11), S. 17.

Dabei ist die Zielsetzung der tradierten strafrechtsdogmatischen Rechtsgüterlehre[46] durchaus respektabel: Es geht darum, den ultima-ratio-Grundsatz dadurch zu stärken, dass man „echten Rechtsgüterschutz" von einem nicht hinlänglich legitimierbaren Einsatz des Strafrechts abgrenzt. Noch in den siebziger und frühen achtziger Jahren des letzten Jahrhunderts wurde unter der Flagge einer so verstandenen Rechtsgüterlehre das überkommene Sexualstrafrecht umgestaltet. Strafrecht, so hieß es (und heißt es teilweise noch heute), dürfe nicht zum Schutz von Moral oder „bloßen Gefühlen" eingesetzt werden, sondern nur zum Schutz „echter" Rechtsgüter, die, so hieß es, bei vielen Regeln des überkommenen Sexualstrafrechts fehlten.[47]

Die Verwendung des Rechtsgutskonzepts im Sinne von dem Gesetzgeber vorgegebenen Werten oder gar einem an Platons Ideenlehre erinnernden „Rechtsgüterhimmel" kann allerdings schwerlich überzeugen, es sei denn, man möchte die traditionelle Lehre vom Naturrecht wiederbeleben. Werte entstehen auf der Grundlage menschlicher Interessen und Bewertungen.[48] Wenn der Gesetzgeber derartige Werte gesetzlich fixiert, transformiert er sie zu Rechtsgütern. Ein Wert wird also zu einem strafrechtlichen Rechtsgut, wenn der Gesetzgeber entscheidet, den Wert bzw. das dahinter stehende Interesse mit den Mitteln des Strafrechts zu schützen. Natürlich besitzen Rechtsgüter, wenn sie einmal vom Gesetzgeber etabliert sind, durchaus wichtige Funktionen, etwa bei der Interpretation der auf sie ausgerichteten Strafrechtsnormen, der systematischen Darstellung des „Besonderen Teils" und auch in der Strafrechtsdidaktik. Die Vorstellung einer Bindung des Gesetzgebers an vorgegebene Rechtsgüter erscheint jedoch schon aus methodologischen Erwägungen heraus inakzeptabel, denn es ist erst der Gesetzgeber, der gesellschaftliche Interessen zu Rechtsgütern erhebt.[49]

---

46 Differenzierte und aktuelle Darstellung bei *C. Roxin/L. Greco,* Strafrecht Allgemeiner Teil. Bd. I. Grundlagen. Der Aufbau der Verbrechenslehre, 5. Aufl., München 2020, § 2.

47 Eindringlich sprach der spätere Bundesinnenminister Werner Maihofer von „moralischem Dogmatismus" (Die Reform des Besonderen Teils des Strafrechts, in: J. Baumann (Hrsg.), Programm für ein neues Strafgesetzbuch. Der Alternativ-Entwurf der Strafrechtslehrer, Frankfurt a. M. 1968, S. 116 (120)).

48 *E. Hilgendorf,* Werte in Recht und Rechtswissenschaft, in: H. T. Krobath (Hrsg.), Werte in der Begegnung. Wertgrundlagen und Wertperspektiven ausgewählter Lebensbereiche, Würzburg 2011, S. 227 (228 f.).

49 *E. Hilgendorf,* Punitivität und Rechtsgutslehre: Skeptische Anmerkungen zu einigen Leitbegriffen der heutigen Strafrechtstheorie, NK 2010, 125.

Die Grenzen des Strafgesetzgebers ergeben sich stattdessen aus dem Grundgesetz und dem Verhältnismäßigkeitsgrundsatz.[50] Der Strafgesetzgeber greift ein legitimes gesellschaftliches Interesse auf und wählt geeignete und erforderliche Mittel, um diese Interessen zu schützen. Der Einsatz des Strafrechts ist außerdem auf jeden Fall daran zu messen, ob die jeweiligen gesetzgeberischen Ziele mit Strafrecht überhaupt erreicht werden können, ob Strafrecht also ein geeignetes Mittel darstellt. Zu prüfen ist weiter, ob Strafrecht als schärfstes Schwert des Staates erforderlich ist oder ob es vielleicht mildere Mittel gibt, um das gesetzgeberische Ziel zu erreichen. Beides sind im Kern empirisch zu klärende Fragen, was die große, in der Rechtswissenschaft und Gesetzgebungslehre meist vernachlässigte Bedeutung der Realwissenschaften für das Recht verdeutlicht. Hinzu tritt der Gesichtspunkt der Angemessenheit der Regelung, womit unter anderem ihre Vereinbarkeit mit den Wertungen des Grundgesetzes insgesamt zu verstehen ist.[51]

Vor Inkrafttreten des Grundgesetzes machte die Vorstellung einer Begrenzung des Strafgesetzgebers durch die Idee vorgegebener Rechtsgüter Sinn, obwohl sie bereits damals erkenntnistheoretisch problematisch war. Heute ist sie angesichts der grundrechtlichen Vorgaben für den Gesetzgeber jedenfalls als Mittel der Strafrechtsbegrenzung nicht mehr erforderlich.[52]

3. Meinungsfreiheit versus Schutz von Persönlichkeitsrechten

Eine dritte Konfliktzone zwischen Grundgesetz und Strafrecht, zwischen Verfassungslehre und der Strafrechtsdogmatik bildet häufig die Auswirkung von Grundrechten auf bestimmte strafrechtliche Regelungsbereiche, etwa die Bedeutung von Art. 2 Abs. 2 Satz 1 oder sogar Art. 1 GG auf die Regelung des Schwangerschaftsabbruchs oder auf die strafrechtliche Analyse der Sterbehilfe. Der strafgesetzliche Regelungsanspruch droht hier gelegentlich hinter eine mehr oder wenige kühne Interpretation grundrechtlicher Vorgaben zurückzutreten. Im Folgenden soll das Problem am Beispiel der durch

---

50 Statt aller *Lagodny,* Strafrecht vor den Schranken der Grundrechte (Fn. 19), S. 11, 217 ff., 367 ff.; *Appel,* Verfassung und Strafe (Fn. 19), S. 179 ff., 192 ff. und passim.

51 Näher *Hufen,* Staatsrecht II (Fn. 6), § 9 Rn. 23.

52 Dies ist seit der Inzest-Entscheidung des BVerfGE 120, 224 auch in der Strafrechtswissenschaft h.M., vgl. nur *M. Kubiciel,* Mit dem Rücken zur Wirklichkeit. Die Strafrechtswissenschaft in der Berliner Republik, in: T. Duve/S. Rückert (Hrsg.), Rechtswissenschaft in der Berliner Republik, Berlin 2018, S. 358 (374 ff.).

Art. 5 gewährleisteten Meinungsfreiheit im Verhältnis zum überkommenen Beleidigungsstrafrecht, also dem Strafrecht zum Schutz der Ehre, näher ausgeführt werden.

Bereits das Strafgesetzbuch von 1871 enthielt detaillierte Regelungen zum Schutz der Ehre. Diese Bestimmungen blieben auch nach 1945 erhalten, obwohl der Nationalsozialismus das Konzept „Ehre", dessen Bedeutung gegenüber 1871 schon in der Weimarer Zeit zurückgetreten war, massiv missbraucht hatte. So hieß es bekanntlich auf den Koppelschlössern der SS „Meine Ehre heißt Treue".[53] Auf diese Weise versuchte das NS-Regime, die Ehrvorstellungen der Soldaten in Unterstützung für das Regime umzumünzen. Diese und andere Verwendungen des Ehrkonzepts führten dazu, dass der Begriff „Ehre" nach 1945 weitgehend kontaminiert war.[54] Dagegen stand die Meinungsfreiheit als neues kommunikatives Grundrecht hoch im Kurs, galt sie doch als eines der zentralen Grundrechte in der neuen „offenen Gesellschaft" (Popper), die das Grundgesetz schaffen und verteidigen sollte.[55]

In der berühmten Lüth-Entscheidung erklärte das Bundesverfassungsgericht demgemäß, dass das Grundrecht auf freie Meinungsäußerung als unmittelbarster Ausdruck der menschlichen Persönlichkeit in der Gesellschaft „eines der vornehmsten Menschenrechte überhaupt" sei. Für eine freiheitlich-demokratische Grundordnung sei dieses Recht „schlechthin konstitutiv", denn es ermögliche erst die „ständige geistige Auseinandersetzung". Es sei in gewissem Sinn „die Grundlage jeder Freiheit überhaupt."[56] Die Lüth-Entscheidung führte dazu, dass der Schutz der Ehre und anderer Persönlichkeitsrechte bereits in der frühen Bundesrepublik mehr und mehr zurücktrat,[57] obwohl das Grundgesetz in Art. 5 Abs. 2 die Ehre

53 *W. Speitkamp,* Ohrfeige, Duell und Ehrenmord. Eine Geschichte der Ehre, Stuttgart 2010, S. 193. Allgemein zur Bedeutung von „Ehre" im Nationalsozialismus ebenda, S. 187 ff.

54 *Speitkamp,* Ehre (Fn. 53), S. 216.

55 *Hufen,* Staatsrecht II (Fn. 6), § 1 Rn. 17 bezeichnet Karl Popper als einen der „ungenannten Väter" des heutigen Verfassungsdenkens; ähnlich *P. Häberle,* Die offene Gesellschaft der Verfassungsinterpreten, JZ 1975, 297. Siehe auch *K. R. Popper,* Die offene Gesellschaft und ihre Feinde, 2 Bde., Bern 1957-1958.

56 BVerfGE 7, 198 (208).

57 Kritisch z.B. *R. Wendt* in I. v. Münch/P. Kunig, Grundgesetz-Kommentar, Bd. 1, 7. Aufl., München 2021, Art. 5 Rn. 129: „Die Minimierung der Ehrenschutzes, die das BVerfG durch die Aufhebung zahlreicher die Ehre schützender Urteile ordentlicher Gerichte bewirkt hat, führt nicht zu einer Verstärkung des um Sachfragen bemühten offenen Meinungsbildungsprozesses".

ausdrücklich als Schranke der Meinungsfreiheit nennt und dem Persönlichkeitsrechtsschutz damit Verfassungsrang zuschreibt.

Damit folgte die Bundesrepublik Deutschland jedenfalls partiell dem Vorbild der USA, wo die „Freie Rede" seit langem weitgehend unbeschränkt gilt.[58] Ein Beleidigungsstrafrecht in unserem Sinne gibt es in den USA nicht. Prägend für die heutige Rechtslage ist die Entscheidung des Supreme Courts im Fall Brandenburg versus Ohio, worin das Gericht erklärte, Einschränkungen der Meinungsfreiheit seien nur dann zulässig, wenn unmittelbar zu Gewalttätigkeiten aufgerufen werde und diese unmittelbar bevorstünden.[59] Mittlerweile ist allerdings deutlich geworden, dass diese aus Europäischer Sicht extreme Ausweitung von Meinungsfreiheit in den USA zu schwerwiegenden und überaus problematischen Konsequenzen geführt hat. Ein Beispiel sind Persönlichkeitsverletzungen mit rassistischem Hintergrund, die in den USA strafrechtlich kaum erfasst werden können. Ähnliches gilt für massive sexuelle Belästigungen.

In der Folge bildete sich in der US-Amerikanischen Zivilgesellschaft eine Bewegung heraus, welche die „politische Korrektheit" auf ihre Fahnen geschrieben hat und verbale Aggression zu sanktionieren versucht.[60] Es wird gefordert, vor allem Aggression gegenüber ganzen Gruppen durch sogenannte „hate speech" („Hassrede"), entgegenzuwirken. Man kann insoweit durchaus von einem Kompensationsphänomen sprechen, welches dadurch entstanden ist, dass das US-Amerikanische Recht auf massive Verletzungen berechtigter subjektiver Interessen keine zufriedenstellende Antwort gibt. Heute werden gerade in sozialen Netzwerken Zuwiderhandlungen gegen die Regeln „angemessener Rede" scharf sanktioniert, wobei es sich, und hierin liegt eine Besonderheit dieses Phänomens, nicht um rechtliche, sondern um zivilgesellschaftliche Sanktionen handelt.

---

58 Exemplarisch *N. Strossen,* Hate. Why We Should Resist It with Free Speech, Not Censorship, Oxford 2018. Guter Überblick über die angelsächsische Diskussion bei *N. Warburton,* Free Speech. A Very Short Introduction, Oxford 2009, ausf. T. G. Ash, Redefreiheit. Prinzipien für eine vernetzte Welt, München 2016.

59 Im Original: Speech "directed to inciting or producing imminent lawless action and is likely to incite or produce such action," *"Brandenburg v. Ohio" (395 U.S. 444 (1969)).* Die wichtigsten Passagen der Entscheidung sind abgedruckt in: *C. Brettschneider (ed.).* Free Speech, London 2021, S. 49 ff., die skizzierte Textstelle findet sich auf S. 52.

60 Zum Nachfolgenden auch schon *E. Hilgendorf,* Meinungs- und Wissenschaftsfreiheit in der Demokratie, in: M.-S. Lotter (Hrsg.), Probleme der Streitkultur in Demokratie und Wissenschaft, Baden-Baden 2023, S. 21 (27 ff.).

So nachvollziehbar diese Entwicklung aus europäischer Perspektive ist, so wirft sie dennoch schwerwiegende Probleme auf. Die zivilgesellschaftliche Sanktionierung unangemessener Rede in sozialen Netzwerken nach US-Amerikanischem Muster krankt daran, dass es keine verbindlichen Verfahrensstandards für die Verfolgung von Verfehlungen gibt. Außerdem gelten weder das Verhältnismäßigkeitsprinzip noch die Verpflichtung auf Wahrheit. Folge davon ist, dass auch gänzlich Unschuldige in die Mühlen zivilgesellschaftlicher Verfolgungsaktivitäten geraten können. Es fehlen bereits klare Standards für das, was als „unangemessene", nicht mehr von der Meinungsfreiheit gedeckte Äußerung zu gelten hat. In gewisser Weise liegt hierin ein Schritt zurück in der Zeit vor Geltung des Gesetzlichkeitsprinzips. Die Frage nach einer vorwerfbaren Überschreitung der Schranken der Meinungsfreiheit wird mangels hinreichender gesetzlicher Vorgaben von Fall zu Fall im Netz neu ausgehandelt, wobei im Zweifel die hartnäckigsten und radikalsten Stimmen die Oberhand behalten. All dies hat zu einer überaus aggressiven Verfolgungskultur vor allem in den sozialen Netzwerken geführt, die so weit geht, dass sich empfindliche Personen an den Debatten gar nicht mehr beteiligen und ihre Meinung lieber für sich behalten. Man kann hier geradezu von einem „Paradox der Meinungsfreiheit"[61] sprechen: Eine zu weit gefasste Meinungsfreiheit führt dazu, dass die Meinungsfreiheit selbst untergraben wird.

In Europa und zumal in Deutschland zeigen sich heute ähnliche Phänomene.[62] Auch hier hat die Auseinandersetzung in den sozialen Netzwerken teilweise eine enorme Schärfe angenommen. Anders als in den USA hat jedoch in Deutschland auch der Strafgesetzgeber reagiert und das Beleidigungsstrafrecht nachgebessert. Ich erwähne nur die Ausweitung der §§ 185 – 187 StGB auf die Internetbeleidigung, die Klarstellung des Schutzes von Kommunalpolitikern in § 188 StGB und vor allem die Einführung eines neuen Straftatbestandes der verhetzenden Beleidigung in § 192a StGB.[63] Auch das Bundesverfassungsgericht hat seine weite Interpretation der Meinungsfreiheit eingeschränkt und im Mai 2022 mehrere Beschlüsse gefasst,

61 *E. Hilgendorf* in: G. Arzt/U. Weber/B. Heinrich/E. Hilgendorf, Strafrecht Besonderer Teil. Lehrbuch, 4. Aufl., Bielefeld 2021, § 7 Rn. 10b.

62 Vorzügliche Analyse bei *I. v. Münch,* Meinungsfreiheit gegen Political Correctness, Berlin 2017.

63 Zu den Schwächen der Regelung *E. Hilgendorf,* in: G. Cirener/H. Radtke/R. Rissing-van Saan/T. Rönnau/W. Schluckbier (Hrsg.), Leipziger Kommentar zum Strafgesetzbuch. Bd. 10, 13. Aufl., Berlin/Boston 2023, § 192a Rn. 2 ff.

in denen die Bedeutung des Persönlichkeitsrechtsschutzes betont wird.[64] Die Rückstufung der Ehre hinter die Meinungsfreiheit dürfte damit der Vergangenheit angehören.

Die hier nur ganz knapp skizzierte[65] Entwicklung zeigt, dass Verfassungswerte wie „Meinungsfreiheit" und „Ehre" im Laufe der Zeit immer wieder im Lichte neuer Erfahrungen in einen Ausgleich gebracht werden müssen. Dabei wirken Verfassungsrecht und Strafrecht zusammen. Ein wesentlicher Anstoß für die jüngste Fortentwicklung des Äußerungsrechts entstammt der technischen Entwicklung, konkret: der Herausbildung des Internet zu einem von jedermann frei nutzbaren globalen Kommunikationsmedium. Eine umfassende Theorie der Rechtsentwicklung im Strafrecht müsste deshalb nicht bloß die grundgesetzlichen Vorgaben, sondern auch technische und gesellschaftliche Entwicklungen berücksichtigen.

Nur angemerkt sei, dass den nach wie vor bestehenden Bedenken gegenüber der Ehre als Rechtsgut dadurch Genüge getan werden kann, dass man statt von „Ehre" von „basalem Respekt" spricht. Deutet man das Strafrecht der Beleidigung in dieser Weise, so geht es darin um den Schutz eines basalen, jedermann zustehenden Respekts, ein Konzept, welches historisch keineswegs kontaminiert, sondern im Gegenteil hochmodern und gerade bei der Jugend wohl international akzeptanzfähig ist. Inhaltliche Änderungen gegenüber dem Ehrenschutz müssen damit nicht verbunden sein, wobei anzumerken ist, dass das Wort „Ehre" in den §§ 185 ff. StGB (anders als im Grundgesetz in Art. 5 Abs. 1), gar nicht vorkommt, was natürlich ebenfalls (für das Strafrecht) den Wechsel vom „Ehrenschutz" zum „Respektschutz" erheblich erleichtern würde.[66]

---

64 BVerfG NJW 2020, 2622; 2629; 2631; 2636 = JuS 2021, 262 mit Besprechung Hufen; zusammenfassend *ders.*, Staatsrecht II (Fn. 6), § 25 Rn. 36 ff.

65 Zu Vorstehenden auch *E. Hilgendorf*, Strafrecht im Wandel des Zeitgeistes. Zur Entwicklung des „Ehrenschutzes" in der alten Bundesrepublik, in: A. Popp/A. Koch/G. Steinberg (Hrsg.), Strafrecht in der alten Bundesrepublik 1949-1990. Der Besondere Teil des Strafrechts im zeitgeschichtlichen Spiegel von Gesellschaft und Politik, Baden-Baden 2024, S. 195.

66 Dazu ausf. *E. Hilgendorf*, Beleidigung als Respektverletzung, in: E. Hilgendorf/M. T. Oglakcioglu (Hrsg.), Verrohung der Sprache – Verrohung des Strafrechts? (im Erscheinen).

V. Zusammenfassung

Erlauben Sie mir, meine Ausführungen wie folgt zusammenzufassen:

1. Als das Grundgesetz erlassen wurde, war das Strafgesetzbuch von 1871 bereits seit einem dreiviertel Jahrhundert in Kraft. Die Strafrechtsdogmatik entwickelte sich seit Beginn des 19. Jahrhunderts vor der Folie der Strafrechtsreformbewegung der Aufklärung. Dies führte dazu, dass 1949 im Strafrecht bereits eine Vielzahl von Mechanismen enthalten waren, die den Einzelnen vor dem Zugriff des Staates schützen sollten. Die Erfahrung des „Dritten Reichs" führte die überragende Bedeutung der tradierten Prinzipien erneut vor Augen. Dazu gehören etwa das Gesetzlichkeitsprinzip, insbesondere die Verpflichtung des Strafrichters auf den Wortlaut des Gesetzes, aber auch das Schuldprinzip und der ultima-ratio-Gedanke. Es verdient deshalb Anerkennung, dass Grundrechtsdogmatik und Verfassungsgerichte nach 1949 die relative Eigenständigkeit des Strafrechts durchaus achteten und die tradierten strafrechtsdogmatischen Figuren bei der Interpretation der neuen verfassungsrechtlichen Garantien übernahmen.
2. Dies gilt gerade auch für die Gesetzesbindung und die Hochschätzung von Dogmatik, deren Bedeutung für das Strafrecht auch im Verfassungsrecht allgemein anerkannt wird, während bei der Grundrechtsinterpretation die Orientierung am Wortlaut heute oft keine besondere Rolle mehr zu spielen scheint. Für den Bereich des Strafrechts und des Strafgesetzgebers wäre eine Verabschiedung von Gesetzesbindung und dogmatischer Argumentation gänzlich inakzeptabel. Wohin eine Flexibilisierung von Gesetzen und ihre Auflösung in politische Rhetorik im Stile Carl Schmitts führen kann, ist in den Jahren zwischen 1933 und 1945 zur Genüge deutlich geworden.
3. Andere tradierte strafrechtsdogmatische Begrenzungsfiguren dürften unter der Geltung des Grundgesetzes ihre Bedeutung zumindest teilweise verloren haben. Dies gilt etwa für die überkommene Rechtsgutslehre mit der Vorstellung, es existierten bestimmte, dem Gesetzgeber vorgeordnete Rechtsgüter, die es strafrechtlich zu schützen gelte, und über die hinaus strafrechtlicher Schutz unzulässig sei. Noch in den siebziger Jahren wurde das Sexualstrafrecht nicht zuletzt mit der Argumentation reformiert, die tradierten Strafrechtsbestimmungen schützten keine Rechtsgüter, sondern bloß Moral und Gefühle. Diese Argumentation übersieht, dass erst der Gesetzgeber gesellschaftliche Wertvorstellungen in den Rang von Rechtsgütern erhebt, indem er sie durch das Recht schützt. Die Ent-

gegensetzung von Rechtsgütern einerseits, Moral und „bloßen Gefühlen" andererseits ist deshalb so nicht haltbar. Die Begrenzung des Gesetzgebers ergibt sich vielmehr aus dem Verhältnismäßigkeitsgrundsatz und den von der Verfassung aufgestellten Leitwerten, wie sie vor allem im Grundrechtskatalog ihren Niederschlag gefunden haben.

4. Einen interessanten Ausdruck des gesellschaftlichen Wertewandels und der dadurch angestoßenen Fortbildung des Rechts der freien Meinungsäußerung einerseits, und des Schutzes von Persönlichkeitsrechten andererseits bildet die Karriere des strafrechtlichen Schutzes von Ehre seit Inkrafttreten des Grundgesetzes. Im Nationalsozialismus war das Konzept „Ehre" missbraucht und als Mittel der Systemstabilisierung verwendet worden. Nach 1945 konnte Ehre deshalb als kontaminiertes Konzept gelten. Entsprechend gering war die Bedeutung des Ehrenschutzes im Strafrecht. Im Lüth-Urteil wurde diese Entwicklung auch verfassungsrechtlich bestätigt und ein klarer Vorrang der Meinungsfreiheit vor dem Ehrenschutz etabliert. Schon bald mehrten sich jedoch die kritischen Stimmen, die von einer zu weitgehenden Schutzlosstellung des Individuums gegenüber aggressiven Meinungsäußerungen sprachen. Internet und soziale Netzwerke haben dieser Argumentation weiteren Schub verliehen.
5. Seit einigen Jahren lässt sich ein gesamtgesellschaftlicher Wertewandel feststellen, der Persönlichkeitsrechten wieder eine stärkere Stellung gegenüber der Meinungsfreiheit zuerkennt. Der Strafgesetzgeber hat diese Trendwende in den jüngsten Reformen des Beleidigungsstrafrechts nachvollzogen. Auch das Bundesverfassungsgericht hat die Entwicklung im Jahr 2020 bestätigt. Forderungen nach einer Abschaffung des Strafrechts zum Schutz der Ehre scheint es heute nicht mehr zu geben. Überlegenswert könnte allenfalls sein, den Begriff „Ehre" durch den Begriff „Respekt" auszutauschen, um auf diese Weise die historischen Belastungen des Ehrkonzepts zu unterlaufen. Insgesamt verdeutlicht die Entwicklung von Meinungsfreiheit und Beleidigungsstrafrecht, wie Grundgesetz und Strafrecht, Verfassungslehre und Strafrechtsdogmatik in ihrer Interpretation und Ausgestaltung dem gesellschaftlichen Wertewandel unterworfen sind.

Herausforderungen für die wehrhafte Demokratie im 21. Jahrhundert und die Rolle des Verfassungsschutzes

von *Stephan J. Kramer*

Herzlichen Dank für die Einladung zu einem Vortrag bei ihrer Wissenschaftlichen Fachtagung – 75 Jahre Grundgesetz hier in Würzburg. Es ist mir eine Freude und gleichzeitig eine Ehre, hier einige Gedanken anlässlich des 75. Geburtstages des Grundgesetzes mit Ihnen teilen zu dürfen. Sie sehen mir bitte nach, wenn ich das aus meinem Blickwinkel als ostdeutscher Verfassungsschützer tue und daher ein besonderes Augenmerk auf die aktuellen Herausforderungen der wehrhaften Demokratie und auch die Rolle des Verfassungsschutzes mit Ihnen zusammen richte.

Meine Damen und Herren, wir feiern in diesen Wochen den 75. Geburtstag unseres Grundgesetzes, welches am 23. Mai 1949 feierlich in Bonn unterzeichnet und verkündet worden ist. Die Bundesrepublik Deutschland wurde damit gegründet. Unsere alljährliche Geburtstagsfeier, wenn man sie überhaupt so nennen möchte, anlässlich der Geburtsstunde der Bundesrepublik Deutschland unterscheidet sich aber ganz grundsätzlich von den Geburtstagsfeiern und Nationalfeiertagen anderer Nationen, wie ich finde. Wir sind weniger leidenschaftlich, fast schon etwas unterkühlt, ja wir tun uns geradezu schwer. Betrachten wir einige andere: Etwa die USA am 4. Juli dem sogenannten Independance Day, in Erinnerung an die Unterzeichnung der Unabhängigkeitserklärung 1776, mit Grillpartys und Feuerwerk, oder Frankreich am 14. Juli, als Erinnerung an den Sturm auf die Bastille 1789, zu dem traditionell Militärparaden im ganzen Land abgehalten werden mit dem Ziel, nicht nur die Siege zu feiern, sondern auch alle Franzosen um den Altar des Vaterlandes zu versammeln und zu versöhnen. Im Vereinigten Königreich Großbritannien und Nordirland gar gibt es gegenwärtig offiziell keinen Nationalfeiertag. Inoffizieller Nationalfeiertag ist „Trooping the Colour“, der Geburtstag des Königs. König Charles III. wurde am 14. November 1948 geboren, gefeiert wird seit 1748 aber im Juni, weil das Wetter dann einfach besser ist.

In Deutschland ist der 3. Oktober unser offizieller Nationalfeiertag, gefeiert mit einem Bürgerfest in Erinnerung an die Deutsche Einheit (dem Beitritt der 5 deutschen Bundesländer Mecklenburg-Vorpommern, Brandenburg, Sachsen-Anhalt, Sachsen und Thüringen zur Bundesrepublik Deutschland) im Jahre 1990. Übrigens nicht der erste „Beitritt" nach Artikel 23 GG (alte Fassung). 1953 trat Baden-Württemberg und 1957 das Saarland der Bundesrepublik Deutschland bei. Sie gehörten nicht zu den Gründungsmitgliedern; Baden-Württemberg existierte so noch gar nicht, gleichwohl unterscheidet man hier umgangssprachlich nicht zwischen alten und neuen Bundesländern. Liegt wohl auch zu lange zurück. Aber etwas mehr als 30 Jahre Einheit sind ganz offensichtlich noch nicht genug, um sprachlich nicht zwischen alten und neuen zu unterscheiden.

Gehen wir zusammen kurz zurück in das Jahr 1948: Der parlamentarische Rat trat am 1. September 1948 in Bonn zusammen. Seine 65 stimmberechtigten Mitglieder (61 Männer und 4 Frauen) sind zuvor von den Länderparlamenten der drei westlichen Besatzungszonen gewählt worden. Aufgabe des parlamentarischen Rates ist es, eine Verfassung für den westdeutschen Staat auszuarbeiten. Aufgrund der Sorge, die Spaltung Deutschlands zu vertiefen, soll als Provisorium lediglich ein „Grundgesetz" entworfen werden.

Die Erfahrungen aus dem „Dritten Reich" prägt die Debatten des Parlamentarischen Rates im Jahr 1948. Die Gefahren des Totalitarismus sollen für immer gebannt und die Fehler der Weimarer Verfassung vermieden werden. Grundlage der Beratungen ist ein Verfassungsentwurf, den ein Ausschuss im Auftrag der Ministerpräsidenten im August 1948 auf der Insel Herrenchiemsee erarbeitet hat. Umstritten ist unter den Ratsmitgliedern besonders die Machtverteilung zwischen Bund und Ländern sowie die Finanzordnung.[1] Selbige Diskussionen begleiten uns teilweise heute noch.

„Gut acht Monate später, am 8. Mai 1949, auf den Tag genau vier Jahre nach der Kapitulation, verabschiedete der Parlamentarische Rat nach zum Teil schwierigen Verhandlungen mit 53 gegen 12 Stimmen den Entwurf des Grundgesetzes. Dieser musste aber noch von den Militärgouverneuren der drei Westzonen gebilligt werden. Die Westalliierten hatten ursprünglich eine auf Dauer angelegte Verfassung und ein Verfassungsreferendum gefordert.

1 Entstehung der Bundesrepublik: Parlamentarischer Rat und Grundgesetz, in: Lebendiges Museum Online. Stiftung Haus der Geschichte der Bundesrepublik, abrufbar unter: https://www.hdg.de/lemo/kapitel/nachkriegsjahre/doppelte-staatsgruendung/entstehung-der-bundesrepublik-parlamentarischer-rat-und-grundgesetz.html (abgerufen am 23.07.2024).

Über beides setzten sich die westdeutschen Ministerpräsidenten – am Ende erfolgreich – hinweg. Sie wollten nicht die Teilung Deutschlands zementieren, sondern die Möglichkeit offenhalten, die politisch bereits getrennten Gebiete Ost- und Westdeutschlands wieder zusammenzuführen. Deshalb wurde in der Präambel vom 23. Mai 1949 betont, das Grundgesetz sei eine staatliche Ordnung ‚für eine Übergangszeit'."[2]

Die alte Präambel vom 23. Mai 1949 hatte folgenden Wortlaut:

> „Im Bewusstsein seiner Verantwortung vor Gott und den Menschen, von dem Willen beseelt, seine nationale und staatliche Einheit zu wahren und als gleichberechtigtes Glied in einem vereinten Europa dem Frieden der Welt zu dienen, hat das Deutsche Volk in den Ländern Baden, Bayern, Bremen, Hamburg, Hessen, Niedersachsen, Nordrhein-Westfalen, Rheinland-Pfalz, Schleswig-Holstein, Württemberg-Baden und Württemberg-Hohenzollern, um dem staatlichen Leben für eine Übergangszeit eine neue Ordnung zu geben, kraft seiner verfassungsgebenden Gewalt dieses Grundgesetz der Bundesrepublik Deutschland beschlossen. Es hat auch für jene Deutschen gehandelt, denen mitzuwirken versagt war. Das gesamte Deutsche Volk bleibt aufgefordert, in freier Selbstbestimmung die Einheit und Freiheit Deutschlands zu vollenden."

Im Zusammenhang ist Art. 146 GG (alte Fassung) besonders wichtig:

> „Dieses Grundgesetz verliert seine Gültigkeit an dem Tage, an dem eine Verfassung in Kraft tritt, die von dem deutschen Volke in freier Entscheidung beschlossen worden ist."

Die Frage, ob es eine freie Entscheidung über eine neue Verfassung gegeben hat, die ist durch das gewählte Verfahren eines Beitritts gemäß Art. 23 GG mit Zustimmung der damals frei gewählten DDR-Volkskammer und des Deutschen Bundestages vorerst beantwortet. Das Grundgesetz gilt für die gesamte Bundesrepublik Deutschland. Die Enttäuschungen über dieses Verfahren jedoch, das Gefühl der „feindlichen Übernahme" durch den „Westen", die „Abwicklung" durch die Treuhand und andere traumatische Erlebnisse, führte über all die Jahre zu Diskussionen und hat tiefe Spuren, ja Verletzungen, hinterlassen. Emotionale Verletzungen, die gerade heute wieder aufbrechen und sich in Gefühlen der Hilflosigkeit, Frustration,

2 Parlament – Präambel, in: Deutscher Bundestag, abrufbar unter: https://www.bundestag.de/parlament/grundgesetz/gg-serie-01-praeambel-634542 (abgerufen am 23.07.2024).

Verbitterung, Wut und Ablehnung von Eliten bahnbrechen. Meine Damen und Herren, ich sage: Wir ernten heute das, was wir in 30 Jahren Einheit nicht gesät haben.

Nach einer aktuellen und repräsentativen Studie der TU Dresden vertrauen 81 Prozent der Deutschen auf Ihre Verfassung.[3] In der ehemaligen DDR – ich verwende mit Absicht nicht den – überholten – Begriff „Neuen Bundesländer" liegt die Akzeptanz mit knapp 70 Prozent etwas niedriger.[4] Der Studienleiter Professor Dr. Hans Vorländer fasst die Ergebnisse wie folgt zusammen: „Die Ergebnisse unserer Studie verdeutlichen, dass das GG auch nach 75 Jahren eine starke Stütze unserer Demokratie bleibt, trotz deutlicher Meinungsverschiedenheiten mit Blick auf die Ränder des politischen Spektrums" und weiter „die Akzeptanz in Ost und West variiert (...). Man muss bedenken, dass in Ostdeutschland das GG erst seit 34 Jahren gilt. Auch in den alten Bundesländern hat es gedauert, ehe das Grundgesetz anerkannt und akzeptiert worden ist. Zudem ist die Entwicklung im Osten durch die Transformationszeit viel unruhiger verlaufen".[5]

Wir müssen uns auch fragen, haben wir genug Werbung für das Grundgesetz, seine Werte und die Demokratie gemacht? Wie ist es um die politische Bildung in unserem Land bestellt? Einen Schülersprecher zu wählen reicht nicht als politische Bildung und demokratische Teilhabe. Demokratie muss erlernt und erlebt werden und das gilt schon für die Jüngsten.

Das Grundgesetz wird in diesem Jahr 75 Jahre alt. Seinen Müttern und Vätern standen bei seiner Entstehung ganz bestimmte Bedrohungsszenarien vor Augen. Diese Szenarien ergaben sich maßgeblich aus ihrer Generationenerfahrung. Juristinnen und Juristen wie Theodor Heuss, Jakob Kaiser oder Carlo Schmidt, wie Elisabeth Selbert, Helene Wessel und Frieda Nadig fürchteten, dass sich die Erfahrungen von Völkermord, Krieg und Diktatur, die sie erlebt hatten, in der jungen Bundesrepublik wiederholen könnten. Bei allen politischen Unterschieden in den Positionen war ihnen die Sorge gemeinsam, dass wiederum Bürgerinnen und Bürger in einem demokratischen System der Beschränkung der Freiheit des Anderen, sodann auch der

3 75 Jahre Grundgesetz: Hohe Akzeptanz und Bereitschaft zur Verteidigung der deutschen Verfassung, abrufbar unter: https://tu-dresden.de/tu-dresden/newsportal/news/75-jahre-grundgesetz-hohe-akzeptanz-und-bereitschaft-zur-verteidigung-der-deutschen-verfassung (abgerufen am 23.07.2024).

4 *K. Tominski*, Grundgesetz oder neue Verfassung? Studie untersucht Zustimmung in Ost und West, abrufbar unter: https://www.mdr.de/wissen/psychologie-sozialwissenschaften/grundgesetz-akzeptanz-ost-west-104.html (abgerufen am 23.07.2024).

5 *Tominski*, Grundgesetz (Fn. 5).

Beschränkung ihrer eigenen Freiheiten zustimmen würden. Und so enthält das Grundgesetz ein umfängliches Freiheitspostulat. Die „äußere Freiheit der Vielen" lebe, so formulierte Theodor Heuss 1952, „aus der inneren Freiheit der Einzelnen".[6]

Dieses Grundgesetz hat den Verfassungsschutz als Institution an eine Stelle verwiesen, die weder prominent noch unveränderlich ist. Dies geschah ganz bewusst und geschult an der ihm innewohnenden Lebens- und Diktaturerfahrung seiner Verfasser: Die Bürger, Wählerinnen und Wähler, schützen die Verfassung oder wie ich es stets formuliere: Der beste Verfassungsschutz sind mündige und engagierte Bürgerinnen und Bürger in einer funktionierenden Demokratie.

Erst Art 73 Nr. 10 GG regelt die Gestaltungskompetenz des Bundes „zum Schutze der freiheitlichen demokratischen Grundordnung, des Bestandes und der Sicherheit des Bundes oder eines Landes". Ganz anders ist es mit den herausgehobenen Schutzgütern, für die unter anderem der Verfassungsschutz zuständig ist und die die so genannte Ewigkeitsklausel (Art. 79 Abs. 3) dem politischen Zugriff entzieht. Warum dieses auf den ersten Blick erklärungsbedürftige Auseinandertreten von Verantwortung für besondere Schutzgüter und dem Verweis an diese Stelle?

Der Platz im (so könnte man ohne despektierlich zu klingen wohl sagen) ‚Unterholz' der Artikel des Grundgesetzes, die nicht jeder Bürger hersagen kann, hat einerseits unmittelbar mit der Erfahrung von Diktatur zu tun. Man hatte eine Zeit vor Augen, in der durch das Ineinanderfallen von Partei und Staat, von Polizei- und Geheimdienstbefugnissen unmenschliche Taten zum Wohl eines rassebiologisch definierten Volkes mit dem Firniss der Legitimität überzogen wurden. So hatten einzelne Mitglieder des Parlamentarischen Rates die Gestapo-Gefängnisse und Konzentrationslager selbst als Häftlinge erlebt. Ich nenne nur beispielhaft den SPD-Vorsitzenden Kurt Schumacher. Zugleich verstand man sich in einem ideologischen Kampf für eine deutsche Einheit und gegen den Kommunismus: „Die Kraft und das Leben der deutschen Demokratie", so äußerte sich derselbe Kurt Schumacher auf dem 4. Parteitag der SPD 1950, „sind von größter Bedeutung für die Überwindung des östlichen Totalitarismus."[7]

---

6 *H. Hamm-Brücher*, In guter Verfassung? Nachdenken über die Demokratie in Deutschland, München 2006, S. 65.

7 Rede von Kurt Schuhmacher über die Politik der Sozialdemokraten für Deutschland und Europa (Hamburg, 21.-25. Mai 1950), abrufbar unter: https://www.cvce.eu/conten

Der Auftrag, der zugleich den Platz in der zweiten Reihe für den behördlichen Verfassungsschutz erklärt, leitet sich aus der zentralen Einsicht der angesprochenen Vordenker im Parlamentarischen Rat ab, dass vor allem Wählerinnen und Wähler und die durch sie gewählten Vertreter die Verfassung schützen. Der Verfassungsschutz sammelt, so wurde es nüchtern und ohne Pathos sein späterer gesetzlicher Auftrag, Anhaltspunkte für Bestrebungen gegen die freiheitliche demokratische Grundordnung. Er teilt diese Informationen der Bundes- und Landesregierung und auch der Öffentlichkeit mit, um - so formuliert es beispielsweise unser Landesgesetz in Thüringen – „rechtzeitig die erforderlichen Maßnahmen zur Abwehr dieser Gefahren zu ergreifen". Wir stehen also in einer Reihe mit anderen Institutionen, die informieren sollen und wir informieren, damit Andere gute Entscheidungen treffen können. Dies betont die wichtige Rolle, die ich auch persönlich dem mutigen und freien Individuum für den Erhalt der Verfassungsordnung zuschreibe. Was aber nicht bedeuten soll, dass Behörden und Justiz ihre Verantwortung und Schutzfunktion nicht auch auszuüben haben.

Meine Damen und Herren, unsere wehrhafte Demokratie hat Zähne, aber sie muss auch zubeißen. Vor allem aber sind alle Mechanismen und Gesetze nichts wert, wenn in der Bevölkerung die nötige Anerkennung, Respekt und Akzeptanz für die Verfassung fehlen.

Der Blick auf die extreme Rechte wie auf die extreme Linke hat sich zunehmend zu einem 360-Grad-Blick entwickelt, der als Richtschnur die freiheitliche demokratische Grundordnung hat. Mit dem zweiten NPD-Urteil von 2017 hat das höchste deutsche Gericht diesen Begriff der freiheitlichen demokratischen Grundordnung in Abgrenzung von einer Partei dezidierter Verfassungsverächter noch schärfer als zuvor konturiert: Menschenwürde, Demokratie- und Rechtsstaatsprinzip wurden als Kernpunkte herausgearbeitet.[8] Aber auch 2022 gab es einen Meilenstein: Ein Urteil, in dem sich das Verfassungsgericht nicht nur zum Bayerischen Verfassungsschutzgesetz, sondern zu allen Rechtsgrundlagen der Nachrichtendienste äußerte. Einerseits betont dieses Urteil nämlich, dass der Verfassungsschutz vollumfänglich der Kontrolle durch Parlamente und Gerichte unterliegt: auch und gerade, um die Werte von Freiheit und Sicherheit immer wieder neu zueinander ins Verhältnis zu setzen. Andererseits hat das Bundesver-

t/publication/2007/8/16/e0daa5f4-6370-44c4-9f27-d65d5e76d816/publishable_de.pdf (abgerufen am 23.07.2024).

8 BVerfGE 144, 20 (21).

fassungsgericht sich sehr deutlich zur Wichtigkeit des behördlichen Verfassungsschutzes geäußert. Im Urteil ist von der „großen Bedeutung eines wirksamen Verfassungsschutzes für den freiheitlichen und demokratischen Rechtsstaat" die Rede.[9]

Die Herausforderungen und Bedrohungsszenarien indes, auch im Zeitalter hybrider Bedrohungen und eines „heißen" Krieges in Europa, haben sich verändert und die Frage nach einem „wirksamen Verfassungsschutz" muss sich an diesen neuen Herausforderungen stets erneut beweisen:

Erstens sind wir in ein Zeitalter eingetreten, in der die Information selbst zu einem noch umstritteneren und umkämpften Thema geworden ist als zuvor, weil sie sich in Teilen menschlichem Zugriff zu entziehen beginnt. Aufklärung – im Sinne einer Menschenbildung zur Mündigkeit – steht hochfinanzierten, raffinierten und schwer kontrollierbaren Mitteln der Desinformation in den sozialen Netzwerken gegenüber. In den USA heißt eine aktuelle Initiative gegen die Propaganda des Kreml „Disarming Disinformation", d.h. „Desinformation entwaffnen" bzw. „entschärfen". Das trägt schon im Wortgebrauch dem Umstand Rechnung, dass es sich hierbei um Waffen gegen die offene Gesellschaft handelt. Wohl nicht zufällig bemühen sich die populärsten Rechtsextremisten – nicht nur, aber auch - in Thüringen täglich darum, Institutionen nachzuweisen, dass es nurmehr Meinungsäußerungen mit politischer Agenda in ihren Reihen gäbe. Nein! Es werden in der Behörde, die ich leite, Anhaltspunkte gesammelt, die einer gerichtlichen Überprüfung standhalten müssen. Weswegen auch der Vorwurf, gerne von der AfD erhoben, der Verfassungsschutz sei ein „Regierungsschutz" und damit weisungsabhängiges, willfähriges politisches Werkzeug des jeweiligen Innenministers ebenso falsch wie durchsichtig ist. Wir sind keine Meinungspolizei und auch kein Qualitäts-TÜV für Meinungsäußerungen. Wir orientieren uns strikt am Wortlaut des Verfassungsschutzgesetzes und sammeln tatsächliche Hinweise für eine Bestrebung gegen die Freiheitlich Demokratische Grundordnung. Nicht mehr und nicht weniger und das gesetzlich jederzeit überprüfbar und parlamentarisch kontrolliert.

Da wünsche ich mir in manchem journalistischen Kommentar in jüngster Zeit ebenfalls mehr Orientierung an der Sachlage und etwas weniger Alarmismus, wenn es um die Befugnisse der Sicherheitsbehörden geht. Auch Journalisten haben eine Verantwortung für die Integrität von Institutionen und unsere Freiheitlich Demokratische Grundordnung, besonders wenn sie als sog. „vierte Gewalt" verstanden werden wollen.

---

9 BVerfGE 162, 1 (176).

Zweitens darf man nicht aus dem Blick verlieren, dass die Politik Institutionen zum Schutz der freiheitlichen und demokratischen Grundordnung auch so ausstatten muss, dass die Aufgabenerfüllung nicht nur vom Enthusiasmus ihrer Mitarbeiter lebt. „Ist ja klar", werden sie jetzt vielleicht denken: Der Präsident des Verfassungsschutzes in Thüringen will mehr Mitarbeiter. Nur sage ich: Wir gehen ein bewusstes, aber eben kein kalkuliertes Risiko ein, wenn wir Verfassungsschutzbehörden - und da ist das Beispiel Thüringens sicherlich ein besonders gutes - nicht im Verhältnis zu ihrer Aufgabenbewältigung ausstatten. Dieses Risiko ist auch deshalb schwer kalkulierbar, weil wir über manchen Erfolg nicht sprechen können. Vertrauen müsste es aber zumindest in diejenigen geben, die unsere Erfolge kennen und die als gewählte Vertreter in der Parlamentarischen Kontrollkommission den Verfassungsschutz kontrollieren. Sie warnen ebenfalls seit Jahren davor, was Extremisten auch in Thüringen planen. Auch müsste es Vertrauen in die Gerichte geben, die - wie jüngst das OVG Weimar in einem waffenrechtlichen Verfahren - dazu Stellung nehmen, dass die Bewertung des Verfassungsschutzes etwa zum Landesverband Thüringen der Partei „Alternative für Deutschland" als erwiesen rechtsextremistisch inhaltlich berechtigt ist.

Drittens haben wir als Demokraten manchmal mit der Nüchternheit zu kämpfen, mit der unsere demokratischen Errungenschaften präsentiert werden. Es gibt in der Bundesrepublik eine politische Kultur, die sich vor Pathosformeln scheut. Das zeigt sich schon bei der (feierlich unfeierlich) inszenierten Unterzeichnung des Grundgesetzes.[10] Aber meine eigene Behörde ist da auch ein gutes Beispiel: Wir brauchen keinen Geheimdienst und keine Meinungspolizei in der Bundesrepublik. Keine Behörde, die Politik macht, aber sehr wohl öffentlich vor den Feinden der Demokratie warnt. Was meine Mitarbeiterinnen und Mitarbeiter jeden Tag tun und nicht tun, das können sie im Gesetzestext nachlesen. Warum ist das so? Weil wir eine starke Demokratie sind, in der sich Menschen nicht ängstlich hinter Autoritäten versammeln müssen, sondern in der sie sich informieren können; auch und gerade über diejenigen, die Feinde dieser Freiheit sind. Diese Möglichkeit, sich frei von Fremdbestimmung zu informieren, müssen wir schützen und garantieren. Die Angehörigen der Presse müssen aber auch gelegentlich an die Einhaltung der eigenen Maßstäbe einer freien

10 *H. Bredekamp*, Politische Ikonologie des Grundgesetzes, in: M. Stolleis (Hrsg.), Herzkammern der Republik: Die Deutschen und das Bundesverfassungsgericht, München 2011, S. 9 (10 ff.).

Presse erinnert werden. Neben der Möglichkeit sich frei zu informieren, setzt dies aber auch eine adäquate Kompetenz im Umgang mit den vielfältigen Medienangeboten voraus. Um Medienkompetenz zu fördern, braucht es mehr als die Verteilung von Tablets in den Schulen.

Das bedeutet übrigens gerade nicht, Sprechzettel für diejenigen zu schreiben, die Meinungen im demokratischen Widerstreit nicht „aushalten" wollen oder können. Ich bin als Bürger bei Georg Oswald, der in der Einleitung zu seinem literarischen Kommentar zum Grundgesetz formuliert: „In einer offenen Diskussion muss man nichts aushalten, sondern versuchen, andere Argumente so gut zu verstehen wie die eigenen."[11] Wenn jedoch Debattenteilnehmer beispielsweise von einer fundamentalen und unüberwindlichen Ungleichheitsannahme der Menschen ausgehen, dann ist das wenige berührt, was an unserer Verfassung ewig und unveränderlich ist. Davor warnen wir mit behördlichem Auftrag und im Rahmen rechtsstaatlicher Verfahren.

Wer, vorzugsweise in politisch linksgerichteten Kreisen und das übrigens oftmals aus eigenem Interesse, in diesem Zusammenhang von einer „Gesinnungsgouvernante" oder „Meinungspolizei" beim Verfassungsschutz spricht, der sollte sich stärker an der Realität des heutigen Behördenhandelns orientieren. Und derjenige muss auch überzeugende rechtsstaatliche Gegenangebote formulieren, die nicht zugleich die Grenze zwischen Polizei und Nachrichtendienst oder zwischen zivilgesellschaftlichem Engagement und Behördenhandeln einreißen, wenn man den Verfassungsschutz schließlich abschaffen will.

Ja, der Verfassungsschutz mit seinem Aufgabenbereich der Extremismusdetektion ist beispiellos unter den anderen – europäischen – Nachrichtendiensten, aber so sind auch die Lehren aus der deutschen Geschichte in den Jahren 1933 bis 1945 beispiellos in der Welt.

Als Instrument der wehrhaften Demokratie ist der Verfassungsschutz aus meiner Sicht derzeit ohne Alternative.

Das Jahr 2024 stellt in vielerlei Hinsicht eine besondere Herausforderung für uns alle dar. Vielleicht wird es zu einem Schicksalsjahr, dass die Zukunft unserer offenen Gesellschaft und Demokratie bestimmt. Es geht dabei nicht um Untergangsszenarien und nicht um Angst. Sie ist zwar ein natürliches und überlebenswichtiges Gefühl, aber auch ein schlechter Ratgeber. Feinde der Demokratie und unserer offenen Gesellschaft bedrohen uns von außen

---

11 *G. M. Oswald*, Ein großes Versprechen, in: ders. (Hrsg.), Das Grundgesetz. Ein literarischer Kommentar, München 2022, S. 9 (11).

und von innen. Die Grundwerte sind nicht nur theoretisch in Gefahr. Wir haben es mit Delegitimierung, Destabilisierung, Verschwörungsfantasien, Revisionismus und Extremismus von Rechts wie von Links zu tun. Und auch der Islamismus bedroht unsere freie und offene Gesellschaft. Unser Prinzip der Menschenwürde, der Unabhängigkeit der Justiz, der Meinungs- und Pressefreiheit, der Versammlungsfreiheit sind akut bedroht, wenn die Feinde der Demokratie in Regierungsverantwortung kommen. Wie das in der Realität aussieht, haben wir in Ungarn und Polen, aber auch in Italien, den USA und Israel zu sehen bekommen. Teile unserer Gesellschaft haben sich, bis in die gutbürgerliche Mitte hinein, radikalisiert und sehen Gewalt als legitimes Mittel der politischen Auseinandersetzung. Hass und Hetze, Pöbeleien, körperliche Angriffe und Sachbeschädigungen und das Verbreiten von Angst gehören für viele, nicht nur Amts- und Mandatsträger oder Polizisten, Sanitäter, Ärzte, Krankenschwestern und Feuerwehrleute, sondern zivilgesellschaftlich engagierte BürgerInnen und ProfessorInnen und StudentInnen mittlerweile zum Alltag. Menschen fühlen sich nicht repräsentiert und nicht gehört. Anliegen und Sorgen werden von der politischen Führung ignoriert und weggelächelt. Menschen sind aufgrund der Weltkrisen und der Pandemie erschöpft und haben Existenzängste. Viele sehnen sich nach Gemeinschaft, Geborgenheit, Schutz und Sicherheit und einem Wir-Gefühl. Die Suche nach Spiritualität hat Hochkonjunktur und damit leider auch die von Scharlatanen, Sekten-Gurus und Extremisten unserer Zeit, die vielfältige Angebote machen.

Populistische Extremisten und Feinde der Demokratie machen falsche Versprechungen und gewinnen immer mehr an Einfluss. Aus 10% sind regional 30% Zustimmung in der Wählergunst geworden. Längst ist die Stimmung kein Ostdeutsches Phänomen mehr. Die kommenden Wahlen in diesem und im Jahr 2025 werden zeigen, wohin die Reise geht. Wir haben es in der Hand, meine Damen und Herren. Entschieden wird an der Wahlurne!

Meine Damen und Herren, die Demonstrationen der letzten Wochen für die Demokratie (nicht gegen Rechts!) sind ermutigend. Ebenso wichtig ist die persönliche Haltung eines jeden einzelnen von uns im persönlichen, privaten und beruflichen Umfeld. Das Prinzip „Führen durch Vorbild" hat hier seine besondere Bedeutung. Bis hin zur Solidarität mit jenen, die persönlich angegriffen und eingeschüchtert werden sollen. Aber auch die Politik muss ihren Stil ändern. Politik ist Überzeugungsarbeit und nicht Zwang und Bevormundung. Politik ist auch ein „Kontaktsport", wobei nicht Boxen gemeint ist, sondern der analoge, persönliche Dialog mit den

Bürgerinnen und Bürgern. Es reicht nicht den Pflaumenkuchen und das Blumenkleid auf den sozialen Netzwerken zu posten. Die Menschen wollen politische Inhalte sehen und hören. Wer Politik macht, muss glaubwürdig und ein Vorbild sein.

Lassen Sie mich schließen mit den Worten von Bundeskanzler Willy Brandt anlässlich seiner Regierungserklärung – Mehr Demokratie wagen - vor dem Deutschen Bundestag in Bonn am 28. Oktober 1969. Lange her, aber wie ich finde aktueller denn je:

> „Die Regierung kann in der Demokratie nur erfolgreich wirken, wenn sie getragen wird vom demokratischen Engagement der Bürger. Wir haben so wenig Bedarf an blinder Zustimmung, wie unser Volk Bedarf hat an gespreizter Würde und hoheitsvoller Distanz. Wir suchen keine Bewunderer; wir brauchen Menschen, die kritisch mitdenken, mitentscheiden und mitverantworten. Das Selbstbewusstsein dieser Regierung wird sich als Toleranz zu erkennen geben. Sie wird daher auch jene Solidarität zu schätzen wissen, die sich in Kritik äußert. Wir sind keine Erwählten; wir sind Gewählte. Deshalb suchen wir das Gespräch mit allen, die sich um diese Demokratie mühen. Meine Damen und Herren, in den letzten Jahren haben manche in diesem Land befürchtet, die zweite deutsche Demokratie werde den Weg der ersten gehen. Ich habe dies nie geglaubt. Ich glaube dies heute weniger denn je. Nein: Wir stehen nicht am Ende unserer Demokratie, wir fangen erst richtig an. Wir wollen ein Volk der guten Nachbarn sein und werden im Inneren und nach außen."[12]

Vielen Dank für Ihre Aufmerksamkeit!

12 Regierungserklärung von Willy Brandt vor dem Deutschen Bundestag in Bonn am 28.10.1969, abrufbar unter: https://dserver.bundestag.de/btp/06/06005.pdf (abgerufen am 23.07.2024).

Die Sprache des Grundgesetzes

von *Dr. Dr. Thomas Sprecher*

I. Einleitende Bemerkungen

Justitia muss sprechen, damit Recht wird. Ihre Augenbinde erhält erst Bedeutung, nachdem der Mund seine Arbeit getan hat. Daher ist auch das Grundgesetz *sprachlich verfasst.* Es ist ein Sprachwerk, es besteht aus schriftlicher Sprache.[1] Auch wenn es als Grundgesetz integral ersetzt würde - als Text bliebe es bestehen. Dies müsste nicht so sein. Einige wenige Staaten wie Großbritannien oder Neuseeland haben nicht oder nur teilweise kodifizierte Verfassungen.

Sodann ist das Grundgesetz *in deutscher Sprache* verfasst. Es gibt in Deutschland keine weiteren Amtssprachen. Die Terminologie des Grundgesetzes muss sich also nicht auch danach ausrichten, dass sie sich leicht jener anderer Amtssprachen angleichen ließe. Zur Illustration sei auf Art. 97 der schweizerischen Bundesverfassung verwiesen. Sie spricht dort in der deutschen Fassung nicht von „Verbraucherinnen und Verbrauchern", sondern von „Konsumentinnen und Konsumenten", das näher beim Französischen „consummateurs et consommatrices", dem Italienischen „consumatori" und dem rätoromanischen „consumentas e consuments" steht.

In mehrsprachigen Staaten beeinflussen die verschiedenen Sprachen die Formulierung und auch die Auslegung. Jedes Wort wird gewissermaßen zu den gleichberechtigten Wörtern der anderen Sprache hingezogen. Solche anderssprachlichen Anziehungskräfte fehlen beim Grundgesetz. Das Deutsche kann in sich selbst ruhen.

Grundgesetzsprache, das bedeutet *Standardsprache*, nicht Dialekt.

Vermieden werden auch *fremdsprachliche Einsprengsel.* Lexikalische Anglizismen wie „Baby", „Computer", „Smartphone", „Start-up", „Work-Life-Balance", „Social Media", „Software", „Management", „Recycling", „Home-

1 Vgl. *R. A. Ferguson*, „We Do Ordain and Establish": The Constitution as Literary Text, in: 29 William & Mary Law Review 3 (1987), S. 3 (3): „The Constitution is many things, but it is first a written text, words arranged for all to read."

Schooling“ findet man nicht.[2] Das hängt auch damit zusammen, dass solche Anglizismen fast ausnahmslos erst nach dem Inkrafttreten des Grundgesetzes ins Deutsche einströmten. Außerdem betrafen die meisten seither vorgenommenen Änderungen Bereiche, die ohne Anglizismen auskommen. Vielleicht lässt sich allgemein sagen, dass ehemalige Fremdwörter frühestens nach ihrer dudenverbrieften Eindeutschung grundgesetzlich verwendet werden.

Zeitlos[3] ist die Sprache des Grundgesetzes hingegen nicht. Nichts Sprachliches ist zeitlos. Alle Sprache ist zeitlich. Man könnte jedoch den Begriff „zeitgeistfrei“ oder „zeitgeistarm“ heranziehen. In einem Gesetz, das formal nicht befristet ist, sollten Wörter verwendet werden, von denen man annehmen darf, dass sie noch in ferner Zukunft in Gebrauch sind und auch künftige Generationen sie verstehen.

Die Amtssprachlichkeit schließt die Dimension der *Fremdsprachlichkeit* nicht aus. Erstens kann man selbstverständlich das Grundgesetz in beliebige andere Sprachen übertragen. Zweitens kann das Grundgesetz für in Deutschland lebende Angehörige anderer Kulturen gleich doppelt in fremder Sprache reden, nicht nur sprachlich, sondern auch kulturell. Was wissen zum Beispiel nach Deutschland geflüchtete Iraner oder Afghanen von deutscher „Ehre“ (Art. 5 Abs. 3 GG)?[4]

Sprache ist immer und überall *kritisierbar*. Alles könnte man anders sagen. Alles könnte man besser sagen. Es gibt bei Sprachwerken keine Vollkommenheit. Sogar der „Faust“, sagte Marcel Reich-Ranicki einmal, hätte noch besser geschrieben werden können. Das Gesetz ist immer das *Gesetzte*, Menschengemachte. Auch beim Grundgesetz kann man das Machen festhalten. Man weiß, wann daran gearbeitet wurde und wer mitgewirkt hat. Seine Historizität ist unbestreitbar. Es ist kein in die Zeitlichkeit fallender außerirdischer Wurf, kein auf die Westzonen gestürzter Meteorit, keine Gnadengabe eines gütigen Gesetzgebergottes.

---

2 Vgl. *M. Hilf*, Die sprachliche Struktur der Verfassung, in: J. Isensee/P. Kirchhof (Hrsg.), Handbuch des Staatsrechts der Bundesrepublik Deutschland. Bd. XII: Normativität und Schutz der Verfassung, 3. Aufl., Heidelberg u.a. 2014, S. 269 (283). Eher möglich scheinen dagegen Lehnübersetzungen, semantische Anglizismen (Lehnübertragungen, Lehnbedeutungen), morphologische und orthographische Anglizismen.

3 So auch *W. Graf Vitzthum*, Form, Sprache und Stil der Verfassung, in: O. Depenheuer/C. Grabenwarter (Hrsg.), Verfassungstheorie, Tübingen 2010, S. 373 (381).

4 Art. 5 Abs. 3 GG. Vgl. dazu *P. Sloterdijk*, Zeilen und Tage III. Notizen 2013-2016, Berlin 2023, S. 359: „Entdecke, beinahe erstaunt, das weitgehend abgeschlagene und abgeschriebene Wort 'Ehre' kommt tatsächlich im deutschen Grundgesetz vor.“

Beim Gesagten ist immer das *Ungesagte* mitzubedenken. Die Verfassung lebt „auch davon, was zwischen den Zeilen steht, was weggelassen ist und was übergreifend als Sinn und Gesamtzusammenhang über den Zeilen steht".[5] Zum Ausgesparten, entschlossen Verworfenen gehörten Begriffe, die in den Jahren zuvor dominiert hatten, wie „Gesundung und Reinerhaltung" oder „Manneszucht".[6]

Das Grundgesetz hat in seiner Sprachlichkeit *den Test der Zeit bestanden.* Seine Änderungen erfolgten aus inhaltlichen, nicht aus sprachlichen Gründen. In fünfundsiebzig Jahren sah sich niemand veranlasst, wirkkräftig eine sprachliche Totalrevision anzumahnen, und wenn Sprachbeanstandungen laut wurden, bezogen sie sich meist nicht auf das originale Grundgesetz, sondern auf seine späteren Änderungen.

II. Das Grundgesetz als Sprachwerk

Wie die Bibel mitunter ohne religiöse Brille gelesen wird, kann man auch das Grundgesetz als politische, anthropologische, ethnologische oder geistesgeschichtliche Quelle betrachten. Man kann es ästhetisch, nicht rechtshistorisch und nicht rechtlich lesen, als ob es irgendein Text wäre, ein langer Beipackzettel zum Beispiel, als *reines Sprachgebilde*, und hätte dann allerdings doch das Sprachhistorische mitzubedenken. Man kann es mit anderen Worten heute schon so lesen, wie wenn es abgelöst, durch ein anderes Grundgesetz ersetzt; oder wenn es Entwurf geblieben wäre und nie Geltung erlangt hätte.

Auch in Bezug auf die Sprache lassen sich verschiedene Blicke auf Text, Satzbau und Wortwahl werfen. Es gibt unter anderem verfassungsgeschichtliche, rechtswissenschaftliche oder linguistische Methoden der Untersuchung. Man könnte quantitative Merkmale erfassen und Wörter zählen, Substantive und Verben. Kommas und Semikolons, Aktiv- und Passivsätze, direkte und indirekte Verneinungen und vieles andere mehr.[7] Dieser Beitrag unterwirft sich allerdings keinem Methodenpurismus.

---

5 *Hilf,* Struktur (Fn. 2), S. 270. – In diesem Sinne nicht zum Weggelassenen gehören im Grundgesetz wenig beachtete Sachbereiche, wie die Wirtschaftsordnung. Vgl. *R. Bollmann,* Mass § Mitte, in: FAZaS 12.05.2024, S. 19.

6 *Hilf,* Struktur (Fn. 2), S. 277. Vgl. *D. Sternberger/G. Storz/W.E. Süskind,* Aus dem Wörterbuch des Unmenschen, München 1962. **→ genaue Seitenzahl unbekannt**

7 Zur statistischen Textanalyse vgl. *Hilf,* Struktur (Fn. 2), S. 279 ff.

Das Grundgesetz ist ein Gesetz, das sorgt für sprachliche Merkmale. Wie viele Gesetze enthält es *offene, unscharfe, unbestimmte oder wenig bestimmte Begriffe.* Nehmen wir Art. 6 GG: Was bedeuten „besonderer Schutz", „natürliches Recht", „wachen", „versagen", „gleiche Bedingungen"? Was bedeutet „Familie" in Zeiten von Alleinerziehenden, Leihmüttern oder gleichgeschlechtlichen Ehen? Setzt die Familie die Einhaltung einer gesetzlichen Form wie die Heirat voraus? Bedingt sie Kinder? Damit nicht jeder etwas anderes darunter verstehe, werden Definitionen verwendet. Legaldefinitionen können auch in untergeordneten Erlassen Eingang finden, was es erlaubt, ein und denselben Begriff in verschiedenen Rechtsgebieten unterschiedlich zu verwenden. Fehlen Legaldefinitionen, und auch, wenn es welche gibt, liegt es an den auslegenden Gerichten, Begriffe zu bestimmen und zu begrenzen. Um ein Beispiel zu nennen: Art. 2 Abs. 1 GG hält fest: „Jeder hat das Recht auf freie Entfaltung seiner Persönlichkeit, soweit er nicht die Rechte anderer verletzt und nicht gegen die verfassungsmäßige Ordnung oder das Sittengesetz verstößt." Was meint „Entfaltung der Persönlichkeit"? Es brauchte das Bundesverfassungsgericht, hier 1957 Licht in den Artikel zu bringen.[8]

Die *Unbestimmtheit* ist meistens ein Vorteil. Sie erlaubt eine sinnvolle Auslegung, die zu unterschiedlichen Zeiten unterschiedlich sein kann. Und so ließe sich, im Einklang mit dem gesellschaftlichen Wandel, der Begriff der Familie von Zeit zu Zeit anders auslegen. Man hat das Grundgesetz etwas lieblos als „einzigartige Sammlung von Leerformeln"[9] bezeichnet. Aber offene Formulierungen lassen Lücken vermeiden. Die Offenheit gibt Politik, Justiz und Gesellschaft Gestaltungsspielraum.[10] Sie dient der Fortentwicklung ohne förmliche Änderungen. Gerade die Unbestimmtheit dient dem Künftigen, Noch-nicht-Erreichten zu. Sie bedeutet Zukunfts- und Erweiterungsfähigkeit. Sie lässt dem später zu Ergänzenden Raum. So können sich im Grundgesetz vergangene, gegenwärtige und künftige Qualitäten vereinen. Über der Asche aufgegebener Lebensformen leuchtet das Feuer neuer Möglichkeiten.

---

8 BVerfGE 6, 32.

9 *K.-D. Opp*, Soziologie im Recht, Reinbek 1973, S. 124.

10 Der Parlamentarische Rat berücksichtigte explizit die Herausbildung einer Praxis; vgl. *K.-B. v. Doemming/R. W. Füsslein/W. Matz* (Bearb.), Entstehungsgeschichte der Artikel des Grundgesetzes, in: G. Leibholz/H. v. Mangoldt (Hrsg.), Jahrbuch des öffentlichen Rechts der Gegenwart. N. F. Bd. 1, Tübingen 1951, S. 171.

Die Grundregeln, die sich ein Gemeinwesen gibt, sollen *einfach* sein. Die Wucht der Einfachheit dient der Eingänglichkeit. Aber die Einfachheit hat noch höhere Zwecke. Das Einfache ist das Natürliche, Selbstverständliche, Richtige. Es schafft Vertrauen. Die Sprache versteckt sich nicht in Kompliziertheiten, sie offeriert dem Argwohn keine Nistplätze. Man geht im Einfachen nicht verloren.[11]

Auch die *Syntax* sollte einfach sein. Zum einen, weil dies dem unmittelbaren Verstehen dient. Schachtelsätze bedürfen zum Verstehen oft mehrfacher Lektüre. Ein Grundgesetz muss ohne syntaktische Ornamente, Zierrat und Schnörkel auskommen.

Die Schwester der Einfachheit ist die *Klarheit.* Klarheit und Präzision, die möglichst genaue Abbildung des damit zum Ausdruck gebrachten Willens gehören zu den wichtigsten Kriterien für gute Gesetze. Klarheit ist eine juristische Kardinaltugend. Dies gilt erst recht für das Grundgesetz.

Klarheit bedeutet oft *Kürze.* Allerdings ist diese nicht immer eine Qualität. Es gibt auch verundeutlichende Verknappungen. Kürze kann zu Problemen führen, indem sie Antworten verweigert, die eine detaillierte Norm bereithält. Nicht immer wird schlichte Sprache der rechtlichen Komplexität gerecht. Die Eingängigkeit macht Versprechen, welche die juristische Realität nicht halten kann. Das ästhetische Glück wird dann bezahlt durch einen Verlust an Information, vielleicht auch durch verminderte Klarheit. Ob Lakonie gestattet ist, beurteilt sich demnach von ihrem Inhalt her. Umgekehrt wissen wir auch (und weiß jeder Thomas-Mann-Leser), dass längere Sätze nicht notwendigerweise schwerer verständlich sind als kürzere.

In der Präambel und den ersten 19 Artikeln (mit Ausnahme der nachgeborenen Einschübe 12a, 16a, 17a) zeichnet sich die Sprache des Grundgesetzes durch Klarheit und auch Kürze aus. Nehmen wir Art. 3 GG: „Alle Menschen sind vor dem Gesetz gleich." Das ist prägnant und lakonisch. Die Lakonie strahlt Souveränität aus. Das Gesetz sagt knapp und sachlich das Nötige, nicht mehr und nicht weniger. Ein gutes Beispiel für bündige Sätze ist auch Art. 14 Abs. 2 GG: „Eigentum verpflichtet. Sein Gebrauch soll zu-

---

11 Vgl. *Ferguson,* „We Do Ordain and Establish" (Fn. 1), S. 17, für die amerikanische Verfassung: „By 1787 the Founders have come to understand the deepest workings of constitutional language. The hardest lessons, one that the Committee of Detail articulates, involves simplicity. Edmund Randolph and John Rutledge, for the committee, see the necessity of a scope, style, and tone that will trust to form over detail. As they draft a constitution that will be properly 'fundamental', they agree '[t]o use simple and precise language, and general propositions' and '[t]o insert essential principles only [...].'"

gleich dem Wohle der Allgemeinheit dienen." Auch nach den Grundrechten begegnen solche Sätze, etwa in Art. 22 GG: „Die Bundesflagge ist schwarz-rot-gold." Dabei wird als selbstverständlich vorausgesetzt, dass Deutschland eine Bundesflagge hat. Deren Farben, von den alten Bundesfarben von 1848 übernommen, stehen positiv und negativ fest.[12]

Eine weitere Schwester in der Familie sprachlicher Tugenden ist die *Verständlichkeit.* Sie gilt als „Bringschuld des demokratischen Rechtsstaates".[13] Das Verständlichkeitsgebot, wenn auch in der Regel nicht justiziabel, ist von größter Bedeutung. Verständlichkeit dient rechtlich dem Legalitätsprinzip und politisch der Demokratie. Es gehört daher zu den Grundforderungen an jede Fassung von Recht, dass sie verständlich sei, und zwar im Falle des Grundgesetzes möglichst aus sich selbst, ohne Rechtskenntnisse vorauszusetzen. Jeder und jede ihm Unterworfene sollte das Grundgesetz ohne weiteres verstehen, das heißt unmittelbar, ohne gelehrte Kommentare, bei erster Lektüre. Das ist allerdings zweifellos eine überzogene Forderung. Kann es überhaupt einen Text geben, den jedermann versteht?

III. Arbeit am Begriff

Die Autorinnen und Autoren – man darf sie Verfassungsverfasser nennen – haben auf die Sprache hohes Gewicht gelegt.[14] Ihre Arbeit am Grundgesetz war auch Arbeit am Begriff. Es gibt dafür zahlreiche Hinweise:[15]

---

12 Eine Minderheit sprach sich im Parlamentarischen Rat gegen die Aufnahme einer Bestimmung über die Farben des Bundes in den Text des Grundgesetzes aus. Die Mehrheit aber wollte eine grundgesetzliche Flagge und grundgesetzliches Schwarzrotgold. Man ließ dann immerhin die Gestaltung der Flagge und insbesondere die horizontale Anordnung der Farben offen. Vgl. *v. Doemming et al.,* Entstehungsgeschichte (Fn. 10), S. 211. Dass die sachtriviale Frage der Flaggenfarbgebung historisch und politisch aufgeladen ist, zeigt sich an der schwarz-weiß-roten Reichsflagge, die im Ersten Weltkrieg zu einem nationalistischen Symbol geworden und in den letzten Jahren wieder vor dem Reichstag geschwenkt worden ist.

13 *L. Paul,* Sprachkritik in der Juristenausbildung, in: R. Wassermann/J. Petersen (Hrsg.), Recht und Sprache. Beiträge zu einer bürgerfreundlichen Justiz, Heidelberg 1983, S. 115 (116).

14 Gl. M. *P. Häberle*: „Auffällig ist die große Sorgfalt, mit der der Parlamentarische Rat an den Texten und Begriffen seines Projekts feilt", in: ders. (Hrsg.), Jahrbuch des öffentlichen Rechts der Gegenwart, Neuausgabe Bd. 1 (1951), 2. Aufl., Tübingen 2010, S. XV; *G. Britz,* Zur Sprache der Verfassung, in: Stiftung Bundespräsident Theodor-Heuss-Haus (Hrsg.), Kleine Reihe Nr. 41, Stuttgart 2022, S. 6 f. „Die Verfassungsväter und -mütter haben der Sprache des Grundgesetzes erhebliche Bedeutung

- Als man über die Bezeichnung des neuen Gebildes diskutiert – Das deutsche Reich, Deutschland, Bundesstaat, Bundesrepublik -, merkt ein Rat an, „dass in dem Wort 'Reich' sehr schöne, aber auch sehr gefährliche Untertöne mitschwingen". Ein anderer meint, mit dem Wort „Deutschland geben wir dem Ganzen ein gewisses Pathos [...]; das Wort 'Deutschland', in sich ruhend, bekommt dann etwas Pathos sentimentaler und nicht machtpolitischer Art".[16]
- Man fordert, die Präambel solle „in einer jedermann einprägsamen Form" geschrieben werden.[17] Bei ihrer Formulierung wird „in stilistischer Hinsicht Kritik geübt", ein Satz sei „zu sehr ineinandergeschachtelt". Man fordert, es sei „in Ausübung einer praktisch-politischen Aufgabe die Sprache [zu] finden, die dem normalen Bürger verständlich sei".[18] Ein Rat führt aus:[19] „Die Präambel solle nicht ein rhetorischer Vorspruch sein, den man aus Gründen der Dekoration und der Feierlichkeit dem 'eigentlichen' Text voranstelle. Sie sei vielmehr ein 'wesentliches Element des Grundgesetzes'". Eine Rätin betont: „so wichtig Pathos und Wortlaut einer Präambel sein möchten, so wichtig sei es, dass niedergelegt werde, was dem Zustand des Volkes und seiner politischen Situation entspreche".[20]
- Man ändert einen Absatz „unter sprachlichen Gesichtspunkten" und äußert Bedenken gegen einzelne Wörter, wie „Sittengesetz".[21]
- Betreffend Art. 16 GG wird eingewendet: „Die Worte 'an das Ausland'" seien überflüssig. „Wie soll anders als an das Ausland ausgeliefert werden?"[22] Man belässt es aber bei der Formulierung, weil es auch eine Auslieferung an die Sowjetzone geben könnte, die nicht als Ausland verstanden wird. „An das Ausland" ist also nicht schon im Begriff der

---

zugeschrieben und bei der Abfassung des Textes viel Wert auf sprachliches Gelingen gelegt."

15 Vgl. *v. Doemming et al.*, Entstehungsgeschichte (Fn. 10). → **genaue Seitenzahl unbekannt**

16 *v. Doemming et al.*, Entstehungsgeschichte (Fn. 10), S. 17.

17 *v. Doemming et al.*, Entstehungsgeschichte (Fn. 10), S. 38.

18 *v. Doemming et al.*, Entstehungsgeschichte (Fn. 10), S. 26.

19 *v. Doemming et al.*, Entstehungsgeschichte (Fn. 10), S. 28.

20 *v. Doemming et al.*, Entstehungsgeschichte (Fn. 10), S. 30.

21 *v. Doemming et al.*, Entstehungsgeschichte (Fn. 10), S. 52, 57.

22 *v. Doemming et al.*, Entstehungsgeschichte (Fn. 10), S. 167 f. Man diskutierte etwa auch über Begriffe wie „Volksvertretung" und „zuständige Stelle" (*v. Doemming et al.*, Entstehungsgeschichte (Fn. 10), S. 170 f.), über die Verwendung von Singular und Plural.

Auslieferung enthalten; die sprachliche Verknappung würde zu einer inhaltlichen Unklarheit führen. Gleich darauf werden „einige sprachliche Änderungen des Wortlauts“ vorgeschlagen.[23]
- In Bezug auf Art. 18 GG wird über die Adjektive „freiheitlich“ und „demokratisch“ diskutiert. Man stellt klar, dass die beiden Adjektive nicht synonym zu verwenden seien: „Es gibt eine demokratische Ordnung, die weniger frei ist, die volksdemokratische, und eine, die frei ist.“ Deshalb spricht man von der „freiheitlichen demokratischen Grundordnung“.[24]
- Zu Art. 26 GG wird eine bestimmte Fassung „wegen ihrer Volkstümlichkeit und Allgemeinverständlichkeit“ hervorgehoben.[25]
- Zur Eidesformel des Bundespräsidenten in Art. 56 GG lobt man eine Formulierung, „weil sie sprachlich schöner erscheine“.[26]
- Theodor Heuss wendet gegen eine Formulierung in Art. 104 GG ein, „sein ästhetisches Empfinden sträube sich […] dagegen“.[27]

Die Gründerväter und -mütter haben um Wörter gerungen, aber meistens nicht um der Wörter willen. Fast immer verfolgte man semantische, nicht stilistische Anliegen. Es handelte sich mit anderen Worten bei Formulierungsdisputen nicht darum, etwas schöner zu sagen, sondern darum, anderes zu sagen. Es ging um Inhalte. Das zeigt sich etwa an der Genese von Art. 2 Abs. 1 GG. Auch um seine Formulierung wurde gekämpft. Zeitweise gab es folgende Fassung: „Jedermann hat die Freiheit, zu tun und zu lassen, was die Rechte anderer nicht verletzt und nicht gegen die verfassungsmäßige Ordnung oder das Sittengesetz verstößt.“[28] Dieser Vorschlag wurde dann verworfen. Man fand, dass die „Freiheit, zu tun und zu lassen“, „zu vulgär klinge, und das Würdevolle im Klang, das man in die Grundrechte hineinlegen wolle, dadurch durchbrochen würde“.[29] Dabei ging es nicht um die Sprache an sich, sondern um das durch die Sprache Ausgedrückte. Man wollte ein würdevolles Grundrecht.

Allerdings fallen auch immer wieder Sätze und Passagen auf, die besser formuliert werden könnten, ohne dass semantische Differenzen hingenom-

---

23 *v. Doemming et al.,* Entstehungsgeschichte (Fn. 10), S. 171.

24 *v. Doemming et al.,* Entstehungsgeschichte (Fn. 10), S. 173.

25 *v. Doemming et al.,* Entstehungsgeschichte (Fn. 10), S. 239.

26 *v. Doemming et al.,* Entstehungsgeschichte (Fn. 10), S. 409.

27 *v. Doemming et al.,* Entstehungsgeschichte (Fn. 10), S. 746.

28 *U. Volkmann,* Grundzüge einer Verfassungslehre der Bundesrepublik Deutschland, Tübingen 2013, S. 59; vgl. *Britz,* Sprache (Fn. 14), S. 11 f.

29 *v. Doemming et al.,* Entstehungsgeschichte (Fn. 10), S. 61.

men werden müssten, und manchmal tun sich gar verwaltungssprachliche Abgründe auf.[30]

Art. 77 Abs. 3 GG weiht sich dem Genitiv:

> „Die Einspruchsfrist beginnt im Falle des Absatzes 2 letzter Satz mit dem Eingange des vom Bundestage erneut gefassten Beschlusses, in allen anderen Fällen mit dem Eingange der Mitteilung des Vorsitzenden des in Absatz 2 vorgesehenen Ausschusses, dass das Verfahren vor dem Ausschusse abgeschlossen ist."

Theo Stemmler machte dazu folgenden Vorschlag:[31]

> „Die Einspruchsfrist beginnt im Fall des Absatzes 2 (letzter Satz) mit dem Eingang des vom Bundestag erneut gefassten Beschlusses. In allen anderen Fällen beginnt sie, sobald der Vorsitzende des in Absatz 2 vorgesehenen Ausschusses mitgeteilt hat, dass dieser das Verfahren abgeschlossen hat."

Art. 16a Abs. 5 GG lautet wie folgt:

> „Die Absätze 1 bis 4 stehen völkerrechtlichen Verträgen von Mitgliedstaaten der Europäischen Gemeinschaften untereinander und mit dritten Staaten nicht entgegen, die unter Beachtung der Verpflichtungen aus dem Abkommen über die Rechtsstellung der Flüchtlinge und der Konvention zum Schutze der Menschenrechte und Grundfreiheiten, deren Anwendung in den Vertragsstaaten sichergestellt sein muss, Zuständigkeitsregelungen für die Prüfung von Asylbegehren einschließlich der gegenseitigen Anerkennung von Asylentscheidungen treffen."

Möglicherweise wollten die Autoren in diesem Fall, dass man den Satz und Absatz kaum versteht.

IV. Keine Literarizität

Es war ein Schriftsteller, der die Sprache des Grundgesetzes feierte. Der deutsch-iranische Autor Navid Kermani meinte 2014 in einer vielgepriese-

30 Nehmen wir Art. 136 Abs. 1 GG: „Der Bundesrat tritt erstmalig am Tage des ersten Zusammentrittes des Bundestages zusammen." Einen solchen Satz würde man jedem Abiturienten anstreichen.

31 *T. Stemmler*, Das Grundgesetz braucht endlich gutes Deutsch, in: Die Welt 11.04.2009.

nen Rede im Bundestag, als man 65 Jahre Grundgesetz beging, man werde „die Wirkmächtigkeit, den schier unfassbaren Erfolg des Grundgesetzes nicht erklären können, ohne auch seine literarische Qualität zu würdigen. Jedenfalls in seinen wesentlichen Zügen und Aussagen ist es ein bemerkenswert schöner Text".[32] Und weiter:

> „Bekanntlich hat Theodor Heuss die ursprüngliche Fassung des ersten Artikels mit dem Argument verhindert, dass sie schlechtes Deutsch sei. 'Die Würde des Menschen ist unantastbar' hingegen ist ein herrlicher deutscher Satz, so einfach, so schwierig, auf Anhieb einleuchtend und doch von umso größerer Abgründigkeit, je öfter man seinen Folgesatz bedenkt: Sie muss dennoch geschützt werden. Beide Sätze können nicht gleichzeitig wahr sein, aber sie können sich gemeinsam, nur gemeinsam, bewahrheiten und haben sich in Deutschland in einem Grade bewahrheitet, wie es am 23. Mai 1949 kaum jemand für möglich gehalten hätte. Im deutschen Sprachraum vielleicht nur mit der Luther-Bibel vergleichbar, hat das Grundgesetz Wirklichkeit geschaffen durch die Kraft des Wortes."

Ich halte das für stark übertrieben. Das Grundgesetz lässt Schönheit zu und will Schönheit vielleicht sogar bewirken, aber es muss nicht selber schön sein. Es wirkt, weil es gilt und weil es inhaltlich überzeugt. Es wirkt nicht, weil es voller Sprachglanz wäre. Das Grundgesetz lässt sich auch durch Schriftsteller nicht usurpieren und eingemeinden im Reich der Literatur.

Gesetzesverfasser dichten nicht, und wer von Verfassungspoesie spricht, meint dies meist ironisch. *Literarische Stilmittel* sind im Grundgesetz verpönt: Alliteration, Anapher, Hyperbel, Oxymoron, Euphemismus, Klangspiel, Tautologie, Neologismen, Parallelismen, Unter- und Übertreibung (man findet keine Superlative[33]), Wiederholung. Alles Verspielte fällt weg.[34] Das macht Texte in der Regel spröd, bieder, direkt, trocken, farblos. Auch das Grundgesetz transportiert seine Emotionen auf gelassene Weise. Es

32 Rede von Dr. Navid Kermani zur Feierstunde „65 Jahre Grundgesetz", abrufbar unter: https://www.bundestag.de/webarchiv/textarchiv/2014/280688-280688 (abgerufen am 11.03.2024).

33 Darunter fallen auch funktionale Bezeichnungen wie „oberste Landesbehörden" (Art. 119, 120a GG) nicht.

34 Auch die damalige „Trümmerliteratur" zeichnet sich nicht durch Übermut, Spiel und Leichtsinn aus.

seufzt nicht, es schreit nicht.[35] Im ganzen Grundgesetz findet sich kein einziges Ausrufezeichen.[36]

Auch literarische Formen wie Roman, Erzählung, Essay, Gedicht, Theater sind nicht möglich. Das Grundgesetz kennt keine Inhalte, die lyrische oder epische Formen und Töne nahelegen würden. Wenn man den *Aphorismus* als eigenständige literarische Form ansieht, kann man immerhin sagen: Diese Form kommt vor. Einzelne Grundrechte sind aphoristisch gefasst. Aber nicht jeder Inhalt ist dieser Literaturform zugänglich. Kompetenznormen zum Beispiel erreichen keine aphoristischen Qualitäten.

Allgemein gilt: Jeder ästhetische Wert ist erwünscht. Aber jeder ästhetische Wert ist ein Nebenprodukt. Er soll ein Mehrwert sein, soll im Dienst der Wirkung stehen. Sprachlicher Glanz darf insbesondere nicht durch Unschärfe erkauft werden. „Bestechende" oder „blendende" Formulierungen haben hier nichts verloren, soweit diese Bezeichnungen nicht nur metaphorisch gemeint sind. Das Grundgesetz ist ein sprachliches Werk, aber keine Belletristik. Es untersteht nicht der Forderung zu unterhalten. Schon Meinhard Hilf hat festgestellt:[37] „Das Grundgesetz verzichtet nahezu vollständig auf symbolische, rhetorische, edukative, irrationale, theatralische, pathetische oder suggestiv appellierende Begriffe wie auf Sprachbilder, die anders nicht darstellbare Empfindungen auslösen könnten."

Kurzum: Das Grundgesetz intendiert *keine Literarizität*.[38] Im Gegenteil: Literarizität kann eine Quelle sein für juristische Unklarheit. Mit anderen Worten müssen gewisse literarische Merkmale und Qualitäten im Grundgesetz, wie überhaupt in juristischen Texten, vermieden werden. Und so entfallen viele literarische Merkmale:

- Terminologische Farbigkeit ist keine Qualität von Gesetzen.
- Es fehlt der Raum für Humor, jedenfalls freiwilligen, für Komik, Witz und Ironie.

---

35 Vgl. *Hilf*, Struktur (Fn. 2), S. 290: „Die Sprache des Grundgesetzes ist vor allem nüchtern, knapp, zeitlos und allgemein verständlich. Sie verzichtet fast vollkommen auf Bilder, Symbole, Bekenntnisse, Belehrungen oder auf irrationale Elemente."

36 Im Gegensatz zur glücklich verblichenen Verfassung der DDR (von 1974), Art. 21 Abs. 1 Satz 2: „Es gilt der Grundsatz 'Arbeite mit, plane mit, regiere mit! '" - Und selbstredend auch kein Fragezeichen.

37 *Hilf*, Struktur (Fn. 2), S. 286.

38 So auch *Hilf*, Strukutr (Fn. 2), S. 286: „Kein Hauch von Musikalität oder Poetizität, [...] der dem Grundgesetz eine höhere Ebene der Sensibilität eröffnet hätte." „Kein Dichter [...] hat der Grundgesetzsprache Flügel verliehen." Sowie *Vitzthum*, Verfassung (Fn. 3), S. 373: „Seiner Sprache hat [...] kein Dichter oder Metaphernschmied Flügel verliehen."

- Verweisungen müssen explizit sein. Es darf keine Anspielungen und Andeutungen geben, keine verdeckten Zitate.
- Mehrdeutigkeit,[39] Ambiguität ist unerwünscht. Aussagen dürfen nicht in der Schwebe lassen, jedenfalls nicht willentlich. Das verhindert allerdings nicht, dass Sprache stets einen Überschuss erzeugt. Immer spricht sie selbst noch mit, sagt Eigenes, von den Autoren nicht Beabsichtigtes. Auch das klarste, gebügelste, diszipliniertestе Grundgesetz vermag den Eigensinn der Sprache nicht ganz zu bändigen.
- Die Sprache des Grundgesetzes ist an Konnotationen - positiv oder negativ wertenden Sekundärbedeutungen von Wörtern -, an Beiklängen, Obertönen, grundsätzlich nicht interessiert.
- Schmückende Beiwörter haben keinen Platz.[40] Füllwörter fallen grundsätzlich weg. Kein Wort kann sich verstecken. Jedes ist wichtig oder kann es werden. Dass jedes Wort Wert und Gewicht habe, beansprucht zwar auch die Literatur. Dort kann Geschwätzigkeit der Erzählinstanz oder von Figuren intendiert sein, das Gesetz aber erträgt keine Plaudereien.

Das Grundgesetz ist ein *juristischer Text*. Es verwendet juristische Fachbegriffe, wie Subsidiaritätsprinzip, Aufspaltung, bundesunmittelbar.[41]Juristendeutsch ist in der Regel spröd, arm an oder frei von Emotionen, eine technische Sprache. Auch das Grundgesetz ist voll davon. Es gibt quälend trockene Zuständigkeits- und Verfahrensregeln. Die liest niemand aus stilistischen Gründen.

In terminologischer Hinsicht ist das Grundgesetz aber kein juristischer Fachtext, im Gegensatz etwa zu Gesetzeskommentaren, die sich an Juristinnen und Juristen wenden. Dass ein Text, der kein juristischer Fachtext ist, aber doch juristische Fachbegriffe verwendet, kann zu Verständnisproblemen führen. Die Bürger und selbst die Juristen erkennen nicht immer, wenn ein in der Alltagssprache kurrenter Begriff fachterminologisch verwendet wird.

Dies führt uns zum Thema der *Auslegung*. Die Auslegung des Grundgesetzes erfolgt mit juristischen Methoden und durch Juristen. Sie ist objektiviert. Ich kann das Grundgesetz auslegen, wie ich will, aber meine persönli-

---

39 Gegen unfreiwillige Mehrdeutigkeit ist allerdings nicht immer ein stilistisches Kraut gewachsen.

40 Vgl. *Hilf*, Struktur (Fn. 2), S. 286: „Auffallend selten sind ausschmückende Adjektive." - Dies gilt auch für Verträge und andere Rechtstexte.

41 Nach *Hilf*, Struktur (Fn. 2), S. 283, verwendet das Grundgesetz „eine gemäßigte Fachsprache".

che Auslegung äußert keine Rechtswirkungen, sie bleibt blind. Es besteht zwar eine Exegetenindustrie, wie bei anderen kanonischen Texten, etwa der Bibel. Aber hier gibt es eine Auslegungsexklusivität durch dazu kompetente Gerichte. Die oberste Instanz, vielgefragte Fabrik finaler Deutung, ist das Bundesverfassungsgericht. Es prägt nicht nur das Verfassungsrecht, sondern auch die politische Kultur des Landes. Es entscheidet über Lesarten. Dabei klebt es nicht am einzelnen Wort. Es hat die verfassungsmäßige Ordnung als verfassungsmäßige Rechtsordnung verstanden. Damit wurden sämtliche Rechtsnormen verstanden, die mit der Verfassung übereinstimmten, also grundsätzlich die gesamte Rechtsordnung.

V. Grundgesetz und Zeit

Wie erwähnt: Das Grundgesetz hat ein Datum. Es steht in der Zeit. Zeitlichkeit und Sprachlichkeit hängen auf mehrfache Weise zusammen.

Die 65 von den Landtagen gewählten Mitglieder des Parlamentarischen Rats von 1948/49 waren zu zwei Dritteln Beamte und zur Hälfte Juristen (und keine Sprachwissenschaftler). Man wollte keine Parteipolitiker, sondern Fachexperten. Es ging nicht um Parteilichkeit, sondern um das Ganze. Um alle.[42]

Es stellen sich hier bedeutende Fragen der Autorschaft. Die 65 Abgeordneten sprachen für 52 Millionen Deutsche. Jeder und jede repräsentierte also 800.000 Bürgerinnen und Bürger, die ihnen in überwältigendem Ausmaß unbekannt waren. Sie konnten nur ahnen, was all diese Millionen dachten, aber sie mussten formulierend darüber entscheiden, was sie denken sollten. Diese Form von Patriarchat (und ein wenig Matriarchat) war unvermeidlich. Eine Volksabstimmung, eine plebiszitäre Legitimation war politisch nicht denkbar. Autorenrepräsentanz stand eben für jene Form von Demokratie, die historisch schon möglich war.

Auf der anderen Seite stellte sich die Frage, wie 65 Menschen zusammen einen Text entwerfen konnten. Wer immer schon zu zweit oder zu dritt einen Text geschrieben hat, weiß um die Schwierigkeiten kollektiven Formulierens. Unter den 65 Mit-Autorinnen und -Autoren gab es keine Gleichbehandlung.

---

42 Vgl. *v. Doemming et al.*, Entstehungsgeschichte (Fn. 10), S. 33: „wir fühlen uns hier als Deutsche, als Vertreter des ganzen Volkes".

Die Mitglieder des Parlamentarischen Rats waren nicht Geschäftsführer ohne Auftrag, sondern sie machten das 52-Millionen-Kollektiv der Bevölkerung symbolisch zu seinem Auftraggeber und erklärten sich als in seinem Dienst stehend. Peter Sloterdijk spricht hier vom „Mysterium der Stellvertretung", die Versammlung könne „ohne ein Element des politisch Mysteriösen nicht gedacht werden".[43]

Michael Krüger hat die Aufgabe des Parlamentarischen Rats wie folgt gefasst:[44]

> „Nach dem Desaster des Dritten Reiches und mit Millionen Toten vor Augen, nach dem totalen Zusammenbruch der Rechtsordnung und dem legitimierten Mord an Millionen Menschen sollen nun in wenigen, allen verständlichen Worten eine für alle verbindliche Rechtsnorm aufgestellt werden, an die sich bei gutem Willen auch alle halten können – auch die Sachbearbeiter, Beamten, Richter und Staatsanwälte, die eben noch nach einer anderen Melodie getanzt hatten [...]."

Formuliert wurde der sprachliche Boden des neuen Demokratieversuchs. Auch mit dem Grundgesetz prägt die Katastrophe des „Dritten Reichs" die deutsche Gesellschaft bis heute. Das Grundgesetz ist auch ein Abgrundgesetz. Urgrund des Grundgesetzes ist das Grauen. Die Grundgesetzgebung gehörte zum Projekt der Entnazifizierung.[45] Das gilt weiter, auch wenn sich das Grundgesetz schleichend von jenem geschichtlichen Schrecken entfernt, dessen Überwindung es seine Existenz verdankt.

Da und dort geht die Vorgeschichte noch aus dem Grundgesetz selbst hervor. So wird nach Art. 102 GG die Todesstrafe nicht verboten, sondern „abgeschafft". Das Verbot wird ausgesprochen durch eine historische Zäsur. Implizit wird mitgeteilt, dass es vor dem Grundgesetz die Todesstrafe gab. Im Übrigen ist der Satz „Die Todesstrafe ist abgeschafft" ein Beispiel für neunsilbige Prägnanz.

Auch die amerikanische und die französische Verfassung, und sodann die schweizerische Bundesverfassung von 1848 gingen aus Kriegen hervor, im Fall der Eidgenossenschaft einem Bürgerkrieg, dem Sonderbundskrieg,

---

43 *P. Sloterdijk,* Fast heilige Schrift. Versuch über das Grundgesetz, in: ders. (Hrsg.), Was geschah im 20. Jahrhundert?, Berlin 2016, S. 291 (298).

44 *M. Krüger,* Nachts kann man das Gesetz stöhnen hören, in: G. M. Oswald (Hrsg.), Das Grundgesetz. Ein literarischer Kommentar, München 2022, S. 119 (123).

45 Der Nationalsozialismus wurde im Grundgesetz nicht explizit erwähnt, weil man ihm, wie ein Mitglied des Parlamentarischen Rats sagte, „kein „ewiges Denkmal" setzen wollte (*v. Doemming et al.* (Fn. 10), Entstehungsgeschichte, S. 29).

in dem die protestantischen Kantone gegen die katholischen gekämpft hatten.[46] Mögen nach jedem Zusammenbruch totalitärer Systeme freiheitliche demokratische Grundgesetze formuliert werden!

Am 8. Mai 1949 wurde der Entwurf des Grundgesetzes angenommen. Adenauer hatte darauf gedrängt, dass die Abstimmung noch vor Mitternacht über die Bühne ging, damit der Jahrestag der bedingungslosen Kapitulation gewahrt werden konnte. Die Kapitulation ist diesem Grundgesetz bis ans Ende seiner Tage eingeschrieben, nicht nur im Sinne der apokalyptischen Katastrophe, sondern auch als Beweis der Möglichkeit einer demokratischen Wiedergeburt und damit einer unglaublichen Hoffnung. Das Grundgesetz knüpft damit an heilsgeschichtliche Topoi, insbesondere die christliche Wiederauferstehung an, mit dem Unterschied, dass sie hier historisch verbürgt sind.

Vor dem Parlamentarischen Rat hatte sich schon ein Konvent als Sachverständigengremium um einen Verfassungsentwurf bemüht. Der Verfassungskonvent war in spezifischer Weise divers zusammengesetzt: Manche der 30 Herren hatte den Nationalsozialismus erlebt, fünf Mitglieder kamen aus dem Konzentrationslager, einige aus dem Exil. Der Konvent fand vom 10. bis 23. August 1946 im Konventstock des Alten Schlosses auf der Insel Herrenchiemsee statt, weit weg von den Zentren parteipolitischer Kämpfe. In einem Zimmer, in dem sich einst König Ludwig II. die Speisen hatte auftragen lassen und das die Märchenzahl 7 trug, wurde der Konvent eröffnet. Vielleicht ist ja das Märchen die am engsten mit dem Grundgesetz verbundene Literaturgattung.

Es ist nicht so, dass der Verfassungskonvent und der Parlamentarische Rat das ganze Grundgesetz erfunden hätten. Sie nahmen sich zum Vorbild insbesondere die Paulskirchenverfassung von 1849, die Weimarer Reichsverfassung von 1919, schon sie aus einer Katastrophe geboren, und die Allgemeine Erklärung der Menschenrechte von 1948. Das Grundgesetz steht daher nicht nur im Zeichen des Nie-Wieder,[47] sondern auch des Wieder, nämlich der *Wiederanknüpfung* an frühere Gegebenheiten, der Herstellung zivilisatorischer Kontinuität.

Der Grundgesetzgeber begann demnach nicht am Nullpunkt, sondern konnte und wollte an früheres Recht anknüpfen. So steht Art. 12 GG, die

46 Und so weitere Verfassungen, wie der Verfassungsentwurf der Ukraine von 1710 oder Polens Verfassung vom 3. Mai 1791.

47 Das wuchtige Nie wieder! schwächt sich mit den Dekaden ab. Es folgen Generationen, die begierig darauf zu sein scheinen, alte Fehler zu wiederholen.

Statuierung der freien Berufswahl, auf dem Boden der Gewerbefreiheit des liberalen 19. Jahrhunderts. Die Grundsätze von Gleichheit (Art. 3 GG) und Freiheit wurden schon 1798 postuliert, und ihre geistesgeschichtlichen Wurzeln reichen noch wesentlich tiefer hinab in den Brunnen der abendländischen Geschichte. Seit der Antike hat die Idee der Gleichheit aller Menschen ethische, moralische, später auch rechtliche Dimensionen, über das Christentum, den Humanismus, die Aufklärung. Die Französische Revolution brachte die Gleichheit vor dem Gesetz.

Längere Wurzeln haben auch alle Wörter, die 1949 im Grundgesetz verwendet wurden. Die Autoren mussten sich ja aus dem bestehenden Wortschatz bedienen, und dieser Wortschatz führte historisches Gepäck mit sich. Wer das Grundgesetz rein sprachlich liest, muss das Rechtliche wegdenken, aber er kann dies nicht leicht in Bezug auf das Geschichtliche tun, denn Sprache ist selbst geschichtlich, jedes Wort ist eine Geschichte für sich. Sprachlich konnte es 1949 nur bedingt eine Stunde Null geben.

Das Grundgesetz ist ein kanonischer Text – solange er als solches gilt. Denn jeder seiner Sätze besteht nur auf Zeit. Das wichtigste darin verankerte Recht ist das Änderungsrecht. Änderungen kompensieren, nebst der Auslegung, das endlose Altern des Textes. Bis dato sind gegen 70 Änderungen zu verzeichnen. Mag das Werk bei seiner Entstehung noch ein Wurf gewesen sein, so büßte es mit jeder Änderung ein wenig an Wurfhaftigkeit ein.[48] Viele Gesetzestexte verlieren mit der Neuheit an Schönheit und werden zum Flickwerk. Schon vor fünfzehn Jahren meinte Christoph Möllers: Das Original-Grundgesetz „scheint eine gewisse lakonische Würde auszustrahlen [...]. Die neuen Formulierungen des geänderten Grundgesetzes sind dagegen lang, umständlich und hässlich."[49] Im Stil konservativer Kulturkritik gesagt: 1949 konnten sie noch Deutsch, später haben dann die Sprachverhunzer übernommen.

Unverändert blieb der Name. Die Autoren verstanden das Grundgesetz, das eine Übersetzung des lateinischen „lex fundamentalis" sein soll, mit

48 Nach Gottfried Keller gleicht eine Verfassung mit vielen Änderungen „einem Fässlein Wein von einem berühmten Jahrgang [...], welchen man von Zeit zu Zeit mit neuem Weine speist, ohne ihm die alte Jahreszahl zu nehmen. In solchen Fällen kommt es für den Kenner immer darauf an, ob die Blume noch die Oberhand behalte oder ob es im Grund ein ganz anderes Getränk geworden ist." (*G. Keller,* Kantonalberichte. Zürich, 25.12.1864, in: Historisch-Kritische Gottfried Keller Ausgabe [HKGKA]. Bd. 15, Zürich 2012, S. 238.) Beim Grundgesetz ist es noch kein anderes Getränk.

49 *C. Möllers,* Vom Altern einer Verfassung: 60 Jahre Grundgesetz, in: APuZ, 18-19/2009, 5 (7).

Blick auf die Ostzone und eine Wiedervereinigung, als Provisorium, weshalb sie den Begriff der Verfassung vermieden.[50] Das hatte insofern etwas Komisches, als die mit dem Grundgesetz gegründete Bundesrepublik nicht gut provisorisch geboren werden konnte. Das historisch begründete Bestehen auf ein Provisorium wies aber über sich hinaus. Ausnahmslos jede historische und zeitgenössische Verfassung ist in dem Sinn ein Provisorium, als sie nur auf Zeit gilt. Sie mag ein Vielgenerationengesetz sein und weiß doch, dass sie sterblich ist.

Alle Gesetze unterliegen dem Wandel, und zwar mehrfach. Tag für Tag rücken sie ein wenig weg von der Lebenswelt und der Gesellschaft im Zeitpunkt der Geburt, auch von jenen seiner Änderungen. Das Grundgesetz altert, soweit es unverändert bleibt. So bildet sich seit je eine Grundspannung zwischen etwas Feststehendem, dem Gesetz, und etwas Fließendem, der Zeit, den Lebensverhältnissen der Menschen, für die das Gesetz gilt.

In gewisser Weise sieht aber der rechtliche Blick über die Effekte der Alterung hinweg. Der Text gilt in jeder Gegenwart, als wäre er eben geboren. Seine Geltung kennt absolut gesehen kein Alter. Dass der Text eine Vergangenheit und eine Zukunft hat, ist ohne Bedeutung für sein augenblickliches rechtliches Gelten.

Das wiederum hindert die Sprache nicht daran, sich wie ein naturbelassener Flusslauf dauernd zu verändern. Dies geschieht in der Umgangssprache, und es geschieht auch in der Rechts- und spezifisch der Gesetzessprache. Unablässig arbeitet die Zeit am Klang. Die Sprachgemeinschaft drückt sich anders aus, Wendungen werden altmodisch, Ausdrücke verändern leise ihren Sinn. Sie bleiben dieselben, aber ihre Bedeutung, ihre Ausstrahlung, ihr Geruch, ihre Reputation ändern sich. Wörter können giftig werden. Nehmen wir an, das Grundgesetz hätte Wörter wie „Dirne" oder „Krüppel" enthalten - sie würden heute unter gesellschaftlichem Druck, vielleicht sogar auch aufgrund rechtlicher Vorgaben ersetzt werden. Ein prominentes Beispiel für ein seit 1949 problematisch gewordenes Wort ist in Art. 3 Abs. 3 Satz 1 GG das Wort „Rasse".[51] Auch hatte das Thema „geschlechtergerechte

---

50 Im Parlamentarischen Rat wurde ausdrücklich auf „den künftigen Gesetzgeber" verwiesen (*v. Doemming et al.*, Entstehungsgeschichte (Fn. 10), S. 77). Das Grundgesetz blickte daher nicht nur zurück im Sinne des Abstoßens von der Vergangenheit, sondern auch hin zu einem Definitivum, das die Wiedervereinigung zur Voraussetzung haben sollte.

51 Zur vielleicht sprachlich motivierten Aggravierung durch die Verbindung mit „sein" – „seine Rasse" – vgl. *Britz*, Sprache (Fn. 14), S. 17: „Besonders problematisch erscheint hier die Verbindung mit dem Possessivpronomen: Niemand darf wegen 'seiner Rasse'

Sprache“ seine kombattante Herrschaft 1949 noch nicht angetreten, und so wird etwa bei den „Richtern“ regelmäßig die männliche Form verwendet.[52] Wenn es im Übrigen so etwas wie eine „männliche“ und eine „weibliche“ Sprache gibt,[53] dann hat man dem Grundgesetz angesichts der Geschlechterverhältnisse im Autorenkollektiv eine „Männersprache“ zu attestieren.

Blickten wir umgekehrt von heute auf früher zurück, so ließe sich sagen: Würden wir das Grundgesetz lesen mit den Augen eines Lesers von 1949, dann wäre dies wie das Hören von Konzerten mit historischen Instrumenten. Wie also Gesellschaftswandel und Sprachwandel in die Verfassung hineinwirken, muss sich jede Auslegung fragen.

Auch wenn die Sprache im Dienst des Inhalts steht, könnte man das Grundgesetz im Hinblick auf seine sprachliche Vorbildlichkeit und Verbesserbarkeit hin lesen. Wie ließe sich ein Satz nach den gesetzessprachwissenschaftlichen Erkenntnissen besser formulieren, ohne semantische Änderungen zu bewirken? Nähme man ein solches Programm in Angriff, sollte die Diskussion beim Grundgesetz beginnen. Und wie man ältere literarische Texte bei neuen Ausgaben behutsam sprachlich modernisiert, mag man dies auch hier tun. Zum Beispiel könnte man das veraltete Dativ-e beseitigen: vom Bundestage, vom Bundesrate (Art. 94 Abs. 1 GG), dem Bundesgesetzblatte (Art. 145 Abs. 3 GG).

---

benachteiligt oder bevorzugt werden. Dies wirkt in der Tat bestätigend. Man hätte sich klarer distanzierende Formulierungen vorstellen können, die deutlicher machen, dass das Grundgesetz selbst solche Diskriminierung nicht nur in der Sache verpönt, sondern dies auch als ein im Ansatz fehlgeleitetes Konzept erachtet. Indem formuliert wurde ‘wegen seiner Rasse’, wird einer Perpetuierung wahnhafter Rassetheorien unnötig Vorschub geleistet. Möglicherweise haben sprachästhetische Gründe zu dieser gewählten Formulierung beigetragen. Denn wenn man den ganzen Artikel liest – ‘Niemand darf wegen seines Geschlechtes, seiner Abstammung, seiner Rasse, seiner Sprache, seiner Heimat und Herkunft, seines Glaubens, seiner religiösen oder politischen Anschauungen benachteiligt oder bevorzugt werden’ –, erschiene es sprachlich unschön, wenn vor dem Wort ‘Rasse’ auf das Possessivpronomen verzichtet und eine andere Sprach- und Satzkonstruktion gewählt worden wäre. Damit bestätigt sich indessen nur, dass literarische Qualität nicht allein ausschlaggebend ist. Der Anspruch sollte allerdings sein, eine Formulierung zu finden, die Rassenideologien nicht weiter fördern kann und doch auch schön ist.“

52 Art. 13 Abs. 3, 92, 96 Abs. 2, 101 GG.

53 Vgl. Interview von Elena Witzeck mit Bundestagspräsidentin Bärbel Bas, in: FAZaS 12.05.2024, S. 13: „Je mehr Frauen dabei sind, desto wahrscheinlicher, dass sich Rahmenbedingungen und Sprache ändern.“

VI. Einzigartigkeit und Vergleichbarkeit

In den Sprachwissenschaften kennte man den Begriff der Textsorte. Er dient dazu, alle Arten von Texten nach funktionalen, sozialen und anderen Kriterien zu klassifizieren, und findet auch für juristische Texte Anwendung. So kann man Gutachten, Gerichtsentscheide, Klageschriften, Abmahnschreiben, Gesuche, Statuten, Gesetze, Verordnungen, Artikel, Dissertationen usw. unterscheiden. Das Grundgesetz gehört zur Textsorte der Gesetze, es kann mit ihnen verglichen und von ihnen unterschieden werden. Es bildet eine Untergruppe, die nur aus ihm selbst besteht. Zur selben Zeit gibt es im selben Land kein zweites Grundgesetz. Es herrscht ein nationaler Monokonstitutionalismus. Als Textsorte steht das Grundgesetz demnach einsam da. Gleichzeitig ist es die Mutter aller Gesetze. Um die Einzigartigkeit für Deutschland zu illustrieren: 2022 gab es in der Bundesrepublik ein Grundgesetz, aber 1.773 Bundesgesetze, 2.795 Bundesrechtsverordnungen,[54] dazu Landesgesetze und Gesetze der EU, insgesamt rund 150.000 Erlasse.

Das Grundgesetz ist insofern unvergleichlich, als es in der Bundesrepublik keine zweite Verfassung gibt. Rechtsgeschichtliche Vergleiche können hingegen hergestellt werden mit den früheren Verfassungen Deutschlands, und zeitgenössische Vergleiche mit den aktuellen Verfassungen anderer Staaten[55] und allenfalls mit gliedstaatlichen Verfassungen.

Verfassungen sind stets auch sprachlich Kinder und Zeugen ihrer Zeit. Mit anderen Worten: Auch die Rechtssetzungskultur unterliegt einem Wandel. 1949 konnte man eine Verfassung nicht mehr schreiben, wie man es im 18. Jahrhundert getan hatte. Damals fand man, eine Verfassung müsse aus Gründen der Staatsräson „kurz und dunkel" sein. Der vielzitierte Satz „une constitution doit être courte et obscure" wird meistens Napoleon Bonaparte, aber auch Abbé Sieyes und Talleyrand zugeschrieben.[56] Davon sind die westliche Verfassungstradition und mit ihr das Grundgesetz abgewichen.

Eine Zeit lang gab es ja noch die Verfassung eines zweiten deutschen Staats, der DDR, die mit der Wiedervereinigung verschwand. 1991 wurde

54 BT-Drucks. 20/721, S. 2.

55 Man spricht auch von vertikaler und horizontaler Verfassungsvergleichung; vgl. *Hilf*, Struktur (Fn. 2), S. 275.

56 Vgl. *T. Barczak*, Der nervöse Staat. Ausnahmezustand und Resilienz des Rechts in der Sicherheitsgesellschaft, 2. Aufl., Tübingen 2021, S. 237, Rn 180. In Art. 4 des Code civil von 1804 (und von 1808) ist auch von der „obscurité [...] de la loi" die Rede. Vgl. *M. T. Fögen*, Das Lied vom Gesetz, München 2007, S. 25.

das Grundgesetz auch verbindlich für Ostdeutschland, fast über Nacht. Was in der Bundesrepublik die Ostdeutschen wurden, waren in der Schweiz 1848 die Katholiken gewesen, eine in Teilen sperrige Minderheit, die sich nicht ganz einfach integrieren ließ. Mentalitätsunterschiede sind in beiden Fällen bis heute wahrzunehmen.

VII. Geltung und Akzeptanz

Das Grundgesetz steht in einem juristisch-politischem Kontext. Sein Inhalt ist in allen Teilen rechtlicher Art und verbindlich. Seine Geltung ist juristisch definiert. Es bedarf keiner Lektüre, um zu gelten. Es gilt auch ungelesen. Es ist rechtsrelevant für jedermann. Man kann allerdings durch das Leben gehen und das Zeitliche segnen, ohne je in direkte Berührung mit dem Grundgesetz gekommen zu sein. Es gilt auch für Personen, die in Deutschland zwar leben, aber nicht angekommen sind und seine Grundwerte nicht teilen.

Sprache hält den Inhalt nicht nur fest. Sie hat nicht nur Archivfunktion, sondern will den Inhalt auch mitteilen. Das Grundgesetz hat eine idealiter ungemein kommunikative Funktion. Man kann und muss das Grundgesetz als einen kommunikativen Akt verstehen.

Gegenstück der Geltung und Verbindlichkeit ist die *Akzeptanz*. Gesetzestexte, und exemplarisch das Grundgesetz, haben eine Diskursstruktur. Es wurde einseitig-obrigkeitlich erlassen, ohne direkte Mitwirkung der Bürger, aber seine Wirkung ist dialogisch. Wenn man die Deutschen fragen würde, was sie vom Grundgesetz erwarten, ginge es ihnen wohl nicht nur um sachlich-juristische Information. Vom Grundgesetz werden vielmehr Wirkungen darüber hinaus erwartet. Diese aber sind dem Grundgesetz fraglos zu attestieren. Es erlangte Autorität, Strahlkraft über die bloße Rechtsgeltung hinaus, und zwar auf überraschend leise Weise. Es war die Aufgabe und Leistung der Grundgesetzgeber, nicht die Tonalität des Terrors aufzunehmen, sondern zivilisatorische Normalität herzustellen. Nicht nur der Inhalt, auch die Sprache sollte demokratisch sein. Das Grundgesetz zelebriert nicht das Außergewöhnliche, sondern das idealisierte Normale und Selbstverständliche. Es stellt eine Ordnung vor Augen, die den Alltag konstituieren soll. Hält sich der Alltag an das Grundgesetz, verschwindet dieses aus der Sichtbarkeit.

Man kann die längere Phase der Normalisierung gar nicht überschätzen. Normalität hatte es nicht nur in den Kriegen, sondern auch in der Weimarer Republik mit ihren Attentaten und Putschversuchen kaum je gegeben. An so unterschiedlichen Zeitgenossen wie Klaus Mann oder Carl Schmitt ist abzulesen, was es ausmachte, unter Bedingungen des Ausnahmezustands sozialisiert worden zu sein. Ab 1933 bedeutete der Ausnahmezustand dann Willkür, Massenmord, Korruption. Das Ermächtigungsgesetz war das Gesetz der Rechtlosigkeit.[57] Zur dauerhaften Beseitigung des Ausnahmezustands durch Befestigung des Normalzustands, zur Etablierung einer als ewig gedachten Normalität gehört auch eine „Normalsprache“, die dem Legalitätsprinzip zugänglich ist, die nicht schäumt und vor Gewalttätigkeit zittert.

Goethes Wort „Wer aber nicht eine Million Leser erwartet, sollte keine Zeile schreiben“[58] galt auch für die Eltern des Grundgesetzes. Sie wussten, dass sie Millionen Leser zu erwarten hatten. Das Grundgesetz ist der größtmögliche Gegensatz zu einem Brief: Sein Adressatenkreis umfasst Abermillionen, Zeitgenossen und Nachgeborene. Laufend muss sich das Grundgesetz bewähren bei jenen, für die es neu gilt, Heranwachsenden, Zugezogenen, ins Land Geflüchteten. Umgekehrt müssen diese anerkennen, dass hier eine nicht hintergehbare, nicht verhandelbare Macht ist, eine nicht nur rechtliche, sondern auch politisch-kulturelle Gegebenheit. Dies kann nicht in allen Fällen gleich gut gelingen. Die Bindungswirkung des Grundgesetzes ist, wie bei allen Verfassungen, nicht durchwegs auf der gewünschten Höhe.

Peter Sloterdijk hat das Grundgesetz eine „fast heilige Schrift“ genannt. Er hat es damit in die Nähe säkularer Sakralität gerückt. Es strahlt eine Republikheiligkeit aus, es ist ein Republikheiligtum, auf ihm keimt aller Verfassungspatriotismus. In sprachlicher Hinsicht muss das Grundgesetz aber nicht Muster und Vorbild für die Gesetzgebung sein. Schon Gottfried Keller fand 1864, eine Verfassung sei „keine stylistische Examenarbeit“. Ihm schienen die „ohne Rücksicht auf Styl und Symmetrie“ gestalteten Verfassungen „die schönsten zu sein“.[59] Auch den Autoren des Grundgesetzes ging

---

57 Als das befristet erlassene Ermächtigungsgesetz am 31. März 1937 ablief, verlängerte es Hitler und perpetuierte so den Ausnahmezustand bis 1945; an einem „Reichsgrundgesetz“ hatte er kein Interesse. Vgl. *V. Ullrich,* Adolf Hitler. Biographie. Bd. 1: Die Jahre des Aufstiegs, Frankfurt a. M. 2013, S. 655.

58 Am 12. Mai 1825 zu Johann Peter Eckermann; *J. P. Eckermann,* Gespräche mit Goethe, 3. Aufl., Zürich 1976, S. 160.

59 *Keller,* Kantonalberichte (Fn. 48), S. 240.

es wie erwähnt nicht zuerst um die Sprache.[60] Wenn sie dem Grundgesetz ästhetische Qualitäten zu geben versuchten, dann relative: Ästhetische Qualitäten sollten im Dienst des Inhalts stehen. Die Sprache des Grundgesetzes soll kein Eigenleben entwickeln. Immer und überall ist sie Trägerin von Inhalten.

VIII. Die Form folgt der Funktion

Die Funktionen des Grundgesetzes gehen über die rechtliche Dimension hinaus. Wie alle Verfassungen hat es *verschiedene politische Funktionen* zu erfüllen. Man hat hier eine Fülle von Funktionen ins Feld geführt:

- Antwort auf die Frage, wie entschieden wird
- Festlegung der Grundzüge der politischen Ordnung
- Festlegung von Organen
- Festlegung der Zuständigkeiten und der Verfahren
- Begrenzung der Macht staatlicher Gewalten
- Festlegung, wie auf friedliche Weise Veränderungen vorgenommen werden können
- Normierung der Grundwerte
- Festlegung der Ziele der politischen Einheit
- Schaffung eines Gefühls der Zusammengehörigkeit
- Erhöhung der Akzeptanz von Entscheiden
- Schaffung von Kohärenz, Bildung von Gemeinschaft, Stiftung von Identität
- Erweckung von Verfassungspatriotismus etc.

Und etwas abstrakter:[61]

- Ordnungs- und Steuerungsfunktion
- Stabilisierungsfunktion

60 Selbst bei der Nachführung der schweizerischen Bundesverfassung im Jahr 1999 wurde die sprachliche Bereinigung nicht konsequent vorgenommen (Basler Kommentar, Bundesverfassung [BV]-Belser, Einleitung N 60).

61 Vgl. Basler Kommentar, BV-Belser, Einleitung N 42 f.; *P. Tschannen;* Die Bedeutung normativ substanzschwacher Verfassungssätze, Zeitschrift für Schweizerisches Recht [ZSR] 2024, 103 (105): „Verfassungen erfüllen gewöhnlich zwei Grundfunktionen: eine instrumentale (Rationalisierung politischer Macht durch Einrichten eines politischen Prozesses zur Setzung staatliche Beschlüsse) und eine materiale (Programmie-

- einheitsstiftende Funktion
- freiheitssichernde Funktion
- Orientierungsfunktion
- Überzeugungsfunktion
- Legitimationsfunktion.

Hauptfunktion beim Grundgesetz war die Wiederzivilisierung und -humanisierung, die Etablierung demokratisch-freiheitlich-rechtsstaatlicher Verhältnisse.

Die Gießener Verfassungsrechtlerin Gabriele Britz hat in einem sehr erhellenden Beitrag hervorgehoben, dass sich die Sprache des Grundgesetzes an dessen Funktionen messen muss:[62]

> „Die Erwartungen an die Verfassungssprache hängen davon ab, was von der Verfassung selbst erwartet wird; was man also für die Funktion der Verfassung hält, die durch Sprache gefördert oder gestört werden könnte. [...]
> Auf einer grundlegenden Ebene muss die Verfassungssprache an erster Stelle zur Verwirklichung der konkreten rechtlichen Maßgaben der Verfassungsbestimmungen beitragen. Die Verfassung ist Rechtstext; sie soll das rechtlich Gewollte tatsächlich bewirken. [...] Die Verfassungssprache muss zweitens die grundlegenden Gerechtigkeitsvorstellungen, denen sie textliche Gestalt geben soll, brauchbar abbilden, und sie muss drittens Möglichkeiten zur Identifikation bieten, um Akzeptanz und Legitimation der Verfassung zu fördern. Auf einer noch praktischeren Ebene muss eine Verfassung demnach viererlei erfüllen: Sie muss so klar sein, dass die Begrenzung von Macht und die Gestaltungsaufträge an den Staat ihre Wirkung entfalten können. Sie muss verständlich sein für die Bürgerinnen und Bürger, weil dies die Voraussetzung für eine Verfassungsidentifikation und eine daran sich anschließende Integration zu einer verfassten Gemeinschaft ist. Nur eine verständliche Verfassung ermöglicht außerdem die kritische Begleitung und Kontrolle staatlichen Handelns. Die Verfassungssprache muss außerdem einnehmend[63] sein, um ihre Identifikations- und Integrationsfunktion erfüllen zu können. Schließlich muss sie entwicklungsoffen sein, denn sie muss dauerhaft

---

rung der Sozialordnung durch Festhalten eines ersten Konsenses über das anzustrebende Gemeinwohl)."

62 *Britz*, Sprache (Fn. 14), S. 7 ff.

63 Neben „einnehmend" spricht die Lehre manchmal auch, mit etwas anderer Stoßrichtung, von „bürgerfreundlich" oder „adressatengerecht".

> und unter sich wandelnden Rahmenbedingungen als gerechte Ordnung gelten und Identifikation ermöglichen können. [...]
> Betrachtet man also die vier gefundenen Kriterien der Verfassungssprache (klar, verständlich, einnehmend, entwicklungsoffen), ist unschwer zu sehen, dass sich danach selten eindeutig beurteilen lassen dürfte, ob die Sprachwahl der Verfassung gelungen ist oder nicht, denn zum Teil stellen sich entgegengesetzte Anforderungen. 'Klar' und 'verständlich' weisen tendenziell in eine andere Richtung als 'einnehmend' oder 'entwicklungsoffen'."

Daraus wäre der Schluss zu ziehen, dass es keine einheitliche Verfassungssprache geben kann und soll, dass vielmehr die Sprache der jeweiligen Forderung entsprechen muss.

Zum selben Resultat gelangt man, wenn man die Forderung der *Sachgerechtigkeit* erhebt. Auch dann kann Einheitlichkeit kein Merkmal der Gesetzessprache sein. Die Materie, welche die Grundgesetzgeber zu ordnen suchten, war ungemein vielfältig. Anschaulich kommt dies zum Ausdruck im Sachverzeichnis des Protokolls der Beratung.[64] Zu den Themen, über die diskutiert wurde, gehörten unter anderem: Abkömmlinge von Ausgebürgerten und Flüchtlingen, Altersgrenzen für Richter, Angriffskrieg, Arzeneien (sic), Bäume, Beitritt anderer Teile Deutschlands zur Bundesrepublik, Bergbahnen, Besatzungskosten, Biersteuer, Diäten, Entnazifizierung, Feuerschutzsteuer, Forstwirtschaftliche Erzeugnisse, Frieden, Futtermittel, Genussmittel, Gewichte, Haftung bei Kreditgewährung, Hebesätze, Hochseefischerei, Hochverrat, Jagdwesen, Kraftfahrwesen, Kriegsgräber, Küstenfischerei, Landesverrat, Militärgouverneure, Name der verheirateten Frau, Pflanzenschutz gegen Schädlinge, Positives Misstrauensvotum, Reichswasserstrassen, Ruhbestand der Richter, Saatgut, Schulaufsicht des Staates, Schutz der Jugend, Seuchengefahr, Todesstrafe, Wetterdienst, Zensur, Zwangsmitgliedschaft bei Ärztekammern. Ohne weiteres folgt man der Forderung, dass bei den Menschenrechten eine andere Sprache angebracht ist als bei der Biersteuer, wenn man nicht gerade ein Recht auf Bier zu den Menschenrechten zählen will.

Der Grundgesetzgeber war kein Automat, der Formeln absonderte. Die Verbote, aber auch die Gebote, die das Grundgesetz ausspricht, sind in vielfältige Formen gekleidet.[65] So werden jeweils verschiedene Gruppen angesprochen: der Mensch, das Deutsche Volk, alle Deutschen, andere, alle

---

64 *v. Doemming et al.*, Entstehungsgeschichte (Fn. 10).

65 Vgl. *Hilf*, Struktur der Verfassung (Fn. 2), S. 287.

Menschen, Jeder, Jedermann, die Person, Männer, Frauen, Männer und Frauen, Niemand, die staatliche Ordnung, die staatliche Gemeinschaft, der Staat, die Erziehungsberechtigten, jede Mutter, die Kinder, die unehelichen Kinder, die Jugend, die Gemeinschaft, die Gesellschaft, die Lehrer, alle Deutschen, jeder Deutsche, wer verweigert, wer missbraucht, wer sich bewirbt, Wehrpflichtige, politisch Verfolgte, Angehörige der Streitkräfte, die Parteien.

Berücksichtigt man dies, kommt man zum Schluss, dass sich die Sprache des Grundgesetzes sinnvoll „zwischen Präzision und Popularität"[66] eingemittet hat.[67] Die Autoren des Grundgesetzes haben dessen Funktionen nicht so akribisch aufgeschlüsselt wie spätere Verfassungsdogmatiker. Aber sie besaßen genügend Gefühl dafür, welche Sprache welcher Funktion und welchem Regelungsinhalt angemessen war.

IX. Präambel

Die Präambel ist die Konfession der Grundgesetzgeber, sie zeigt ihre Befindlichkeit und ist daher ein historisches Dokument. Und sie wagt in gewisser Weise Schönheit. Sie schlägt einen feierlichen Ton an. Die erste Zeile enthält die *Nominatio Dei*, die „Verantwortung vor Gott". Höher geht es nicht. Wie Glockenschläge folgen sich weitere Formeln voller Pathos: „von dem Willen beseelt", „vereinigtes Europa", „dem Frieden der Welt dienen", „hat sich das Deutsche Volk kraft seiner verfassungsgebenden Gewalt dieses Grundgesetz gegeben", „haben in freier Selbstbestimmung die Einheit und Freiheit Deutschlands vollendet". Gleich zweimal wird das „Deutsche Volk" mit Großbuchstaben geschrieben, im Gegensatz zum vereinigten Europa. Und unerwähnt blieb in der Präambel, dass Verfassungskonvent und Parlamentarischer Rat unter Aufsicht der drei westlichen Siegermächte handelten, dass der performative Akt der Grundgesetzgebung und Grundrechtserklärung unter Anleitung erfolgte.[68]

---

66 *H. Dölle*, Vom Stil der Rechtssprache, Tübingen 1949, S. 51 ff.; so dann auch *Vitzthum*, Verfassung (Fn. 3), S. 382.

67 Vgl. *Hilf*, Struktur (Fn. 2), S. 290: „Die Sprache des Grundgesetzes hat insbesondere den Mittelweg zwischen Verständlichkeit und der von Rechtsstaatprinzip geforderten rechtlichen Präzision eingehalten."

68 Der Auftrag wurde von den drei westlichen Alliierten erteilt. Sie hatten Zugriff auf die Sitzungsprotokolle. Die Mitglieder des Parlamentarischen Rats wurden überwacht und auch abgehört.

Aber hätte man denn die Feierlichkeit mindern können und sollen? Nein, das wäre in diesem Moment, der wie wenige andere das Adjektiv „historisch" verlangt, nicht angemessen gewesen. Das Grundgesetz bedeutete den rechtlichen Wiedereintritt Deutschlands in die zivilisierte Menschheit, in eine demokratische Verfasstheit, in das Glück republikanischer Normalität, das heute noch nachzittert. Die feierliche Sprache der Präambel erinnert alle Nachwelt an diesen Augenblick. Sie ist nicht museal geworden, sondern ein Gefäß geschichtlicher Vermittlung. Sie lässt das unvergangene Damals erkennen.

Man kann sich schon fragen, weshalb es in der Verantwortung der Deutschen gegenüber Gott stehe, sich ein Grundgesetz zu geben, und weshalb dieser Gott, nachdem er ein vielmillionenfaches Schlachten zugelassen hat, von den Deutschen ein Grundgesetz erwarte. Aber auch die schweizerische Bundesverfassung, und zwar noch jene von 1999, maßt sich in der Präambel an, "[i]m Namen Gottes" zu sprechen, wobei dem „Gott" auch noch das Prädikat „Allmächtig" verliehen wird.[69] Das ist eine Referenz an den Bundesbrief von 1291, ein aus dem Hochmittelalter hineinragendes Zitat. Zu seiner Verteidigung wurde ausgeführt, jede Person könne ihr einen persönlichen Sinn geben. Unter dieser Formulierung drängen sich demnach ein paar Millionen persönliche Götter.

In der Geschichte der Entstehung der Nachführung der schweizerischen Bundesverfassung von 1999 gibt es eine Engführung von Recht und Literatur, und zwar eben in der Präambel. Die sogenannte „Narratio" versucht, die grundlegenden Werte festzuhalten. Im letzten Absatz gaben sich Schweizervolk und Kantone die Verfassung in der „Gewiss[heit], dass frei nur ist, wer seine Freiheit gebraucht, und dass die Stärke des Volkes sich misst am Wohl der Schwachen".

Die Formulierung stammt von dem Schriftsteller Adolf Muschg. Im Parlament wurde sie kritisiert. Sie sei zwar dichterisch schön formuliert, aber doch ein Fremdkörper, und die Räte sollten sich „vor Geschwätzigkeit und Langfädigkeit hüten".[70] Die Formulierung wurde dann aber beibehalten.

69 Vgl. *A. Muschg*, Erzene Verfassung, in: Konrad Adenauer Stiftung (Hrsg.), Die Politische Meinung. Ausgabe 555, 17.4.2019, S. 48 (52): „Der Vorschlag, Ihm wenigstens das Beiwort 'des Allmächtigen' zu ersparen, scheiterte an der Entdeckung, dass 'nom de Dieu' in der zweiten Landessprache als Fluch herausgekommen wäre."

70 Nationalrat Oscar Fritschi. Vgl. Basler Kommentar, BV-Belser, Präambel N 36.

Peter Häberle fand sie „das vielleicht schönste neuere Beispiel positiver Leistungen von Literatur und Literaten für den Verfassungsstaat".[71]

Später wurde Adolf Muschg von einem Journalisten gefragt: „Müsste die Verfassung nicht poetischer sein, sodass man sie gerne zitiert?" Und er gab indirekt bejahend zur Antwort: „Andere Völker hatten das Glück, unter ihren Staatsmännern begnadete Sprachmeister zu haben – die USA etwa mit Thomas Jefferson, der in der Unabhängigkeitserklärung von 1776 schrieb: 'We hold these truths to be self-evident, that all men are created equal.'"[72]

X. *„Die Würde des Menschen ist unantastbar"*

Wenige lesen das Grundgesetz seiner Sprache wegen. Wenige lesen es am Stück. Auch dies teilt es mit der Bibel. In der Regel liest man jene Artikel, die einen interessieren und die man oft zuerst suchen muss. Das Grundgesetz ist denn auch kein zum Auswendiglernen geeignetes Objekt.[73] Wäre die Existenz Deutschlands von jenen abhängig, die zehn Artikel des Grundgesetzes zu rezitieren vermögen, hätte sich das Land längst aufgelöst.

Am meisten dem Auswendigkönnen zugänglich ist gleich der erste Satz: „Die Würde des Menschen ist unantastbar." Die Menschenwürde kam schon in der Weimarer Verfassung vor, jedoch nur als Adjektiv an abgelegenem Ort (Art. 151). Im Grundgesetz erfuhr sie, nach dem Vorbild der allgemeinen Menschenrechtserklärung von 1948, eine Erhöhung wie kein anderes Wort. Sie wurde zum Substantiv umgekleidet und in den ersten

---

71 *P. Häberle,* Das Grundgesetz der Literaten. Der Verfassungsstaat im (Zerr?) Spiegel der Schönen Literatur, Baden-Baden 1983, S. 84.

72 Interview mit Adolf Muschg zu 175 Jahre Bundesverfassung, in: Blick online 08.04.2023. Vgl. für die amerikanische Verfassung *Ferguson,* "We Do Ordain and Establish", S. 14: "John Adams sees as much in comparing 'the art of lawgiving' to architecture and painting. When he also notes that 'the fabrication of constitution will be the occupation or the sport, the tragedy, comedy, or farce, for the entertainment of the world for a century to come,' we catch a rare glimpse of the aesthetic behind a major literary achievement."

73 Damit soll nichts gegen das Auswendiglernen gesagt sein. In früheren Zeiten mit minderer Dominanz der Schrift half das Auswendiglernen der Rechtsverbreitung. Und Literarizität half dem Auswendiglernen. Alte Rechtssprichwörter verwenden Reim und Stabreim („Augen auf, Kauf ist Kauf."). Und Cicero will „den virtuellen Text" des Zwölftafelgesetzes „als carmen gelernt" haben (*Fögen,* Das Lied vom Gesetz (Fn. 56), S. 68).

Satz geleitet und strahlt seither von dort auf alles Spätere, in Gesetz und Gesellschaft.[74]

Man nannte diese Formulierung einen „Griff in die Sterne",[75] feiertagssprachlich, „handfest pathetisch"[76] So kurz aber der Satz, so offen sein Sinn. Dem Menschen wird Würde zugeschrieben. Dies wird nicht erklärt. Die „Würde" wird als selbstverständlich vorausgesetzt. Jeder Mensch hat Würde. (Von Tieren, Pflanzen und der unbelebten Natur ist noch nicht die Rede.) Sie ist ihm aufgrund seines Menschseins verliehen. Er kann sie nicht verlieren und nicht vernichten. Sie eignet auch Massenmördern.

Nun gestattet uns das Leben bekanntlich nicht, die Würde in allen Lebenslagen uneingeschränkt zu wahren. Das sprachlich abzubilden, hätte aber eine Überforderung des Grundgesetzgebers bedeutet. Es ging ihm nicht um die Komplexität des Lebensalltags. Vielmehr duldete er keine Würdelosigkeit und keine Unwürdigkeit. Wer historisch Opfer gewesen war, wusste, was der Schutz der Würde bedeutete. Man könnte despektierlich sagen, hier werde der Sinn für das Vage befriedigt. Doch auch im Fall der Würde zeigte sich der Vorteil offener Begriffe. Er gestattete es seit 1949, „Menschenwürde" immer weiter aufzuladen und damit auf der Höhe der Zeit zu halten.

Die Würde wird ins Zentrum gestellt, zum Subjekt gemacht, und es wird ihr eine Eigenschaft, die Unantastbarkeit verliehen. Aber das geschieht nur zum Schein. Der Grundgesetzgeber will nicht der Würde eine Eigenschaft zusprechen, sondern ein sich an jedermann richtendes implizites Verbot erlassen. In der Sprache der biblischen Gebote hieße es: „Du darfst die Würde des Menschen nicht antasten." Oder in der Verneinung: „Niemand

74 In der Präambel wurde zuerst von der „geschändeten Menschenwürde" gesprochen (*v. Doemming et al.*, Entstehungsgeschichte (Fn. 10), S. 37). In Vorentwürfen hatte es geheißen (*v. Doemming et al.*, Entstehungsgeschichte (Fn. 10), S. 48): „Die Würde des Menschen ruht auf ewigen, einem Jeden von Natur aus eigenen Rechten." Es handle sich um vorstaatliche Rechte, die nicht erteilt, sondern anerkannt würden. Alternativen waren (*v. Doemming et al.*, Entstehungsgeschichte (Fn. 10), S. 49 ff.): „Die Würde menschlichen Lebens wird vom Staate geschützt." „Die Würde des menschlichen Wesens steht im Schutz der staatlichen Ordnung." „Menschenrecht und Menschenwürde zu achten und zu beschützen ist heilige Verpflichtung aller Staatsgewalt." „Die Würde des Menschen zu achten und zu schützen, ist heilige Verpflichtung aller staatlichen Gewalt." „Die Würde des Menschen steht im Schutze der staatlichen Ordnung." „Die Würde des Menschen ist unantastbar." „Die Würde des Menschen ist in der staatlichen Ordnung zu schützen."

75 *Hilf*, Struktur (Fn. 2), S. 286.

76 *B.-O. Bryde*, Verfassungsentwicklung, Stabilität und Dynamik im Verfassungsrecht der Bundesrepublik Deutschland, Baden-Baden 1982, S. 84 ff., 90.

darf die Würde des Menschen antasten." Aber aufgenommen wurde eben die Formulierung „ist unantastbar". Die Vorsilbe „un" stellt eine trotzige Negation her. Mit dem Verb „sein" und der Silbe „bar" erfolgt eine Objektivierung. Justiziabel ist nicht die Unantastbarkeit, sondern die Würde. Niemand kann verlangen, die Würde antasten zu dürfen. Vielmehr können Menschen klageweise geltend machen, ihre Würde sei angetastet worden.

In diesem Zusammenhang fragt sich, ob „antastbar" das beste Adjektiv ist.[77] Wie kann man etwas Immaterielles wie Würde antasten? Das geht nur, weil „antasten" metaphorisch gemeint ist. Sprachkritisch ist festzuhalten, dass „Tasten" etwas schwach ist. Es ist eine sanfte Bewegung. Sie ist mit Unwissen und Unsicherheit verbunden. Tasten muss, wer den Weg nicht kennt. Dabei sind grundsätzlich alle Formen der Verletzung der Würde gemeint, also auch viel rabiatere Vorgehensweisen als das „Antasten". Die Würde wird gefoltert, vergewaltigt, vergiftet, ertränkt. Aber es lässt sich nicht gut sagen: Die Würde des Menschen ist unerschießbar.

Allerdings wissen wir, dass die Würde des Menschen so wenig unantastbar ist, wie alle Menschen gleich sind. Aufgestellt wird ein dogmatisches Ideal- und Wunschbild. „Obschon im Präsens formuliert", meinte Peter Sloterdijk dazu, „fungiert die Wendung 'ist unantastbar' zugleich als Futur; obwohl im Indikativ gesprochen, bringt sie auch einen feierlich-diskreten Optativ zum Ausdruck."[78] Ja, dass die Menschenwürde unantastbar sei, ist für heute eine schöne Lüge, ein frommer Schwindel, aber für morgen auch eine waghalsige Hoffnung. Etabliert wird ein diesseitiges Jenseits der schönen Zukunft. Womit wir wieder beim Märchen wären.

In eine ähnliche Richtung zielt Michael Krüger, in Bezug auf die Gleichheit:[79]

> „Formulierungen wie 'Alle Menschen sind gleich' [enthielten] nicht nur die prinzipielle Unschärfe, weil alle Menschen eben in der Vergangenheit nicht und niemals gleich gewesen waren und es auch in Zukunft nie und nimmer sein würden, sondern weil mit diesen vier harmlosen Worten natürlich eine ideale, aber alles in allem unrealistische Weltanschauung ausgedrückt werden sollte."

---

77 Statt „unantastbar" heißt es in Art. 1 Abs. 2 GG „unverletzlich" und „unveräußerlich", so auch Art. 4 Abs. 1 GG, Art. 10 Abs. 1 GG, Art. 13 Abs. 1 GG. In Art. 19 Abs. 2 GG: „darf nicht angetastet werden".

78 *Sloterdijk,* Schrift (Fn. 43), S. 300. Das Bild wird auch im Zusammenhang mit Geld verwendet: Vermögen darf nicht angetastet werden.

79 *Krüger,* Nachts (Fn. 44), S. 123.

XI. Verwaltungssprache

Nach den 19 Grundrechten folgen über hundert Bestimmungen, die nicht durchwegs unter Sprachperlenverdacht fallen. Man trifft zum Beispiel immer wieder auf diese Komposita-Ungetüme, die das Deutsche zulässt:[80] „Weltanschauungsschule" (Art. 7 Abs. 5 GG), „Straßengüterverkehrssteuer" (Art. 106 Abs. 1 Nr. 3), „Gemeindesteuerkraftzuweisungen", (Art. 107 Abs. 2 GG), „Konjunkturbereinigungsverfahren" (Art. 115 Abs. 2 GG), „Kriegsfolgelasten" (Art. 120 Abs. 1 GG), „Gemeindeverkehrsfinanzierungsgesetz" (Art. 125c Abs. 2 GG), „Schienenpersonennahverkehr" (Art. 87e Abs. 4, 143a Abs. 3 GG). Man findet aber auch da Sätze von elementarer Wucht, wie: „Die Bundesrepublik Deutschland ist ein demokratischer und sozialer Bundesstaat." (Art. 20 Abs. 1 GG). „Alle Staatsgewalt geht vom Volke aus." (Art. 20 Abs. 2 GG). „Bundesrecht bricht Landesrecht." (Art. 31 GG).

Es gibt kurze Sätze (Art. 52 Abs. 3 GG): „Der Bundesrat fasst seine Beschlüsse mit mindestens der Mehrheit seiner Stimmen. Er gibt sich eine Geschäftsordnung. Er verhandelt öffentlich. Die Öffentlichkeit kann ausgeschlossen werden." Und dann wiederum elend lange Sätze:

> „Die Bundesregierung kann eine Vorlage, die sie bei der Zuleitung an den Bundesrat ausnahmsweise als besonders eilbedürftig bezeichnet hat, nach drei Wochen oder, wenn der Bundesrat ein Verlangen nach Satz 3 geäußert hat, nach sechs Wochen dem Bundestag zuleiten, auch wenn die Stellungnahme des Bundesrates noch nicht bei ihr eingegangen ist; sie hat die Stellungnahme des Bundesrates unverzüglich nach Eingang dem Bundestag nachzureichen." (Art. 76 Abs. 2 GG)

> „Bei völkerrechtlichen Verträgen, die eine Friedensregelung, die Vorbereitung einer Friedensregelung oder den Abbau einer besatzungsrechtlichen Ordnung zum Gegenstand haben oder der Verteidigung der Bundesrepublik zu dienen bestimmt sind, genügt zur Klarstellung, dass die Bestimmungen des Grundgesetzes dem Abschluss und dem Inkraftsetzen der Verträge nicht entgegenstehen, eine Ergänzung des Wortlautes des Grundgesetzes, die sich auf diese Klarstellung beschränkt." (Art. 79 Abs. 1 GG)

Alles klar?

---

80 Vgl. *Hilf*, Struktur (Fn. 2), S. 285: „überdurchschnittliche Verwendung von Komposita".

Interessant ist Art. 82 Abs. 1 GG:

> „Jedes Gesetz und jede Rechtsverordnung soll den Tag des Inkrafttretens bestimmen. Fehlt eine solche Bestimmung, so treten sie mit dem vierzehnten Tage nach Ablauf des Tages in Kraft, an dem das Bundesgesetzblatt ausgegeben worden ist."

Eine schön menschliche Vorschrift, die Verfassung sieht die Schlamperei voraus und sorgt für ihre Korrektur.

In der Lehre ist man sich weitgehend einig, dass die Sprache des Anfangs von anderer Qualität ist als das Folgende. Wer im Grundgesetz nach Musikalität und Poetizität sucht, hat es hier zu tun. Sloterdijk spricht von „überragenden Formulierungen der Präambel und der ersten neunzehn Artikel".[81] Dabei ist aber eben zu beachten, dass von Ungleichem die Rede ist. Auf der Grundlage ihrer Funktionen-These verteidigt Gabriele Britz zu Recht die Sprache ab Artikel 20:[82]

> „Beklagt wird [...] regelmäßig die Sprache jener Grundrechtsartikel, in denen neben der Grundgewährleistung detaillierte umständlich erscheinende Einschränkungs- und Verfahrensregelungen normiert sind. Vor allem Grundgesetzänderungen werden als Verlustgeschäft für die Sprache wahrgenommen. Allerdings fand bereits Theodor Heuss im Parlamentarischen Rat an Art. 104 GG störend, dass neben allgemeinen Rechtssätzen bis ins Kleinste ausgearbeitete Verfahrensvorschriften stünden. Sein ästhetisches Empfinden sträube sich dagegen, derartige Einzelheiten an die Grundrechte angeschlossen zu sehen. [...] Ganz so einfach sollte man sich die Kritik solcher Verfassungssprache allerdings nicht machen. Verfahrensregeln sind ein zentrales Instrument des Grundrechtsschutzes. Die Betonung der materiellen Bedeutung von Organisation und Verfahren hat nach 1949 noch stark zugenommen. Organisations- und Verfahrensbestimmungen sind Mechanismen, um die Durchsetzungskraft inhaltlicher Regelungen zu stärken und können für sich eine gewisse Entscheidungsrichtigkeit sichern. Sie können zur Durchsetzung des Verfassungsrechts ebenso beitragen wie eine kraftvoll knappe Sprache."

---

81 *Sloterdijk,* Schrift (Fn. 43), S. 300. Vgl. *Britz,* Sprache (Fn. 14), S. 5: „Die Grundrechte sind tendenziell schöner formuliert als das Staatsorganisationsrecht, und aus einem Guss formulierte Artikel klingen angenehmer als solche, denen später Ergänzungen angefügt wurden. Darüber hinaus hängt das Urteil von subjektivem Sprachgefühl ab [...]."

82 *Britz,* Sprache (Fn. 14), S. 13 f.

Im Übrigen verbirgt sich in den knochentrockenen Sätzen, mit Thomas Mann gesprochen, auch etwas „höhere Heiterkeit". Die pomp- und pathoslose Kartonsprache (grau, praktisch) hat ihre eigene Poesie. Und ihre eigenen Qualitäten: Seine „Nüchternheit und Zurückhaltung", meinte Meinhard Hilf, habe „dem Grundgesetz nicht geschadet, im Gegenteil: Weil die Sprache des Grundgesetzes den Bürger nicht bedrängt, ihn nicht in seinen Wertvorstellungen zu sehr festlegt, dabei aber eingängig formuliert ist", sei ihm „einheitsstiftende Akzeptanz zugewachsen".[83]

XII. Schluss

Zusammengefasst: Das Grundgesetz ist mit hoher Sorgfalt abgefasst. Seine Sprache ist nicht einheitlich, sondern passt sich den verschiedenen Funktionen an und wird ihnen, wie auch den jeweiligen Regelungsbereichen, gerecht. Um Maß und Moderation bemüht, ist sie nicht „obskur", sondern im Ganzen klar, unaufdringlich und zukunftsoffen. Sie ist, von erfreulichen Ausnahmen abgesehen, nicht literarisch. Dessen ungeachtet äußert es literarische Wirkungen, insbesondere mit den Menschenrechtsbestimmungen. Die republikanische Sprachnüchternheit des Grundgesetzes steht für eine zivilisatorische Normalisierung, die nicht überschätzt werden kann. Sie entsprach sowohl der historischen nationalen Ernüchterung wie dem Postulat einer vor jedem Politkult, vor messianischen Febrilitäten und irrationaler Verwahrlosung gefeiten Zukunft. Das Grundgesetz atmet das Glück posttragischer Normalität. Die Präambel und auch einzelne spätere Formulierungen lassen noch die historische Ausgangslage erkennen, die nach dem Willen des Gesetzgebers selbst nie vergessen werden soll. Das Altern dieses Gesetzes und auch seiner Sprache wird durch viele offene Begriffe berücksichtigt und durch zeitgemäße Auslegung sowie Änderungen kompensiert. Eine sprachliche Revision nach gesetzsprachwissenschaftlichen Erkenntnissen ist nicht dringend erforderlich, wäre aber doch wünschbar.

Das Grundgesetz ist sich seiner Unabkömmlichkeit bewusst. Es weiß, dass wir nicht leben könnten ohne Ordnung. Was es im ersten Satz bekundet, gilt für das Gesetz selbst. Wir sind aufgefordert, durch Einhaltung der Ordnung, die es aufstellt, seine eigene Würde nicht anzutasten.

---

83 *Hilf*, Struktur (Fn. 2), S. 286.

Das Grundgesetz und die internationale Staatengemeinschaft

von *Prof. Dr. Dres. h.c. Angelika Nußberger*

I. Standing von Verfassungen und historischer Kontext

Das „Standing“ von Verfassungen und ihr Einfluss auf Rechtsentwicklungen in anderen Staaten können nicht losgelöst vom historischen Kontext, in dem sie entstanden sind, betrachtet werden. Die Voraussetzungen für die Wirkungsgeschichte des Grundgesetzes waren bei seiner Ausarbeitung im Jahr 1949 denkbar schlecht: es war eine bewusst als „provisorisch“ bezeichnete Verfassung eines in einem selbstverschuldeten Krieg zerstörten und geteilten Staates. In vergleichbarer Situation entstanden etwa auch die ukrainische Verfassung des Pylyp Orlyk im Jahr 1710[1] nach einer militärischen Niederlage[2] oder die polnische Verfassung im Jahr 1791[3] nach der ersten und vor der zweiten und dritten „polnischen Teilung“.[4] Diesen Verfassungen wurden zwar nationale Denkmäler gesetzt, in der allgemeinen Verfassungsgeschichte aber trotz ihres Pioniercharakters und teilweise wegweisenden Inhalts[5] eine Anerkennung versagt. Vor diesem

---

1 Zu dem Text der ukrainischen Verfassung aus dem Jahr 1710, die heute im Russischen staatlichen Archiv alter Akten gelagert wird, siehe *O. Pritsak,* The First Constitution of Ukraine (5 April 1710), Harvard Ukrainian Studies, 1998, Vol. 22, 471 (475 ff.).

2 Siehe zum historischen Kontext der ukrainischen Verfassung von 1710: *B. Haggman,* The Bendery Constitution and Pylyp Orlyk and His Government-in-Exile in Sweden in 1715-1720, Law of Ukraine: Legal Journal, 2020 (1), 288.

3 Vgl. dazu *M. Szwast, M. Szwed, P. Starski,* The Evolution and Gestalt of the Polish Constitution, in: A. von Bogdandy, P. M. Huber, S. Ragone (Hrsg.), The Max Planck Handbooks in European Public Law. Volume II: Constitutional Foundations, S. 431 (434 ff.).

4 Siehe zur Entstehungsgeschichte der polnischen Verfassung von 1791: *M. Hiller,* The Polish Constitution of May 3, 1791- Myth and Reality, The Polish Review, 1992, Vol. 37 (2), 185.

5 So spricht Irmantas Jarukaitis bezüglich der polnischen Verfassung von 1791 von der ersten modernen europäischen Verfassung, die sich zwar nur beschränkt auf die weitere Entwicklung des Konstitutionalismus ausgewirkt habe, aber in Europa diskutiert und ins Englische, Französische und Italienische übersetzt worden sei; vgl. *I. Jarukaitis,* The Evolution and Gestalt of the Lithuanian Constitution, in: A von Bogdandy et al. (Hrsg.), The Max Planck Handbooks in European Public Law. Volume II (Fn. 3), S. 319 (321 f.).

Hintergrund ist die Erfolgsgeschichte des Grundgesetzes in der internationalen Staatengemeinschaft eine große Überraschung. Das Grundgesetz wird als Musterbeispiel einer auf „Lessons Learnt" aufbauenden Verfassung rezipiert, die neue Konzepte zur Überwindung der in der Weimarer Republik gemachten Fehler entwickelt hat.[6] Innovative Ideen wie eine starke Verfassungsgerichtsbarkeit und das Bekenntnis zur Menschenwürde haben sich in der Zeit des verfassungsrechtlichen Neubeginns in Mittel- und Osteuropa nach dem Ende des sozialistischen Experimentierens durchgesetzt.[7] Deutschlands Charakteristikum als Exportnation zeigt sich auch allgemein bei der „Ausfuhr" von verfassungsrechtlichen Ideen, auch wenn manche Elemente, etwa die schwache Stellung des Präsidenten oder der komplex strukturierte Föderalismus, eher Ladenhüter sind. Aber, so wie auch gegenwärtig der Export stagniert, scheinen auch die aus Deutschland stammenden verfassungsrechtlichen Ideen im Augenblick nicht mehr auf fruchtbaren Boden zu fallen und dem Missbrauch – und damit einhergehend der Diskreditierung – ausgesetzt zu sein.

Diesen Entwicklungen und damit der Stellung des Grundgesetzes in der internationalen Staatengemeinschaft ist die vorliegende Abhandlung gewidmet.

II. Die Umstände der Entstehung des Grundgesetzes und seine internationale Mission

Die Entstehung des Grundgesetzes könnte man unter die Überschrift „Verhangene Sterne" stellen. Denn es war das Gegenteil einer verfassungsrechtlichen Sternstunde, als das Grundgesetz vom Parlamentarischen Rat am 23. Mai 1949 angenommen wurde.[8] Nicht nur war Deutschland besetzt und von dem politischen Willen anderer abhängig, sondern auch geteilt und damit – sieht man Verfassungen als Monumente der Staatlichkeit an – nicht bereit für eine institutionelle Verfestigung. So ersetzte man denn auch Pathos durch Nüchternheit und Sachlichkeit bei der Annahme des Grund-

6 Siehe beispielsweise *C. Waldhoff*, „Weimar" als Argument. Die Weimarer Reichsverfassung als Vorbild und als Gegenbild für das GG, JuS 2019, 737.
7 *G. Brunner*, Die neue Verfassungsgerichtsbarkeit in Osteuropa, ZaöRV 1993, 826.
8 Ausführlich dazu *K. Kröger*, Die Entstehung des Grundgesetzes, NJW 1989, 1318.

gesetzes.[9] Aber von „verhangenen Sternen“ zu sprechen bedeutet doch, dass es Sterne gab, zum einen aufgrund der langen und tief durchdachten deutschen Verfassungstradition, die sich in bedächtigen und nachhaltigen Schritten von den ersten Verfassungen des Vormärz über die Paulskirchenverfassung und die Weimarer Verfassung entwickelt hatte.[10] Zum anderen waren es kluge Köpfe, die am Grundgesetz mitarbeiteten und innovative Antworten auf Fragen gaben, die zu dieser Zeit für Deutschland drängend und schwierig waren, mit denen zu späterer Zeit aber auch andere Staaten konfrontiert waren. Aber die Wirkungsmacht des Grundgesetzes lässt sich nicht allein daraus erklären. Vielmehr resultierte sie auch aus den geopolitischen Konstellationen der Nachkriegszeit. Deutschland wurde aufgrund seiner zentralen Lage in Europa und an der Schnittstelle zwischen Ost und West wieder auf die Bühne geholt. Für seine neue Rolle, zurückhaltend in den internationalen Beziehungen, verlässliche und stabil als Ordnungsmacht in einem ideologisch gespaltenen Kontinent, hat das Grundgesetz die Basis bereitet.

Weitere Aspekte sind wichtig mit Blick auf den Einfluss, den das Grundgesetz in der internationalen Staatengemeinschaft später haben sollte. War die Mitwirkung von „außen“ aufgrund von „Aufträgen“, „Korrekturanweisungen“ und „Zustimmungserfordernissen“ evident,[11] so war doch auch das Selbstbewusstsein der deutschen „Rezipienten“ nicht zu übersehen.[12] Trotz der „Sieger-Besiegten-Ausgangslage“ lag der Verfassung ein Dialog, nicht

---

9 Vgl. *H. Bredkamp,* Politische Ikonologie des Grundgesetzes, in: M. Stolleis (Hrsg.), Herzkammern der Republik. Die Deutschen und das Bundesverfassungsgericht, München 2011, S. 9 ff., der bei der bewussten Wahl eines nüchternen Stils auch auf die Abgrenzung zu den vergangenen Epochen verweist. Es sei darum gegangen, „alles zu vermeiden, was mit dem vermeintlichen Pomp des Reichstages wie auch der Inszenierung der Nationalsozialisten verbunden werden konnte.“ (S. 10).

10 Zu den Einflüssen der deutschen Verfassungstradition auf das Grundgesetz siehe beispielsweise *D. Grimm,* Das Grundgesetz in der deutschen Verfassungstradition, APuZ 16-17/1989, 3, abrufbar unter: https://www.bpb.de/shop/zeitschriften/apuz/archiv/534817/das-grundgesetz-in-der-deutschen-verfassungstradition/ (abgerufen am 19.06.2024).

11 Vgl. zur U.S. amerikanischen Einflussnahme auf das Grundgesetz *R. A. Miller,* The Last Great American Constitutional Export?, in: F.A.Z. Einspruch 23.05.2024, abrufbar unter: https://www.faz.net/einspruch/the-last-great-american-constitutional-export-19739289.html (abgerufen am 26.08.2024).

12 *Miller,* Export (Fn. 11) spricht trotz der nicht verhandelbaren Vorgaben der Alliierten vom Grundgesetz als einem „distinctly German document developed in a proudly autonomous, German process.“

ein Diktat zugrunde.[13] Das Gegenbeispiel war im Osten beim „Export" der Stalinverfassung in die neuen Satellitenstaaten des Ostblocks zu sehen. Sie haben sich – anders als das Grundgesetz – nie von ihrem Modell emanzipiert. Zudem war die Einbettung des Grundgesetzes in den westlichen Konstitutionalismus eine Selbstverständlichkeit. Es ging um das Fortführen bekannter und bewährter, aus verschiedenen Staaten stammender Traditionen[14] und nicht um ein ideologisches Experiment; auch hier ist der Osten Europas die Gegenfolie.

Die wichtigen Stichworte der ersten Zeit für die weitere Entwicklung sind so „Dialog", „Tradition", „Innovation", „Bescheidenheit" und „Selbstbewusstsein", letzteres, obwohl es eine eigentlich ungewünschte Verfassung für einen eigentlich ungewünschten Staat war.

Für die spätere Wirkung des Grundgesetzes war zudem relevant, dass es neu war in einer Zeit, als sich die Welt neu erfand. Es war eines der ersten juristischen „Kinder" der neuen Zeit, fast zeitgleich mit der Allgemeinen Erklärung der Menschenrechte und der Europäischen Menschenrechtskonvention ausgearbeitet und im Spirit damit weitgehend übereinstimmend. Es brachte in präzisen Aussagen wie etwa zur Menschenwürde, zum Eigentum und zum sozialen Staat auf den Punkt, was man in anderen Verfassungen möglicherweise auch gerne so formuliert hätte, aber nicht konnte, weil „das Alte" noch da war und kein unmittelbarer Anlass bestand, es zu ersetzen; man denke etwa an Österreich mit seiner aus vielen Texten zusammengesetzten Verfassung, die weit ins 19. Jahrhundert zurückreichte[15] oder auch an die Schweiz, die erst Ende des Jahrtausends einen Neuanfang in Angriff nahm.[16]

Zudem nahm sich die Verfassung ernst und wollte ernst genommen werden. Sie hatte nicht den Anspruch zu deklarieren, sondern sie wollte die Wirklichkeit gestalten. Die in Teil 1 des Grundgesetzes normierten Grund-

---

13 Zu den verschiedenen Narrativen der Entstehungsgeschichte vgl. *S. Baer*, The Evolution and Gestalt of the German Constitution, in: A. von Bogdandy et al. (Hrsg.), The Max Planck Handbooks in European Public Law. Volume II (Fn. 3), S. 163 ff.

14 Zu den verschiedenen Einflüssen vgl. *Baer*, German Constitution (Fn. 13), S. 166 ff.

15 *P. Bußjäger*, Jenseits von Spielregel- und Werteverfassung. Verfassungsfunktionen auf dem Prüfstand, in: ders., A. Gamper, A. Kahl (Hrsg.), 100 Jahre Bundesverfassungsgesetz, Wien 2020, S. 7.

16 Pressemitteilung des Bundesamtes für Justiz: „Neue Bundesverfassung am 1. Januar in Kraft - Erste Etappe der Reform abgeschlossen - weitere folgen", Bern, 27.12.1999, abrufbar unter: https://www.bj.admin.ch/bj/de/home/staat/gesetzgebung/archiv/bundesverfassung.html (abgerufen am 12.07.2024).

rechte sollten Gesetzgebung, vollziehende Gewalt und Rechtsprechung binden. Und sie sollten gerichtlich durchsetzbar sein.

III. Die Entwicklung des Grundgesetzes zum „Exportschlager" Anfang der 90er Jahre

Ende der 80er Jahre entdeckte man in der Sowjetunion die Vorzüge der Verfassungsgerichtsbarkeit. Man begann über das zu streiten, was man einen „sozialistischen Rechtsstaat" nannte. Vladimir Tumanov, der spätere Präsident des russischen Verfassungsgerichts und der erste Richter am EGMR, schrieb in der Zeitschrift „Sozialistischer Staat und Recht" in den 80er Jahren einen Aufsatz über Verfassungskontrolle.[17] In einer der vielen Reformen der sowjetischen Verfassung wurde ein Verfassungsaufsichtskomitee vorgesehen und dann auch als Institution installiert.[18] Und was machte das Bundesverfassungsgericht? Es packte ein großes Paket – zur Unterstützung der Arbeit des neuen Verfassungsaufsichtskomitees schickten die Karlsruher ihre bis dahin 80 Bände umfassende Entscheidungssammlung nach Moskau.

Wahrscheinlich war dies ein eher symbolischer Versuch der Einflussnahme, denn von den Juristen und Juristinnen am Verfassungsaufsichtskomitee war niemand der deutschen Sprache mächtig. Aber die deutschen Wissenschaftsstiftungen, etwa die Humboldt-Stiftung, taten das Ihrige und luden russische Verfassungsjuristen nach Karlsruhe ein – der Verfassungstourismus begann, nicht nur mit Russland, sondern auch mit den vielen anderen Staaten, die sich plötzlich schmerzhaft bewusst wurden, dass sie kaum auf eigene Verfassungstraditionen zurückgreifen konnten und so am Fremden lernen mussten. Liest man die ersten Entscheidungen des ungarischen Verfassungsgerichts,[19] etwa zur Abschaffung der Todesstrafe,[20] könnte man

---

17 *V. A. Tumanov,* Sudebnyj kontrol' za konstitucionnost'ju normativnych aktov (Gerichtliche Kontrolle über die Verfassungsmäßigkeit normativer Akte), Sovetskoe Gosudarstvo i Pravo 1988, Nr. 3, 10.

18 Vgl. *A. Nußberger,* Verfassungskontrolle in der Sowjetunion und in Deutschland - Eine rechtsvergleichende Gegenüberstellung des Komitet Konstitucionnogo Nadzora und des Bundesverfassungsgerichts, Baden-Baden 1994.

19 *H. Küpper,* Exportschlager GG in Ungarn?, in: lto 21.05.2024, abrufbar unter: https://www.lto.de/recht/hintergruende/h/grundgesetz-75-jahre-exportschlager-ungarn-verfassung-liberal-illiberal-orban-verfassungsgericht/ (abgerufen am 12.07.2024); *K. Kovács, G. A. Tóth,* Aufstieg und Krise: Wirkung der deutschen Verfassungsgerichts-

meinen, man könnte darin die Exzerpte aus Karlsruher Urteilen erkennen, die der ehemalige Humboldt-Stipendiat und spätere Verfassungsgerichtspräsident László Sólyom in Karlsruhe angefertigt und nach Budapest mitgenommen hatte. Der Austausch funktionierte; die Verfassungsideen „made in Germany" schienen für die neuen Verfassungen zu passen, und dies wohl auch deshalb, weil das Grundgesetz postautoritär war und einen erfolgreichen (!) Neuanfang nach einem kompletten Scheitern markierte.[21] Ein anderer Grund mag in der intensiven Auslegungspraxis des Bundesverfassungsgerichts zu sehen sein, die die einzelnen Bestimmungen konkret, lebendig und anschaulich machte.

Es ist allgemein bekannt und vielfach beschrieben worden, welche Ideen des Grundgesetzes zu Beginn der 90er Jahre zu „Exportschlagern" wurden, vor allem in dem verfassungsrechtlich eine Ödnis darstellenden ehemals kommunistischen Osten Europas,[22] aber auch in Südamerika[23] und anderen außereuropäischen Staaten.[24] Der Menschenwürdeartikel leitet vielfach den Grundrechtekatalog ein,[25] die Idee eines auf Kompetenzteilung

barkeit auf Ungarn, in: M. Wrase, C. Boulanger (Hrsg.), Die Politik des Verfassungsrechts, Baden-Baden 2013, S. 317 (326 ff.).

20 Entscheidung 23/1990. (X. 31.) AB über die Verfassungswidrigkeit der Todesstrafe, in: G. Brunner, L. Sólyom (Hrsg.), Verfassungsgerichtsbarkeit in Ungarn. Analysen und Entscheidungssammlung 1990-1993, Baden-Baden 1995, S. 145.

21 András Jakab erklärt den Großteil des internationalen Erfolgs der deutschen Verfassungsrechtswissenschaft mit dem Umstand, dass „sie Antworten auf die Fragen angeboten hat, wie man mit rechtlichen Mitteln nach einer Diktatur eine liberale Demokratie aufbauen kann.", siehe *A. Jakab,* Warum verliert die deutsche Verfassungswissenschaft an internationalem Einfluss und was kann dagegen getan werden?, ZaöRV 2022, 701 (716).

22 Siehe beispielsweise zu zahlreichen Beispielen der Übernahme der Ideen des GG in andere Rechtsordnungen *P. Häberle,* Das GG als „Exportgut" im Wettbewerb der Rechtsordnungen, in: C. Hillgruber, C. Waldhoff (Hrsg.), 60 Jahre Bonner Grundgesetz – eine geglückte Verfassung, Göttingen 2010, S. 173.

23 *W. Merkel,* Systemtransformation – Eine Einführung in die Theorie und Empirie der Transformationsforschung, 2. Aufl., Wiesbaden 2010, S. 205 ff.

24 Vgl. zum Einfluss des Grundgesetzes auf die Verfassungen von Malawi und Südafrika *J. O. Piduhn,* Exporting constitutions- a valuable contribution to nation building or cementing a conflict? A case study of the export of Germany's basic law (Grundgesetz), African Journal of International and Comparative Law, 2024, Vol. 32 (2), 305; zu Südafrika siehe auch *J. Lücke,* Grundrechte in einer neuen südafrikanischen Verfassung, ZaöRV 1992, 70.

25 Siehe beispielsweise Art. 1 Charta der Europäischen Union; Art. 1 Abs. 2 der Verfassung von Finnland; die Präambeln der Verfassungen von Irland und Tschechien; Art. 1 der Verfassung von Portugal; Art. II der Verfassung von Ungarn; Art. 30 der Verfassung von Polen.

aufbauenden und ausschließliche und konkurrierende Kompetenzen unterscheidenden Föderalismus wurde etwa in der Russischen Verfassung von 1993 übernommen,[26] auch wenn das föderale Modell im Übrigen nicht überzeugen konnte. Rechtsstaatlichkeit wurde in den meisten Verfassungen als Grundprinzip vorgegeben.[27] Der bekannteste und meistbesprochene „Exportartikel" aber war die Verfassungsgerichtsbarkeit,[28] auch wenn die umfassende Individualbeschwerde – auch gegen Gerichtsurteile – doch nur wenige Nachahmer fand.[29]

Die Funktion als Ideengeber und Vorbild prägte so das Ansehen des Grundgesetzes in der internationalen Staatengemeinschaft. Es wurde bekannt, zusammen mit seinem vornehmen Interpreten, dem Bundesverfassungsgericht; seine Urteile wurden weltweit rezipiert. Zusammen mit ihnen interessierte man sich auch für deutsche Dogmatik, auch wenn sie vielerorts nicht als „Dogmatik" angesprochen werden durfte[30] – für den Verhältnismäßigkeitsgrundsatz, für die Drittwirkungslehre, für die auf verschiedene Formen der Kompetenzabgrenzung passende Solange-Formel.[31] Grundlegende Texte deutscher Verfassungsjuristen wurden nicht nur in

---

26 Vgl. Verfassung der Russischen Föderation, Artikel 71, 72.

27 Siehe beispielsweise Art. 2 der polnischen Verfassung: „Die Republik Polen ist ein demokratischer Rechtsstaat, (...)."; siehe auch *D. Grimm,* Stufen der Rechtsstaatlichkeit, JZ 2009, 596.

28 Siehe zum „Export" der Verfassungsgerichtsbarkeit in Osteuropa *G. Brunner,* Die neue Verfassungsgerichtsbarkeit in Osteuropa, ZaöRV 1993, 819; *Häberle,* „Exportgut" (Fn. 22), S. 184 spricht davon, dass viele osteuropäische Verfassungen an die Kompetenzregelungen des GG anknüpfen, vor allem bei der Verfassungsbeschwerde und beim effektiven Rechtsschutz, siehe beispielsweise Art. 160 der Verfassung von Slowenien; siehe zu verschiedenen Erklärungsansätzen für die Verfassungsgerichtsbarkeit als „Exportschlager": *A. Nußberger,* Verfassungsgerichtsbarkeit als Krönung des Rechtsstaats oder als Feigenblatt autoritärer Regime? Zu den rechtskulturellen Voraussetzungen für das effektive Wirken von Verfassungsgerichten am Beispiel des Russischen Verfassungsgerichts, JZ 2010, 533 (534).

29 Siehe zur Aufzählung der Länder, die eine umfassende Individualbeschwerde gegen jeden Akt der öffentlichen Gewalt eingeführt haben: Revised Report on Individual Access to Constitutional Justice, Adopted by Venice Commission on 11.12.2020, Rn. 34, abrufbar unter: https://www.venice.coe.int/webforms/documents/default.aspx?pdffile=CDL-AD(2021)001-e (abgerufen am 12.07.2024).

30 *A. Nußberger,* Zivilrechtliche Dogmatik und Europäische Menschenrechtskonvention, in: T. Lobinger, A. Piekenbrock, M. Stoffels (Hrsg.), Zur Integrationskraft zivilrechtlicher Dogmatik, Tübingen 2014, S. 99 (102).

31 Diese Argumentationsfiguren sind teilweise auch in eine „gemeineuropäische Verfassungssprache" eingegangen, vgl. dazu *Jakab,* Einfluss (Fn. 21), 724; *A. Jakab,* European Constitutional Language, Cambridge 2016.

gängige Sprachen wie Englisch und Französisch, sondern auch in exotische Sprachen wie Japanisch oder Chinesisch übersetzt.[32]

Nachhaltig rezipiert wurden die Ideen des Grundgesetzes aber nicht nur in anderen Staaten, sondern auch auf supra- und internationaler Ebene. So sind viele der Urteile des EuGH als aus einem Dialog mit dem Bundesverfassungsgericht hervorgegangen zu interpretieren.[33] Bei einzelnen Urteilen des EGMR wie etwa zur Reduktion der lebenslangen Haftstrafe im Fall Vinter v. Vereinigtes Königreich[34] oder zur negativen Religionsfreiheit in der Kammerentscheidung im Fall Lautsi[35] – die große Kammer hat das Ergebnis umgekehrt[36] – lässt sich der Einfluss der Judikate des Bundesverfassungsgerichts explizit nachweisen.

Der Bekanntheitsgrad von Grundgesetz und Bundesverfassungsgericht dürften seither nicht zurückgegangen sein, nicht zuletzt, da nach dem Reputationsverlust des amerikanischen Supreme Court[37] weltweit nur mehr wenigen Gerichten nicht nur juristische Neugierde, sondern auch Vertrauen entgegengebracht wird. Dennoch ist von der großen Zeit des Grundgesetzes als umworbenes „Exportprodukt" in der Vergangenheitsform zu

---

32 Siehe beispielsweise *T. Hatajiri,* Eine Studie über die Verfassungslehre von P. Häberle und ihre Rezeption in Japan, in: A. Blankenagel, I. Pernice, H. Schulze-Fielitz (Hrsg.), Verfassung im Diskurs der Welt, Tübingen 2004, S. 517; so wurde K. Hesses Klassiker „Grundzüge" ins Chinesische übersetzt, siehe *Häberle,* „Exportgut" (Fn. 22), S. 194.

33 Vgl. *C. v. Gall,* Kohärenz im europäischen Grundrechtspluralismus, Habilitationsschrift (unveröffentlicht); *G. Britz,* Grundrechtsschutz durch das Bundesverfassungsgericht und den Europäischen Gerichtshof, EuGRZ 2015, 275.

34 Vgl. EGMR, Urt. v. 09.07.2013- Nr. 66069/09, 130/10, 3896/10- Vinter/Vereinigtes Königreich, Rn. 69- 71.

35 Vgl. EGMR, Urt. v. 03.11.2009- Nr. 30814/06- Lautsi u.a./Italien; hier sind die Bezugnahmen allerdings implizit, nicht explizit; der EGMR übernimmt in der Sache die Argumentation des Bundesverfassungsgerichts (vgl. BVerfGE 93, 1) und stellt eine Konventionsverletzung Italiens fest.

36 Vgl. EGMR (GK), Urt. v. 18.03.2011- Nr. 30814/06- Lautsi u.a./Italien; die Große Kammer entscheidet, dass Italien die Konvention nicht, anders als von der Kammer angenommen, verletzt habe; das Urteil des Bundesverfassungsgerichts wurde hier vom Gericht in der Rechtsprechungsübersicht (Rn. 28) und von den Antragstellern in ihrem Plädoyer zitiert (Rn. 42).

37 Vgl. *A. Voßkuhle,* In schlechter Verfassung! Entmachtung von Verfassungsgerichten, in: Die Zeit 16.11.2023; vgl. auch das aufschlussreiche Interview mit dem US-amerikanischen Verfassungsrechtler Russell Miller, Der Supreme Court der USA in der Krise?, in: Konrad-Adenauer-Stiftung e.V. (Hrsg.), abrufbar unter: https://www.kas.de/de/monitor/detail/-/content/der-supreme-court-der-usa-in-der-krise (abgerufen am 12.07.2024); *S. Greenhouse,* The US Supreme Court is facing a crisis of legitimacy, in: The Guardian, abrufbar unter: https://www.theguardian.com/commentisfree/2023/oct/05/us-supreme-court-facing-crisis-of-legitimacy (abgerufen am 12.07.2024).

sprechen. Pointiert stellt der ungarische Rechtsgelehrte András Jakab im Jahr 2022 die Frage: „Warum verliert die deutsche Verfassungsrechtswissenschaft an internationalem Einfluss?“[38] Auch er sieht den Höhepunkt der Rezeption der Ideen des Grundgesetzes zu Beginn der 90er Jahre und konstatiert seither einen permanenten Bedeutungsverlust. Dem geht es im Folgenden nachzugehen.

IV. Bedeutungsverlust in einem geänderten Umfeld

War das Grundgesetz, eine liberale Antwort auf autoritäre Abwege, als Ratgeber aufgrund der konkreten politischen Situation der Staaten insbesondere Mittel- und Osteuropas, aber auch verschiedener südamerikanischer Staaten ein ideales Vorbild, so traf dies für die weitere Entwicklung nach dem Transfer von Ideen und der Entwicklung neuer Verfassungsmodelle nicht mehr oder zumindest nicht mehr in gleichem Maße zu. Denn anders als Deutschland – bedingt durch die stabile Einordnung in den „Westen“ und die schnelle wirtschaftliche Erholung – waren die Staaten, die deutsches Verfassungsrecht rezipiert hatten, noch lange nicht – wohl bis heute nicht – „über dem Berg“.[39] Vielmehr waren sie in großem Ausmaß mit Problemen konfrontiert, die für Deutschland nie in vergleichbarer Intensität Herausforderungen dargestellt hatten: Oligarchische Herrschaftsstrukturen, Korruption, Scheindemokratisierung, Käuflichkeit und Abhängigkeit der Gerichte und damit verbunden ein generelles Misstrauen der Bevölkerung in staatliche Institutionen. Für all diese Probleme bot das aus Deutschland übernommene Verfassungsgerüst keinerlei Hilfestellungen an. Dagegen waren die nach ausländischem Vorbild geschaffenen Institutionen in besonderer Weise missbrauchsanfällig. Die „importierten“ Ideen trugen nicht zur Lösung bei, sondern verschlimmerten die Situation eher.

Dies lässt sich beispielhaft an dem „Exportschlager“ Verfassungsgerichtsbarkeit zeigen. Nicht nur wurde das polnische Verfassungsgericht unter der PiS-Regierung politisch gekippt, sodass es nunmehr nur aus der PiS nahestehenden Richterinnen und Richtern zusammengesetzt ist,[40] sondern

38 *Jakab,* Einfluss (Fn. 21), 701 ff.

39 Vgl. *I. Krastev, S. Holmes,* The Light That Failed. A Reckoning, New York 2019.

40 Siehe beispielsweise *W. Sadurski,* Polish Constitutional Tribunal Under PiS: From an Activist Court, to a Paralysed Tribunal, to a Governmental Enabler, Hague J Rule Law, 2019, Vol. 11, 63; *ders.,* Poland's Constitutional Breakdown, 2019.

es wurde auch für politisch nicht durchsetzbare Reformen instrumentalisiert. Am deutlichsten war dies bei der Reform des Abtreibungsrechts, die das Verfassungsgericht auf Antrag von rechtskonservativen Abgeordneten eigenmächtig durchsetzte.[41] Damit erwies sich die einst als „Krönung der Rechtsstaatlichkeit" gepriesene Institution[42] als zutiefst undemokratisch. Dieselbe Erfahrung machte man in der Ukraine in der Zeit der Herrschaft von Viktor Janukowytsch. Um eine seine Kompetenzen begrenzende Verfassungsreform rückgängig zu machen, ließ er das Verfassungsgericht ein entsprechendes Urteil fällen, mit dem es die gesamte Verfassung für nichtig erklärte.[43] Das nach dem Vorbild des Bundesverfassungsgerichts geschaffene russische Verfassungsgericht hat die Machtverlängerung Putins[44] ebenso wie die Annexion der ukrainischen Territorien Donezk, Luhansk, Kherson und Saporischschja sowie der Krim verfassungsrechtlich sakralisiert.[45]

Mit dem Missbrauch der Institutionen sind auch die aus dem Ausland übernommenen Ideen in Misskredit geraten. Andere Modelle aber lassen sich im Grundgesetz nicht finden. Insbesondere hat es keine guten Antworten auf die Aushöhlung des Rechtsstaats gegeben. Dies wurde in den Diskussionen um den Abbau der Rechtsstaatlichkeit in Polen und Ungarn immer wieder schmerzhaft deutlich, wenn sich die PiS-Partei bei ihren von den europäischen Institutionen abgelehnten Reformen auf andere EU-Staaten bezog und versuchte nachzuweisen, dass es dort ähnliche Regelungen

---

41 Polnisches Verfassungsgericht (Trybunał Konstytucyjny), Urt. v. 22.10.2020, K 1/20.

42 Vgl. *G. Roellecke,* Aufgaben und Stellungen des Bundesverfassungsgerichts im Verfassungsgefüge, in: J. Isensee, P. Kirchhof (Hrsg.), Handbuch des Staatsrechts der Bundesrepublik Deutschland. Band III: Demokratie - Bundesorgane, 3. Aufl., Heidelberg 2005, § 67 Rn. 10.

43 Siehe zur Entscheidung des Verfassungsgerichts der Ukraine: Venedig-Kommission, Opinion on the Constitutional Situation in Ukraine, No. 599/2010, adopted on 20.12.2010, abrufbar unter: https://www.venice.coe.int/webforms/documents/default.aspx?pdffile=CDL-AD(2010)044-e (abgerufen am 12.07.2024).

44 Entscheidung des Russischen Verfassungsgerichts vom 16.03.2020, SZRF 2020, 12, 1855, abrufbar unter: http://publication.pravo.gov.ru/Document/View/0001202003160037 (abgerufen am 12.07.2024).

45 *A. Nußberger,* The 'Near Abroad' (Ближнее Зарубежье) in Russian Rhetoric and Law, German Yearbook of International Law, 2023, Vol. 66 (1), 11; *S. Masol,* Orwellian Rulings of the Russian Constitutional Court on the Donetsk, Kherson, Luhansk and Zaporizhzhia Provinces of Ukraine, in: EJIL Talk 25.10.2022, abrufbar unter: https://www.ejiltalk.org/orwellian-rulings-of-the-russian-constitutional-court-on-the-donetsk-kherson-luhansk-and-zaporizhzhia-provinces-of-ukraine/ (abgerufen am 12.07.2024).

gab[46] – etwa bei der Weisungsabhängigkeit des Generalstaatsanwalts vom Justizminister[47] oder beim (partei)politischen Einfluss auf die Auswahl der Richterinnen und Richter, insbesondere auch des Verfassungsgerichts.[48] Der als Gegenargument bemühte Verweis auf die Rechtskultur war wenig überzeugend und diente allenfalls als Verteidigung; ein resistentes Modell gegen eine Unterminierung der Justiz konnte auf der Grundlage des Grundgesetzes nicht geboten werden. Dass Resistenz und Resilienz bei der im Grundgesetz besonders schwach abgesicherten Verfassungsgerichtsbarkeit ein besonderes Desiderat ist, ist inzwischen aber Gegenstand der rechtspolitischen Debatten, gerade auch im Umfeld des 75. Jubiläums des Grundgesetzes, geworden.[49]

Im Grunde sind diese Entwicklungen paradox: Gerade die schlechte Ausgangssituation des Grundgesetzes als provisorische Verfassung eines provisorischen Staates, geschrieben zur Zeit der größten Krise, hat die nachhaltige Wirkung des Grundgesetzes bedingt, während Stabilität und Florieren des Staates zu einer verfassungsrechtlichen Blindheit für Proble-

---

46 Beispielsweise twitterte der stellvertretende Justizminister Sebastian Kaleta im Dezember 2019: „As far as I know France is in the EU, also Germany is in the EU where judges are appointed directly by the politicians. Qualifying our EU partners as authoritarian states is a questionable interpretation". "Proposed regulations reflect the French regulations. You don't like France? You don't like Europe? Vive La France, Vive l'Europe", Übersetzung des Zitats in: *R. R. Ludwikowski, I. Kraśnicka,* Comparative Arguments in the Legal Debate Over Judiciary Reform in Poland, Krakowskie Studia Międzynarodowe, 2021, Nr. 2, 95, abrufbar unter: https://repozytorium.ka.edu.pl/server/api/core/bitstreams/67d86d93-36b0-418e-b6dc-3ac9158d782f/content (abgerufen am 12.07.2024), Original-Tweet abrufbar unter: https://x.com/sjkaleta/status/1205218354082074627 (abgerufen am 12.07.2024); die zahlreichen Rechtfertigungen der polnischen Reformen mit Verweisen auf das französische Recht führten zu einem offenen Brief französischer Rechtswissenschaftler, French Law is NOT a Model for the Polish Bill on Disciplining Judges, in: Verfassungsblog 17.01.2020, abrufbar unter: https://verfassungsblog.de/french-law-is-not-a-model-for-the-polish-bill-on-disciplining-judges/ (abgerufen am 12.07.2024).

47 Vgl. § 146 GVG.

48 So behauptete die PiS-Regierung, sich bei ihrer Justizreform von der deutschen Regelung zur Auswahl der Richter des Bundesverfassungsgerichts inspiriert zu haben, siehe *A. Sanders, L. von Danwitz,* Selecting Judges in Poland and Germany: Challenges to the Rule of law in Europe and Propositions for a new Approach to Judicial Legitimacy, German Law Journal, 2018, Vol. 19 (4), 769.

49 *A. Nußberger,* 75 Jahre GG und Resilienz des Rechtsstaats, AnwBl 2024, 101; *K. F. Gärditz,* Resilienz des Rechtsstaates, NJW 2024, 407, zur Verfassungsgerichtsbarkeit als funktionale Resilienzsicherung siehe S. 409; *E. Winkelmeier-Becker,* Resilienz des BVerfG sichern, AnwBl 2024, 116; bereits 2019: *U. Karpenstein,* Editorial: Den Verfassungshüter behüten!, NJW 2019 (48).

me ringsum führten, aufgrund derer Einfluss und Wirkungsmacht zurückgingen.

Ein weiterer wichtiger Gesichtspunkt im Zusammenhang mit dem Verlust des Einflusses des Grundgesetzes ist, dass die Rechtsprechung des Bundesverfassungsgerichts in ihrer Auseinandersetzung mit dem EuGH und dem EGMR eine große Angriffsfläche bot für Fehlinterpretationen und Missbrauch durch andere Verfassungsgerichte. Das Verfassungsgericht bekam – wider Willen – „falsche Freunde". Dies gilt insbesondere für die berühmt-berüchtigte PSPP-Rechtsprechung,[50] die – voraussehbar – Beifall von der falschen Seite bekam.[51] Beispielgebend waren aber bereits die wuchtigen Formulierungen in der Görgülü-Entscheidung,[52] die etwa der russische Verfassungsgerichtspräsident Zorkin in seinem Kampf gegen den EGMR nicht müde wurde zu zitieren.[53] Die Verteidigungslinie des Bundesverfassungsgerichts, man könne nicht auf mögliche Verfremdungen und Entkontextualisierungen der eigenen Aussagen, insbesondere, wenn sie böswillig seien, Rücksicht nehmen,[54] ist zwar vertretbar mit Blick auf die Mission eines Verfassungsgerichts, die vor ihm liegenden Streitigkeiten für die davon unmittelbar Betroffenen zu entscheiden.[55] Geht es allerdings aus der Vogelperspektive um die Stellung des Grundgesetzes in der internatio-

---

50 BVerfGE 154, 17.

51 So sprach beispielsweise der ehemalige polnische Regierungschef Morawiecki in einem Interview mit der F.A.Z. von einem „der wichtigsten Urteile in der Geschichte der Europäischen Union", siehe *T. Gutschker, K. Schuller, G. Gnauck,* EU droht Deutschland mit Verfahren, in: F.A.Z. 09.05.2020, abrufbar unter: https://www.faz.net/aktuell/politik/eu-droht-deutschland-mit-vertragsverletzungsverfahren-16762097.html (abgerufen am 12.07.2024); siehe auch *S. Biernat,* How Far Is It from Warsaw to Luxembourg and Karlsruhe: The Impact of the PSPP Judgment on Poland, German Law Journal, 2020, Vol. 21 (5), 1104; vgl. dazu auch die Ausarbeitung des Wissenschaftlichen Dienstes des Bundestags, Das Verhältnis von nationalem Verfassungsrecht zum EU-Recht im Urteil K 3/12 des polnischen Verfassungsgerichtshofs. Parallelen und Unterschiede zum PSPP-Urteil des Bundesverfassungsgerichts vom 5. Mai 2020, 25.10.2021, WD 3 - 3000 - 179/21.

52 BVerfGE 111, 307.

53 *V. Zorkin,* Predel' ustupčivosti (Grenze der Nachgiebigkeit), Rossiskaya Gazeta- Fed Vypusk Nr. 5325 (246) 29. Oktober 2010.

54 So erklärte *Andreas Voßkuhle* einige Tage nach Verkündung des EZB-Urteils in einem Interview mit der Zeit: „(...) und gegen Applaus von falscher Seite ist man nie gefeit. (...) und wollten wir uns wirklich daran orientieren, wie polnische oder sonstige Politiker möglicherweise auf eine Entscheidung reagieren können? Soll das der Maßstab sein für ein Verfassungsgericht?", siehe Interview mit Andreas Voßkuhle, „Erfolg ist eher kalt", in: Die Zeit 13.05.2020.

55 Kritisch dazu *Jakab,* Einfluss (Fn. 21), 721.

nalen Staatengemeinschaft, so ist dieser Aspekt von großer Bedeutung. Für die gegen die PiS und Fidesz gerichtete Opposition in Polen und Ungarn brachte es zusätzliche Schwierigkeiten mit sich, sich gegen eine Argumentation behaupten zu müssen, die sich auf das Bundesverfassungsgericht als Autorität stützte. Immer ließen sich einzelne Zitate aus den Entscheidungen des Bundesverfassungsgerichts aus dem Gesamtzusammenhang reißen, so etwa die Aussage von der „in dem letzten Wort der deutschen Verfassung liegende[n] Souveränität", die auch die ausnahmsweise Nichtbeachtung des Völkerrechts rechtfertige.[56]

Mit Blick auf die Wirkung wohl noch fataler ist die Verfassungsidentitätsrechtsprechung,[57] die – wie vielfach kritisch erörtert[58] – für Euroskeptiker einen geeigneten Ansatzpunkt bildete, um sich von dem als „gemeineuropäisch" Definierten abzugrenzen.[59] Dass dies mit willkürlichen und teils sogar absurden Argumenten geschah, zeigt einmal mehr, dass verfassungsrechtliche Argumentationsmuster nicht nur gut-, sondern auch böswillig aufgegriffen und so verzerrt werden können, dass auch das Urbild in Misskredit gerät.

---

56 BVerfGE 111, 307 (319, Rn. 35).

57 Für einen Überblick zur Verfassungsidentitätsrechtsprechung siehe *A. Ingold,* Die verfassungsrechtliche Identität der Bundesrepublik Deutschland. Karriere - Konzept - Kritik, AöR 2015, Vol. 140, 1; *T. Wischmeyer,* Nationale Identität und Verfassungsidentität. Schutzgehalte, Instrumente, Perspektiven, AöR 2015, Vol. 140, 415.

58 Zu den Wirkungen der Rechtsprechung in Ungarn und Polen: *B. Bakó,* The Zauberlehrling Unchained? The Recycling of the German Federal Constitutional Court's Case Law on Identity-, Ultra Vires and Fundamental Rights Review in Hungary, ZaöRV 2018, 863; *R. D. Kelemen, L. Pech,* The Uses and Abuses of Constitutional Pluralism: Undermining the Rule of Law in the Name of Constitutional Identity in Hungary and Poland, Cambridge Yearbook of European Legal Studies, 2019, Vol. 21, 59; *A. Vincze,* Unsere Gedanken sind Sprengstoff – Zum Vorrang des Europarechts in der Rechtsprechung des ungarischen Verfassungsgerichts, EuGRZ 2022, 13; allgemein zur Wirkung: *F. Fabbrini, A. Sajó,* The Dangers of Constitutional Identity, European Law Journal, 2019, Vol. 25 (4), 457.

59 Siehe beispielsweise *L. Kirchmair,* Nationale Souveränität als Verfassungsidentität - Warum der EuGH Letztentscheider über den Gehalt nationaler Identität sein sollte, DÖV 2021, 321.

V. Vorreiterfunktion bei der Entwicklung eines neuen Menschen- und Gesellschaftsbildes

Es gilt aber auch noch einen anderen Faktor zu thematisieren, der die Position des Grundgesetzes in der internationalen Staatengemeinschaft in der Gegenwart bestimmt: die gesellschaftsverändernden Grundentscheidungen des Bundesverfassungsgerichts, die das Grundgesetz neu lesen. Wenn das Bundesverfassungsgericht „sexuelle Orientierung" als ungeschriebenes Diskriminierungsverbot in Art. 3 Abs. 3 S. 1 „hineininterpretiert"[60] und „tragfähige sachliche Gründe" für Ungleichbehandlungen zwischen homosexuellen und heterosexuellen Paaren fordert,[61] liegt es in einem allgemein zu beobachtenden Trend in der Verfassungsrechtsprechung.[62] Pionier ist es dagegen mit der Ableitung eines „Rechts auf selbstbestimmtes Sterben" aus der Menschenwürdegarantie und dem allgemeinen Persönlichkeitsrecht[63] sowie mit der Interpretation des Begriffs „Geschlecht" in Art. 3 Abs. 3 S. 1 GG als ein „drittes" Geschlecht umfassend,[64] dies verbunden mit der Forderung nach einem Diskriminierungsschutz von „Menschen, die sich dauerhaft weder dem männlichen noch dem weiblichen Geschlecht zuordnen lassen".[65] Schließlich hat das Gericht auch noch mit der Entscheidung zum Klimaschutz, die Rechtseinschränkungen um der Rechte zukünftiger Generationen willen ermöglicht, Neuland betreten.[66]

Welche Wirkungen haben diese Urteile? Haben sie das Grundgesetz neu positioniert? Letzteres wird man bejahen können. Mit Ausnahme der Klimaentscheidung, die auch auf dem neu eingefügten Art. 20a GG und damit auf einer Erneuerung des Verfassungstextes beruht, basieren alle Entscheidungen auf den „klassischen" – seit 1949 im Grundgesetz unveränderten – Grundrechtsbestimmungen und zeigen, dass es der Text zulässt, neu gelesen zu werden. Erfunden wird ein neues Menschen- und Gesellschaftsbild,

60 *A. Nußberger* in: M. Sachs (Hrsg.), Grundgesetz-Kommentar, 9. Aufl., München 2021, Art. 3 Rn. 93.

61 Vgl. BVerfGE 131, 239 (262).

62 Vgl. *A. Nußberger*, Regieren. Staatliche Systeme im Umbruch?, VVDStRL 2022 (81), S. 7 (25 f.).

63 BVerfGE 153, 182.

64 BVerfGE 147, 1; besprochen von *M. Sachs*, Grundrechte: Schutz der geschlechtlichen Identität, JuS 2018, 399; *S. Muckel*, Mittelbare Drittwirkung des allgemeinen Gleichheitssatzes, JA 2018, 154; *S. Rixen*, Geschlechtertheorie als Problem der Verfassungsauslegung, JZ 2017, 317.

65 BVerfGE 147, 1 (1).

66 BVerfGE 157, 30.

das nicht nur auf einer radikalen Selbstbestimmungs-, sondern auch Selbsterfindungsmöglichkeit beruht. Zuvor als vorgegeben und unveränderbar betrachtete Grundkoordinaten wie Leben und Geschlecht lassen sich damit jederzeit selbstbestimmt und ungehindert von der Gesellschaft in Frage stellen. Ob man leben und welchem Geschlecht man zugehören will, kann man selbst entscheiden. Das etwa in der existenzialistischen Philosophie geforderte Selbstbestimmungsrecht wird hier – in radikalisierter Form – umgesetzt.

Dies hat Aufsehen erregt, nicht nur in der wissenschaftlichen Community, sondern auch in der Allgemeinheit, und nicht nur innerhalb der Grenzen Deutschlands und soweit das Grundgesetz gilt, sondern auch darüber hinaus.

Bisher ist noch nicht erkennbar, dass das Bundesverfassungsgericht eine breite Gefolgschaft gefunden hätte, von wenigen Ausnahmen abgesehen.[67] Auf europäischer Ebene wurde das Modell eines „dritten" Geschlechts abgelehnt; die entsprechende Kammerentscheidung[68] wurde nicht einmal der Großen Kammer zur Entscheidung vorgelegt.[69] Dem Recht auf selbstbestimmtes Sterben steht noch immer die Entscheidung Pretty v. Vereinigtes Königreich[70] gegenüber, die eine Einschränkung der Rechte des Einzelnen um des Schutzes der potentiell Schwachen und Gefährdeten willen zulässt; dies wurde jüngst erst bestätigt.[71] Soweit ersichtlich wurde nirgendwo – wie vom Bundesverfassungsgericht – ein „Recht auf Sterben" von unheilbarer Krankheit und Leiden vollständig abgelöst.[72] Eine gerichtliche Kon-

67 Vgl. zum Thema des „dritten Geschlechts" die Entscheidung des österreichischen Verfassungsgerichtshofs vom 15. Juni 2018 (G 77/2018-9), in der explizit auf die Entscheidung des Bundesverfassungsgerichts verwiesen wird (Rn. 31).

68 EGMR, Urt. v. 31.01.2023- Nr. 76888/17- Y./Frankreich. Die Kammer hatte anerkannt, dass Intersexualität von Art. 8 EMRK geschützt werde, verneinte aber eine Verletzung aufgrund des gesellschaftlichen Interesses an Stabilität und Rechtssicherheit sowie aufgrund des Grundsatzes der Gewaltenteilung, nach dem Änderungen bei derart grundlegenden Fragen dem Gesetzgeber vorbehalten bleiben müssten. Einen europäischen Konsens gebe es zu der Frage nicht; es bestehe daher ein sehr weiter Ermessensspielraum bei entsprechenden Regelungen.

69 Siehe die Entscheidung des Kollegiums der Großen Kammer (décision du collège de la Grande Chambre), CEDH 192 (2023) 26.06.2023, abrufbar unter: https://hudoc.echr.coe.int/eng#{%22itemid%22:[%22003-7686508-10605200%22]} (abgerufen am 12.07.2024).

70 EGMR, Urt. v. 29.04.2002- Nr. 2346/02- Pretty/Vereinigtes Königreich.

71 EGMR, Urt. v. 12.04.2022- Nr. 15136/20- Lings/Dänemark.

72 Vgl. die rechtsvergleichenden Ausführungen in dem Urteil EGMR, Urt. v. 12.04.2022- Nr. 15136/20- Lings/Dänemark, Rn. 26 ff., die auf die (teilweise) Entkriminalisierung

trollmöglichkeit der von der Legislative ergriffenen und von der Exekutive umgesetzten Klimaschutzmaßnahmen wurde auch in Straßburg bejaht,[73] allerdings mit einer Argumentation, die sich sowohl prozedural als auch materiell von derjenigen in Karlsruhe unterscheidet.[74]

Ob das Verfassungsgericht mit diesen Entscheidungen „Trendsetter" wird,[75] sei es bezogen auf das Ergebnis, sei es bezogen auf die Argumentation, bleibt abzuwarten. Feststellen lässt sich allerdings schon jetzt mit Blick auf die Stellung in der internationalen Staatengemeinschaft, dass das Bundesverfassungsgericht in einer erkennbar polarisierten Weltlage in einer Weise Position bezogen hat, die es zu einem eminent politischen Faktor macht. Es hat Neues aus dem, was als universell gültig anerkannt war – Recht auf Leben, Menschenwürde, allgemeines Persönlichkeitsrecht – abgeleitet und Koordinaten verändert, die andere nicht zu ändern bereit sind. Es hat das Grundgesetz positioniert in einem Kampf der Verfassungsmodelle, den wir aus dem Kalten Krieg kennen und der nun in veränderter Form wiederkehrt.

Die Verfassung der DDR wurde zeitgleich zum Grundgesetz angenommen und normierte bewusst ein Gegenmodell zu dem auf einem liberalen Freiheitsverständnis beruhenden Modell des Grundgesetzes. Verfassungen waren auf diese Weise immer auch Instrumente in der ideologischen Auseinandersetzung des Kalten Krieges.

---

von Euthanasie und Hilfeleistung zum Selbstmord durch die Verfassungsgerichte in Österreich und Italien verweisen; Entscheidung des österreichischen Verfassungsgerichtshofs vom 11.12.2020 (G 139/2019-71); Entscheidung des italienischen Corte Costituzionale vom 22.11.2019 (242/2019); in Italien wurde allerdings später ein Referendum zu dem Thema für unzulässig erklärt (Entscheidung vom 15.02.2022 (50/2022)).

73 EGMR, Urt. v. 09.04.2024- Nr. 53600/20- Verein Klima Seniorinnen u.a./Schweiz.

74 So erachtete beispielsweise der EGMR in der Entscheidung zu dem Verein Klima Seniorinnen die Klimaverbandsklage zulässig, während das Bundesverfassungsgericht in seinem Klimabeschluss die Beschwerdebefugnis von Umweltverbänden verneint hat, siehe *K. Gelinsky,* Mächtiges Klageinstrument für Klimaschützer, in: F.A.Z. Einspruch 15.04.2024, abrufbar unter: https://www.faz.net/aktuell/wirtschaft/mehr-wirtschaft/europaeisches-menschenrechtsgericht-zum-klimaschutz-was-bedeutet-das-urteil-19654902.html (abgerufen am 12.07.2024). Inhaltlich konnte das Bundesverfassungsgericht – anders als der EGMR – auf den neu in das GG aufgenommenen Art. 20a GG verweisen; sehr kritisch zu den Urteilen *B. Wegener,* Globuli für Umweltjuristen: Gedanken zur Klimaklagen-Bewegung anlässlich des Klimaseniorinnen-Urteils des EGMR, in: Verfassungsblog 11.04.2024, abrufbar unter: https://verfassungsblog.de/globuli-fur-umweltjuristen/ (abgerufen am 12.07.2024).

75 Vgl. *A. Nußberger,* Makro- und Mikrotrends in der Entwicklung des Grundrechtsschutzes, Der Staat 2022, 539 (546 ff.).

In Abkehr dazu hatte man sich in den 90er Jahren auf ein allen gemeinsames verfassungsrechtliches Grundmodell geeinigt, das auf den Grundrechten, Gewaltenteilung, Rechtsstaatlichkeit und Demokratie beruhte und im Übrigen nur Varianten dieses Grundkonsenses enthielt. Nunmehr aber brechen die ideologischen Unterschiede in der Auslegung dieser Grundkonzepte auf und führen vielfach zu expliziten Verfassungsänderungen, die Neuinterpretationen wie jenen des Bundesverfassungsgerichts einen Riegel vorschieben sollen. Dies lässt sich an den Verfassungsreformen in Ländern wie Ungarn[76] und Russland[77], die Vorreiter beim Festhalten an einem traditionellen Menschenbild sind, nachweisen. Hier wird in die Verfassungen eingeschrieben, dass Koordinaten wie „Geschlecht", „Ehe" und „Familie" unverrückbar sind. In anderen Ländern wie etwa Polen[78] und Bulgarien[79] zementieren dies die Verfassungsgerichte. Damit lässt sich eine Ent-Universalisierung nicht nur der grundlegenden Menschenrechte, sondern auch des ihnen zugrundeliegenden Menschen- und Gesellschaftsbildes feststellen. Eine andere Ausprägung dessen, und ähnlich radikal, ist die Aufnahme eines Rechts auf Abtreibung in die französische Verfassung.[80]

76 Siehe beispielsweise Artikel L der ungarischen Verfassung 2011, der bezüglich der Ehe von einer „Verbindung von Mann und Frau" spricht, und diese mit dem Schutz der Familie in Bezug setzt; vgl. zur Reform *A. Vincze,* Die neue Verfassung Ungarns, ZSE 2012, 110.

77 Auch in Art. 72 g der geänderten Russischen Verfassungen wird die Ehe als „Verbindung von Mann und Frau" bezeichnet; zur Reform vgl. *C. v. Gall,* Demoralisierung als Verfassungsfunktion, in: Verfassungsblog 30.06.2020, abrufbar unter: https://verfassungsblog.de/demoralisierung-als-verfassungsfunktion/ (abgerufen am 12.07.2024). *W. Partlett,* Russia's 2020 Constitutional Amendments: A comparative analysis, Cambridge Yearbook of European Legal Studies, 2021, Vol. 23, 311 (317).

78 Siehe beispielsweise den aktuellen Fall von gleichgeschlechtlichen Paaren in Polen, denen vor den Behörden die Eheschließung verweigert worden ist, da nach polnischem Recht die Ehe nur zwischen Mann und Frau zulässig ist. Die polnischen Gerichte bestätigten die Entscheidung der Behörden, der EGMR gab den Klägern Recht, siehe EGMR, Urt. v. 12.12.2023- Nr. 11454/17, u.a.- Przybyszewska u.a./Polen.

79 Siehe beispielsweise die Entscheidung des Bulgarischen Verfassungsgerichts vom 26.10.2021, Nr. 6/2021, zur Definition des Geschlechts, das nach deren bindender Interpretation nur das binäre biologische Geschlecht bedeuten kann, abrufbar unter: https://www.constcourt.bg/bg/act-9173 (abgerufen am 12.07.2024); für einen Kommentar zur Entscheidung siehe *T. Petrova,* The Dangers of the "Traditionalist" Rhetoric of the Bulgarian Constitutional Court, in: Verfassungsblog 05.11.2021, abrufbar unter: https://verfassungsblog.de/value-judgments/ (abgerufen am 12.07.2024).

80 Am 04.03.2024 hat das Parlament der Verfassungsänderung von Art. 34 mit einer Mehrheit von 780 zu 72 Stimmen zugestimmt, siehe für den geänderten Art. 34 https://www.legifrance.gouv.fr/loda/article_lc/LEGIARTI000049255008/2024-03-10 (abgerufen am 12.07.2024).

Hier werden die Antworten auf die kontroversesten gesellschaftspolitischen Fragen gleichgestellt mit anderen Grundrechten und verbunden mit einer Botschaft, die nicht nur nach innen, sondern auch nach außen wirken soll. Aus Gemeinsamkeit wird Abgrenzung.

Mit seinen grundstürzenden Entscheidungen hat das Bundesverfassungsgericht eine Führungsrolle übernommen, die das Potential hat, für die einen beispielgebend zu sein und die anderen dazu herauszufordern, ihre Gegenpositionen deutlich zu artikulieren und, wenn nötig, auch in Verfassungsänderungen zu dokumentieren.

Bedeutungsverlust des Grundgesetzes steht so Bedeutungsgewinn gegenüber, allerdings nicht mehr als markante Stimme, die allgemeingültige Konzepte dogmatisch erschließt, sondern als Pionier in einer umstrittenen gesellschaftlichen Modernisierung.

VI. Die Frage nach der Standhaftigkeit der wehrhaften Demokratie

Zurück zur These des Bedeutungsverlusts. In seiner Analyse des Bedeutungsverlusts der deutschen Verfassungsrechtswissenschaft konstatiert András Jakab:

> „Nicht nur ist im deutschen rechtswissenschaftlichen Diskurs die Problematik der langsamen Erosion von Rechtsstaatlichkeit und Demokratie kaum präsent (außer in Berichten über Länder wie Polen und Ungarn), das deutsche Grundgesetz ist vielmehr selbst *rechtstechnisch schwach* gegen die heutzutage international typischen Erosionsbedrohungen gerüstet. Die typischen Herausforderungen für die moderne Verfassungsstaatlichkeit haben sich stark geändert – die deutsche Verfassungsrechtswissenschaft hatte hier zu ihrem Glück keinen starken Anpassungsdrang, kann aber infolgedessen außer Plattitüden kaum etwas Rezeptionsfähiges anbieten."[81]

Diese Analyse wurde im Jahr 2022 veröffentlicht. Dass Demokratie und Rechtsstaatlichkeit in Deutschland nicht von Erosion bedroht seien und diese Gefahr deshalb im verfassungsrechtlichen Diskurs keine Rolle spie-

81 *Jakab*, Einfluss (Fn. 21), 717 f. (Hervorhebung im Original).

le, wird sich in der Gegenwart aber kaum mehr behaupten lassen.[82] Zur Feier des 75-jährigen Bestehens des Grundgesetzes stand die Frage der Resilienz des Grundgesetzes gegen eben jene Bedrohungen im Mittelpunkt der Debatte.[83] Und gerade hier hat sich eine überraschende Unsicherheit, geht es um effektive Antworten, gezeigt. Bei dem Einsatz der viel beschworenen Instrumente der „wehrhaften Demokratie" zeichnet sich keinerlei Konsens ab. So wird etwa über die Voraussetzungen und die Folgen der Grundrechtsverwirkung[84] gestritten, ebenso über Parteiverbote[85] und über die strafrechtliche Sanktionierung von Meinungen sowie auch über die verfassungsrechtliche Zulässigkeit oder gar Pflicht, nicht strafrechtlich verbotene, aber im Widerspruch zur Verfassung stehende Meinungen durch den Verfassungsschutz beobachten zu lassen.[86] Konsens bildet sich dagegen heraus bei der Reform der Regelungen des Grundgesetzes zum Bundesver-

---

82 Skepsis gab es allerdings auch schon Ende der 10er Jahre; vgl. den vieldiskutierten Beitrag von *M. Steinbeis,* Ein Volkskanzler, in: Verfassungsblog 09.09.2019, abrufbar unter: https://verfassungsblog.de/ein-volkskanzler/ (abgerufen am 12.07.2024).

83 Siehe Fußnote 49 zur Debatte um die Resilienz des Grundgesetzes.

84 Siehe *C. v. Coelln,* Keine Grundrechtsverwirkung statt Parteiverbot, in: Verfassungsblog 22.01.2024, abrufbar unter: https://verfassungsblog.de/keine-grundrechtsverwirkung-statt-parteiverbot/ (abgerufen am 12.07.2024), der argumentiert, dass die Verwirkungsvoraussetzungen insbesondere durch das Parteienprivileg erheblich verschärft werden, wodurch eine Grundrechtsverwirkung zumeist ausgeschlossen werde; dagegen *G. Lübbe-Wolff,* Wehrhafte Demokratie: Die Instrumente des Parteiverbots und der Grundrechtsverwirkung, in: Verfassungsblog 13.10.2023, die diesen Ausschluss durch das Parteienprivileg gerade ablehnt, abrufbar unter: https://verfassungsblog.de/wehrhafte-demokratie/ (abgerufen am 12.07.2024).

85 In der Frühzeit der Bundesrepublik Deutschland wurden die Parteiverbotsverfahren gegen rechts- und linksextreme Parteien erfolgreich eingesetzt, vgl. BVerfGE 2, 1; BVerfGE 5, 85; dagegen führte das Verfahren gegen die NPD im Jahr 2017 nicht zu einem Verbot (BVerfGE 144, 20). Zur Diskussion siehe *M. Morlok,* Parteiverbot als Verfassungsschutz – Ein unlösbarer Widerspruch?, NJW 2001, 2931, der Parteiverbote als problematisches Instrument mit einer „Gefahr für das politische Klima" sieht, dagegen *F. Shirvani,* Parteiverbot und Verhältnismäßigkeitsgrundsatz, JZ 2014, 1074, der das Parteiverbot auch unter der Berücksichtigung der EGMR-Rechtsprechung weiterhin als wichtiges Instrument der „streitbaren Demokratie" bezeichnet.

86 Für Kritik am Verfassungsschutz siehe *R. Steinke,* Verfassungsschutz. Wie der Geheimdienst Politik macht, Berlin/München 2023; gegen eine Abschaffung des Verfassungsschutzes *G. Baum,* Der Dienst tut gute Dienste, in: F.A.Z. 02.02.2024, abrufbar unter: https://www.faz.net/aktuell/feuilleton/debatten/warum-wir-den-verfassungsschutz-jetzt-auf-keinen-fall-abschaffen-duerfen-19489918.html (abgerufen am 12.07.2024).

fassungsgericht[87] – hier ist man erkennbar bereit, aus den Erfahrungen „der anderen“ zu lernen und zusätzliche Sicherungen gegen Missbrauch und Unterminierung einzubauen.

Mit Blick auf die Geschichte und die Umstände der Entstehung des Grundgesetzes überrascht es, dass es, wie Gärditz sagt, als „Schönwetterverfassung“[88] in der von dunklen Wolken verhangenen Gegenwart nicht in der Lage sein soll, seine Wehrhaftigkeit unter Beweis zu stellen. Der Diskurs um die fehlende Widerstandsfähigkeit der Verfassung gegen Aushöhlung durch Übelwollende ist auf amerikanischer Ebene schon lange virulent; auch dort zeigte man sich erstaunt, wie wenig die Verfassung jenen, die ein Aliud aus dem System machen wollen, entgegenzusetzen hat. Ein rotes Ausrufezeichen markiert so etwa der „Bestseller“ „How Democracies Die“.[89] Auf europäischer Ebene ist die Rechtsprechung des Europäischen Gerichtshofs für Menschenrechte gerade beim Parteiverbot mit dem Kriterium der „realen Gefahr der Machterlangung“ als Voraussetzung für das Verbot einer Partei[90] eher kontraproduktiv, da sie es nicht erlaubt, der Maxime „Wehret den Anfängen“ gerecht zu werden. Besonders intensiv befasst mit diesen Fragen ist die Venedigkommission des Europarats, da sie mit allen Fällen, in denen die demokratischen Institutionen Schiffbruch erlitten haben, betraut und *ex ante* und *ex post* dazu aufgerufen ist, kreative Lösungen zu finden.[91]

In diesem Kontext nun könnte das Grundgesetz über den Verfassungsdiskurs und die Rechtsprechung des Bundesverfassungsgerichts abermals eine führende Rolle einnehmen und den Weg weisen, wie die im Grundge-

87 Siehe beispielsweise den zuletzt am 11. April im Bundestag eingebrachten Entwurf eines Gesetzes zur Änderung des Grundgesetzes – Resilienz des Bundesverfassungsgerichts gegen autoritär-populistische Bestrebungen (Artikel 93 und 94), BT-Drucks. 20/11025, abrufbar unter: https://dserver.bundestag.de/btd/20/110/2011025.pdf (abgerufen am 12.07.2024).

88 *K. F. Gärditz,* Rechtsschutz und Rechtsprechung, in: M. Herdegen, J. Masing, R. Poscher, K. F. Gärditz (Hrsg.), Handbuch des Verfassungsrechts, München 2021, § 4 Rn. 155.

89 *S. Levitsky, D. Ziblatt,* How Democracies Die, New York 2018.

90 Siehe beispielsweise EGMR, Urt. v. 13.02.2003- Nr. 41340/98, 41342/98, 41343/98 and 41344/98- Refah Partisi (The Welfare Party) u.a./Türkei: "dissolution of an entire political party" is only possible when there is "plausible evidence that the risk to democracy, supposing it [has] been proved to exist, [is] sufficiently imminent" (Rn. 100, 102).

91 *A. Nußberger,* The Venice Commission and Constitutional Dilemmas, in: M. Bobek, A. Bodnar, A. von Bogdandy, P. Sonnevend (Hrsg.), Transition 2.0. Re-establishing Constitutional Democracy in EU Member States, 2023, S. 585.

setz angelegten Instrumente der wehrhaften Demokratie erfolgreich eingesetzt werden können. Dass es dabei die Quadratur des Kreises zu lösen gilt, ist offensichtlich – einerseits sind die verfassungsrechtlichen Grundwerte wie Demokratie und Meinungsfreiheit zu wahren, andererseits im politischen Kampf auch Grenzen zu setzen, die das Grundbekenntnis des Grundgesetzes zu einem „Nie wieder" von Diktatur und Unterdrückung von Minderheiten einlösen.

Aber dafür, dass das Grundgesetz die Quadratur des Kreises schafft und das Unmögliche möglich macht, ist es im Laufe seiner langen Erfolgsgeschichte oftmals gefeiert worden. Gerade in einer für autoritäre Machtausübung zunehmend empfänglichen Gesellschaft erneut Grenzpfosten für die Politik einzuschlagen und das liberale System zu bewahren, würde die Rolle des Grundgesetzes als Diktaturverhinderungsinstrument stärken und bestätigen und – so die Hoffnung – erneut als nachahmenswertes Modell empfehlen.

VII. Unwägbarkeit der internationalen Karriere von Verfassungen

Am Beispiel des Grundgesetzes zeigt sich, dass Verfassungen in der gegenwärtigen Welt nicht nur nach innen wirken und dem politischen und gesellschaftlichen Prozess ein Gerüst vorgeben, sondern auch Ausstrahlungskraft nach außen haben. Allerdings ist die Rezeption der verfassungsrechtlichen Konzepte nur begrenzt steuerbar. Das Grundgesetz hat auf überraschende Weise Karriere gemacht und ist – mit positiven und negativen Folgen – in der Mitte des weltweiten verfassungsrechtlichen Diskurses angekommen. Hier gilt es seine Position als Diktaturverhinderungsinstrument zu bewahren.

75 Jahre Grundgesetz – Rückblick und Ausblick

von *Prof. Dr. Peter M. Huber*, München

75 Jahre Grundgesetz bieten allen Anlass, den 61 Verfassungsvätern und vier Verfassungsmüttern, aber auch den Generationen, die seitdem verantwortungsvoll mit diesem Erbe umgegangen sind, dankbar zu sein. Implementation und Entfaltung des Grundgesetzes haben uns ein bisher nie gekanntes Maß an Freiheit beschert, den Abbau von Diskriminierungen befördert und den gesellschaftlichen Zusammenhalt – trotz unverkennbarer Polarisierungen in der aktuellen Situation – zu bewahren geholfen. Die 75 Jahre Grundgesetz sind aber auch Anlass zum Stolz, weil die Deutschen im Westen diese Verfassung nach anfänglicher Gleichgültigkeit angenommen und zur Grundlage einer freiheitlichen und pluralistischen Gesellschaft gemacht haben und die Deutschen im Osten unseres Landes sich 1990 mit überwältigender Mehrheit für genau diese Verfassung entschieden und ihr damit zusätzliche Legitimität verliehen haben. Um die aus einigen intellektuellen und parteipolitischen Zirkeln immer wieder lancierte Debatte um eine neue Verfassung ist es mittlerweile auch ruhiger geworden – zu Recht!

I. Stabile Ordnung seit 70 Jahren

Am 23. Mai 2024 haben wir den 75. Jahrestag der Verkündung und des Inkrafttretens des Grundgesetzes begangen, das damit schon deutlich länger gilt als alle früheren Verfassungen seit der Gründung des deutschen Nationalstaats 1867/71. Es hat sich auch als flexibel genug erwiesen, um die politischen, ökonomischen und gesellschaftlichen Veränderungen seit 1949 aufzufangen und verfassungsrechtlich zu bewältigen.

Die – teilweise epochalen - Stationen reichen von der Wiederbewaffnung (1955) über die Notstandsgesetze (1968), die Ostpolitik der Regierung Brandt und den Terrorismus der RAF bis zum Ausstieg aus der Kernenergie und der Wiedervereinigung mit ihren zahlreichen verfassungsrechtlichen Implikationen: der gespaltenen Sperrklausel bei der ersten gesamtdeutschen Wahl 1990, ohne die es die Partei DIE LINKE und vielleicht auch das Bündnis Sarah Wagenknecht (BSW) heute vermutlich nicht gäbe, die

Auseinandersetzungen um die Rückgängigmachung der Bodenreform in Ostdeutschland, die Mauerschützen-Problematik oder den Streit um das Abtreibungsrecht, der – jedenfalls bis zum Amtsantritt der aktuellen Bundesregierung - eine im Vergleich etwa zu den USA, Polen oder Frankreich weitgehende Befriedung erfahren hatte. Auf der Basis des Grundgesetzes konnten sich in den letzten 75 Jahren neue Parteien wie die Grünen, die Linke, die AfD oder das BSW etablieren, wurde der Weg für Kriegseinsätze der Bundeswehr im Ausland geebnet, der Terrorismus der RAF, des Islamismus und des NSU bekämpft, der Ausstieg aus der Kernenergie, um den Jahrzehnte lang gerungen wurde und der Einstieg in eine Energiewende ins Werk gesetzt u. v. a. m.

All diese Stationen waren Bewährungsproben für das Grundgesetz und nicht ganz zufällig auch Gegenstand verfassungsgerichtlicher Entscheidungen. Das Grundgesetz ist – anders als frühere Verfassungen - unmittelbar geltendes Recht und muss von allen Verfassungsorganen, Behörden und Gerichten angewendet werden (Art. 1 Abs. 3 und Art. 20 Abs. 3 GG). Dass dies so durchschlagend gelungen ist, liegt nicht zuletzt an der – auf amerikanische Einflüsse zurückgehenden – Errichtung des Bundesverfassungsgerichts. Mit seinen im internationalen Vergleich sehr weitreichenden Zuständigkeiten, die jeden Verwaltungsakt und jedes Gerichtsurteil seiner Kontrolle unterwerfen, hat es die Neuausrichtung der in weiten Teilen noch vorkonstitutionellen Rechtsordnung (BGB, StGB, ZPO, StPO, etc.) vorangetrieben und durchgesetzt, mit der Folge, dass es heute keine politische Frage gibt, die sich nicht verfassungsrechtlich rekonstruieren ließe: Von der Gründung des Landes Baden-Württemberg über die Auflösung des Bundestags, den Einsatz der Bundeswehr im Ausland oder Äußerungen von Bundespräsidenten und Regierungsmitgliedern bis zum Verbot politischer Parteien – die mittlerweile 166 Bände der amtlichen Sammlung des Bundesverfassungsgerichts sind auch ein Zeitspiegel bundesdeutscher Geschichte. Vor diesem Hintergrund hat *Dieter Grimm* Recht, wenn er feststellt, dass sich die nun 75jährige Geschichte der Bundesrepublik Deutschland nicht ohne die Rolle des Bundesverfassungsgerichts erzählen lässt.[1] Im Bewusstsein der politischen Akteure in Berlin hat sich das allerdings noch nicht festgesetzt.

---

1 *D. Grimm*, Die Historiker und die Verfassung. Ein Beitrag zur Wirkungsgeschichte des Grundgesetzes, 2022.

1. Konstitutionalisierung im Zeichen der Grundrechte

Auf der Basis des Grundgesetzes ist es zunächst gelungen, die Rechtsordnung gewissermaßen vom Kopf auf die Füße und den Menschen in den Mittelpunkt zu stellen. Heute blicken wir – anders als vor 1949 - nicht mehr von „oben", aus der Sicht des Staates, der Politik, der Verwaltung oder des Systems auf eine Rechtsfrage, sondern von „unten", aus der Perspektive der betroffenen Bürgerinnen und Bürger, ihrer Rechte und Interessen. Dieser Paradigmenwechsel hat seinen Grund in einem – durch die Erfahrungen mit der Naziherrschaft und ihrer Barbarei grundsätzlich veränderten – Staatsverständnis, das der Herrenchiemseer Konvent bekanntlich gut auf den Punkt gebracht hat: „Der Staat ist um des Menschen Willen da, nicht der Mensch um des Staates Willen" (Art. 1 HChE).

a) Grundlagen

Die Formulierung hat es dann zwar nicht in das Grundgesetz geschafft, die in Art. 1 Abs. 1 GG verankerte Garantie der Menschenwürde meint in der Sache aber nichts anderes. Zusammen mit der umfassenden Bindung aller Staatsgewalt an die Grundrechte (Art. 1 Abs. 3, Art. 20 Abs. 3 GG) hat es dies ermöglicht, die zu großen Teilen noch aus dem Kaiserreich überkommene Rechtsordnung im Lichte des Grundgesetzes und seiner Wertungen neu zu interpretieren und im Lichte von Freiheit, Gleichheit und Selbstbestimmung neu auszuleuchten (sog. Konstitutionalisierung).

b) Verwaltungsrecht

Prägend wurde insoweit ein Beitrag, den der erste Präsident des Bundesverwaltungsgerichts, *Fritz Werner*, 1959 im Deutschen Verwaltungsblatt verfasst hat und in dem er vom „Verwaltungsrecht als konkretisiertem Verfassungsrecht" sprach.[2] Das war nicht nur eine Richtungsbestimmung für die Verwaltung und die Verwaltungsgerichtsbarkeit, sondern auch eine dezidierte Ablehnung der Relativierung verfassungsrechtlicher Vorgaben, wie sie nach dem Ersten Weltkrieg 1924 noch in dem berühmt-berüchtig-

---

2 *F. Werner*, DVBl 1959, S. 527 ff.

ten Diktum *Otto Mayers* Audruck gefunden hatte, dass „Verfassungsrecht vergeht, Verwaltungsrecht (jedoch) besteht".[3]

Konstitutionalisierung bedeutet(e) der Sache nach vor allem „Vergrundrechtlichung". Im Zusammenspiel mit der Gesetzmäßigkeit der Verwaltung, dem Vorrang und dem Vorbehalt des Gesetzes, wurde das Verwaltungsrecht so – früher als das Zivil- oder das Strafrecht – konsequent auf die Wertungen des Grundgesetzes ausgerichtet, durchdrangen dessen norminternen Direktiven nach und nach nahezu jeden seiner Winkel. In diesem Verwaltungsrecht würde der Einzelne nie mehr nur Objekt staatlichen Handelns sein, der Staat und seine Verwaltung niemals mehr als ein Mittel, um Sicherheit, Freiheit, Gleichheit und Wohlfahrt der Bürger zu ermöglichen.

c) Zivil- und Strafrecht

Die Konstitutionalisierung erreichte in den 1980er Jahren das Zivilrecht und um die Jahrtausendwende auch das Strafrecht, wie jüngere Entscheidungen des Bundesverfassungsgerichts zur Suizidhilfe (§ 217 StGB)[4] oder zum Rindfleischettikettierungsgesetz[5] zeigen.

Das Zivilrecht, auf eine liberale Idee von Privatautonomie gegründet und seine teilweise bis in die Antike zurückreichenden Wurzeln tat und tut sich mit seiner Konstitutionalisierung allerdings schwer. Dazu mögen anfangs auch biographische, persönliche und institutionelle Rivalitäten zwischen dem Bundesgerichtshof und dem Bundesverfassungsgericht beigetragen haben,[6] das von Richtern in der Karlsruher Herrenstraße, dem Sitz des Bundesgerichtshofs, schon mal als „Laienspielschar vom Schlossbezirk" geschmäht wurde. Aber es war (und ist) auch die Zivilrechtswissenschaft, die sich sträubt(e), überkommene Denkmuster und Gewissheiten über Bord zu werfen. Obwohl schon das *Lüth*-Urteil vom 15. Januar 1958 mit dem Konzept der mittelbaren Drittwirkung die entscheidenden Weichenstellungen vorgenommen hat,[7] fremdelt das Zivilrecht auch nach seiner überzeugenden Rekonstruktion im Lichte der Grundrechte durch *Claus Wilhelm Canaris*[8] mit dieser Herausforderung. Insoweit sei nur auf die noch immer

3 *O. Mayer*, Deutsches Verwaltungsrecht, 3. Aufl., 1924, S. V.
4 BVerfGE 153, 182.
5 BVerfGE 143, 38 (52 ff.).
6 Treffend *A. Gaillet*, La Cour constitutionnelle fédérale allemande, 2021, S. 253 ff.
7 BVerfGE 7, 198 (205 f.).
8 *C.-W. Canaris*, Grundrechte und Privatrecht, AcP 184 (1984), 201 ff.

andauernde Bewältigung der Bürgen-Entscheidung des Bundesverfassungsgerichts von 1993[9] (!) verwiesen.

Ob die Lehre von der nur mittelbaren Drittwirkung im Privatrecht allerdings die Zeiten überdauern wird, muss die Zukunft noch zeigen. Ein Exportschlager ist sie jedenfalls nicht geworden; sie scheint zu kompliziert, um anschlussfähig zu sein. Die Alternative besteht freilich nicht in einer Rückkehr zur „guten alten Zeit", sondern in der unmittelbaren Anwendung der Grundrechte zwischen Privaten. Das Allgemeine Gleichbehandlungsgesetz (AGG), aber auch die Entscheidungen zu den Stadionverboten[10] deuten in diese Richtung.

d) Dogmatische Determinanten der Konstitutionalisierung

Früh hat das Bundesverfassungsgericht die allgemeine Handlungsfreiheit als umfassendes Freiheitsrecht verstanden, die nicht nur das Recht schützt, ins Ausland zu reisen,[11] sondern auch das „Reiten im Walde"[12] u. a. m. In den letzten Jahren hat das Recht auf körperliche Unversehrtheit etwa mit Blick auf die Zulässigkeit von Fixierungen in der Psychatrie[13] oder die Zwangsbehandlung bei Unterbringungen eine besondere Rolle gespielt,[14] zwei Bereiche, deren grundrechtliches Problempotential lange Zeit unentdeckt geblieben war. Die Versammlungsfreiheit des Art. 8 GG hat das Bundesverfassungsgericht in seinem *Brokdorf*-Beschluss so ausgelegt, dass ein paar Gewalttäter nicht ausreichen, um die gesamte Versammlung unfriedlich zu machen, mit der Folge, dass diese aufgelöst werden kann,[15] und unter dem Blickwinkel der Berufsfreiheit (Art. 12 Abs. 1 GG) hat es seit den 1950er Jahren vor allem für die freien Berufe eine standesrechtliche Regelung nach der anderen gekippt, weil diese vor allem die Etablierten auf Kosten der Newcomer privilegierten.[16] In jüngerer Zeit wurden unter Berufung auf die Grundrechte der im LMFGB vorgesehene „Lebensmittelpranger" im Internet beanstandet,[17] die Grundrechtsbindung der verwaltungs-

9 BVerfGE 89, 214.
10 BVerfGE 148, 267 (279 ff. Rn. 30 ff.) – Stadionverbote.
11 BVerfGE 6, 32.
12 BVerfGE 80, 137.
13 BVerfGE 149, 293.
14 BVerfGE 128, 282; 129, 262; 133, 112; 146, 294.
15 BVerfGE 69, 315 (360).
16 BVerfGE 7, 377.
17 BVerfGE 148, 40.

privatrechtlich[18] oder fiskalisch handelnden[19] Verwaltung durchgesetzt und Stadionverbote der DFL an materielle und prozedurale Anforderungen gebunden.[20] Wo das Grundgesetz keine ausdrücklichen Regelungen enthält, hat das Bundesverfassungsgericht aus einer Zusammenschau insbesondere der Allgemeinen Handlungsfreiheit (Art. 2 Abs. 1 GG) und der Menschenwürde (Art. 1 Abs. 1 GG), weitere grundrechtliche Rechtspositionen identifiziert: das Recht auf informationelle Selbstbestimmung oder das Rechts auf Integrität und Vertrauenswürdigkeit informationstechnischer Systeme.[21]

Neben Menschenwürde und Freiheit garantiert Art. 3 GG auch die Gleichheit vor dem Gesetz, von Frauen und Männern, statuiert es Diskriminierungsverbote und Förderaufträge. Die Gleichstellung nichtehelicher Kinder war von Anfang an in Art. 6 Abs. 5 GG angeordnet, auch wenn es ganze 50 Jahre gedauert hat, bis sie endgültig realisiert wurde. Ähnlich sieht es mit der Gleichstellung von Frauen und Männern aus, die nach 1990 wiederholt Gegenstand verfassungsgerichtlicher Auseinandersetzungen war.[22]

Das Bundesverfassungsgericht hat aus der Schulpflicht für Art. 2 Abs. 1 i. V. m. Art. 7 Abs. 1 GG ein Recht auf schulische Bildung abgeleitet,[23] aus Art. 12 Abs. 1 i. V. m. Art. 3 Abs. 1 GG einen Anspruch auf chancengleichen Zugang zu zahlenmäßig begrenzten Studienplätzen[24] und aus Art. 2 Abs. 2 und Art. 14 Abs. 1 GG staatliche Schutzpflichten, wann immer die Einzelnen nicht in der Lage sind, selbst für die Integrität ihrer grundrechtlich geschützten Interessen zu sorgen.

Es würde den Rahmen sprengen, die ca. 400.000 Entscheidungen, die das Bundesverfassungsgericht seit 1951 getroffen hat, hier im Einzelnen anzuführen und einzuordnen. Entscheidend ist, dass es das „rechtsstaatliche Verteilungsprinzip",[25] d. h. den Grundsatz, dass der Staat nur bei überwiegenden öffentlichen Interessen in die Freiheit seiner Bürgerinnen und Bürgern eingreifen darf, angesichts sich kontinuierlich wandelnder Bedrohungslagen immer wieder hochgehalten und durchgesetzt hat.

---

18 BVerfGE 128, 226 (246 ff.) - Fraport.
19 BVerfG NJW 2016, 3153 - Watzmanntherme.
20 BVerfGE 148, 267.
21 BVerfGE 65, 1; 120, 274; 120, 378; 125, 265.
22 BVerfGE 74, 168 – Renteneintrittsalter; 85, 191 – Nachtarbeitsverbot.
23 BVerfGE 159, 355 (382, Rn. 47) – Bundesnotbremse II (Schulschließungen).
24 BVerfGE 33, 303; 147, 253.
25 *C. Schmitt*, Verfassungslehre, 1928, S. 126; *J. Isensee*, Positivität und Überpositivität der Grundrechte, in: Merten/Papier (Hrsg.), HGR II, 2006, § 26 Rn. 103.

2. Verfassungsprinzipien

Differenzierter fällt das Urteil mit Blick auf die fünf bzw. sechs Verfassungsprinzipien des Grundgesetzes und ihre Konkretisierung aus. Diese Verfassungsgrundsätze des Rechtsstaats, der Demokratie, des Bundes- und des Sozialstaats sowie der Verfassungsgrundsatz der Republik machen – zusammen mit der Garantie der Menschenwürde in Art. 1 Abs. 1 GG – die Identität des Grundgesetzes aus. Sie sind ausweislich von Art. 79 Abs. 3 GG ebenso verfassungsänderungs- wie integrationsfest (Art. 23 Abs. 1 Satz 3 GG). Identitäts-[26] und Ultra-vires-Kontrollen des Bundesverfassungsgerichts[27] stellen dabei sicher, dass auch Maßnahmen von Organen, Einrichtungen und sonstigen Stellen der Europäischen Union oder anderer supranationaler Einrichtungen diese Grundsätze nicht berühren.

Zwar ist der Wortlaut von Art. 20 Abs. 1 bis 3 GG seit 75 Jahren unverändert; neu hinzugekommen ist 1994 allerdings der Grundsatz der Umweltstaatlichkeit in Art. 20a GG. Gleichwohl haben sich hinter der intakten Fassade der Verfassung tektonische Verschiebungen ergeben, die die Rechtsordnung der Bundesrepublik Deutschland verändert haben.

a) Rechtsstaatsprinzip (Art. 20 Abs. 3 GG)

So kam dem Rechtsstaatsprinzip, dem neben dem Föderalismus wohl wichtigsten Beitrag Deutschlands zur Herausbildung des modernen Verfassungsstaates, aus historischen Gründen lange Zeit eine herausragende Bedeutung zu. Seine Wurzeln reichen zurück bis ins Mittelalter und münden im 19. Jahrhundert in einem formellen, stark legalistischen,[28] auf subjektive Rechte und ihre gerichtliche Durchsetzung ausgerichteten Verständnis des

---

26 Vgl. BVerfGE 142, 123 (195 ff., Rn. 137 ff.); 151, 202 (286, Rn. 118 ff.; 301 f., Rn. 154 f.).

27 Diese sichert in ihrem Kern den Grundsatz der Volkssouveräntität im Sinne von Art. 20 Abs. 2 Satz 1 GG; grundlegend BVerfGE 142, 123 (199 f., Rn. 145); 151, 202 (296 ff., Rn. 141 ff.); 154, 17.

28 *B. Schindler,* Regierung, Verwaltung und Verwaltungsgerichtsbarkeit, in: A. v. Bogdandy/P. M. Huber/L. Marcusson (Hrsg.), Handbuch Ius Publicum Europaeum. Bd. IX: Verwaltungsgerichtsbarkeit in Europa: Gemeineuropäische Perspektiven und supranationaler Rechtsschutz, Heidelberg 2021, § 152 Rn. 14 ff.

Rechtsstaats. Dieses ist in einem weiteren, auch kulturellen Sinne Teil der nationalen Identität unseres Landes geworden.[29]

aa) Der Begriff des Rechtsstaats taucht schon im „Vormärz“ auf,[30] mit einem programmatischen, liberalen Inhalt. Auch wenn die Märzrevolution 1848 scheiterte, kam es in ihrem Gefolge doch zu jenem „historischen Kompromiss“ zwischen den auf dem monarchischen Prinzip beharrenden alten Eliten und dem auf Emanzipation drängenden Bürgertum, der Deutschland (und Österreich) den Rechtsstaat in der geschilderten formellen Variante[31] beschert hat. Dessen Dreh- und Angelpunkt ist die Gesetzmäßigkeit der Verwaltung. Der Rechtsstaat wurde so zu einem (unvollständigen) Äquivalent für Demokratie und Volkssouveränität, die es bis zum Sturz der Monarchie 1918 jedenfalls in der Theorie nicht geben durfte.[32]

Nachdem die NS-Herrschaft auch dieses Erbe mit Füßen getreten hatte, machte man sich nach der Befreiung 1945 umso entschlossener an dessen Wiedererrichtung, Konsolidierung und Perfektionierung. Kennzeichen der Jahre zwischen 1949 und 1990 ist insoweit die Etablierung der Verfassungsgerichtsbarkeit, die umfassende Konstitutionalisierung der Rechtsordnung und – damit einhergehend – die Perfektionierung gerichtlichen Rechtsschutzes.[33] Rechtsprechung und Schrifttum, das Bundesverfassungsgericht, prägende Staatsrechtslehrer, aber auch Zivilrechtler wie *Claus Wilhelm Canaris*,[34] konzentrierten sich auf die Entfaltung der Grundrechte, die Rekonstruktion der (einfachrechtlichen) Rechtsordnung in ihrem Lichte und – konsequenterweise – auf eine kontinuierliche Ausweitung subjektiver öffentlicher Rechte.[35] Auch wenn Ende der 1980er-Jahre vereinzelte War-

---

29 Dazu *P. M. Huber*, Recht und nationale Identität, in: M. Kment (Hrsg.), Das Zusammenwirken von deutschem und europäischem öffentlichen Recht – Festschrift für Hans D. Jarass, München 2015, S. 205 (209 ff.).

30 *R. v. Mohl*, Das Staatsrecht des Königreichs Württemberg II, Tübingen 1831; *F. J. Stahl*, Philosophie des Rechts, 3 Bände, Heidelberg 1830–1837.

31 Instruktiv *B. Schindler*, Regierung (Fn. 28), § 153 Rn. 17 f.

32 *A. v. Bogdandy/P. M. Huber*, Staat, Verwaltung und Verwaltungsrecht: Deutschland, in: A. v. Bogdandy/S. Cassese/P. M. Huber (Hrsg.), Handbuch Ius Publicum Europaeum. Bd. III: Verwaltungsrecht in Europa: Grundlagen, Heidelberg 2010, § 42 Rn. 39 ff., 41.

33 *A. v. Bogdandy/P. M. Huber*, Deutschland (Fn. 32), § 42 Rn. 60 f.

34 *C. W. Canaris*, AcP 184 (1984), 201.

35 Einen gewissen Abschluss fand diese Entwicklung mit der Wiedervereinigung, wie die im Kern (noch) dem subjektiven öffentlichen Recht gewidmeten Habilitationsschriften von *P. M. Huber*, Konkurrenzschutz im Verwaltungsrecht, Tübingen 1991 und *M. Schmidt-Preuß*, Kollidierende Privatinteressen im Verwaltungsrecht, Berlin 1992, zeigen.

nungen vor einer Hypertrophie des Rechtsstaates und einer mangelnden internationalen Anschlussfähigkeit auftauchen, vor einem Rechtswege- und Richterstaat,[36] erscheint die Optimierung des Rechtsstaats nach 1949 doch als konsequente Fortsetzung und Vollendung eines bereits vor 200 Jahren eingeschlagenen Weges.[37]

bb) Das Rechtsstaatsprinzip zielt letztlich auf eine gerechte Gesellschaft. In diesem Sinne beschreibt Art. 1 Abs. 2 GG die unverletzlichen und unveräußerlichen Menschenrechte u. a. als Grundlage der Gerechtigkeit in der Welt, und deshalb bindet Art. 20 Abs. 3 GG vollziehende Gewalt und Rechtsprechung an Gesetz *und Recht*. Die Gerechtigkeit ist allerdings – von ihrer grundsätzlichen Infragestellung abgesehen[38] – kein juristisch operationalisierbarer Maßstab.

Dass die Erwartungen an den Rechtsstaat auch überzogen sein können, zeigt das berühmt-berüchtigte, der DDR-Bürgerrechtlerin *Bärbel Bohley* zugeschriebene Diktum aus den Jahren nach 1990: „Wir wollten Gerechtigkeit und bekamen den Rechtsstaat."[39] Dieses Diktum ist mitunter nicht nur als lakonischer Hinweis darauf (miss)verstanden worden, dass es auch im Rechtsstaat des Grundgesetzes Ungerechtigkeiten und Härten gibt, sondern als Legitimation, sich im Interesse subjektiver Gerechtigkeits- oder Moralvorstellungen über das Recht auch hinwegsetzen zu dürfen, und hat dazu beigetragen, dass die rechtsstaatliche Bedeutung von Form-, Zuständigkeits- und Verfahrensvorschriften heute nicht mehr durchgängig verstanden wird.[40] Da es im säkularen Staat des Grundgesetzes aber keine verbindliche Moral gibt, kann die Berufung auf individuelle Moral- und Gerechtigkeitsvorstellungen oder politische Opportunitätserwägungen eine Abweichung vom Recht nicht rechtfertigen. Der Rechtsstaat existiert durch das Gesetz oder er existiert nicht!

cc) Die größte Herausforderung des Rechtsstaats ist seine Hypertrophie. Zwar wird schon *Montesquieu* der Ausspruch zugeschrieben, dass, wenn

36 *E. W. Böckenförde*, Zur Lage der Grundrechtsdogmatik nach 40 Jahren Grundgesetz, München 1990, S. 69; *ders.* Der Staat 1990, 1 (29); aus jüngerer Zeit *M. Jestaedt/O. Lepsius /C. Möllers/C. Schönberger*, Das entgrenzte Gericht. Eine kritische Bilanz nach sechzig Jahren Bundesverfassungsgericht, Berlin 2011.

37 *P. M. Huber*, Der Rechtsstaat, in: M. Herdegen/J. Masing/R. Poscher/K. F. Gärditz (Hrsg.), Handbuch des Verfassungsrechts, München 2021, § 6 Rn. 13.

38 BVerfGK 20, 164: Aussage des Richters: „Die Wahrheit interessiert mich nicht".

39 Infragestellung bei *I. -S. Kowalczuk, FAZ* vom 21. September 2020.

40 Siehe *R. Marx*, Interview mit dem Münchner Merkur vom 12.9.2015: „Sie [scil. die Bundekanzlerin] hat sich sogar über das Gesetz hinweggesetzt. Das gehört auch zur politischen Führung!"

es nicht notwendig ist, ein Gesetz zu erlassen, es notwendig ist, das Gesetz nicht zu erlassen. Heute hat dies freilich eine ganz andere Brisanz: 100.000 – 150.000 – nicht oder schlecht aufeinander abgestimmte - Rechtsakte der Europäischen Union, 15.000 Vorschriften des Bundes- und etwa 8.000 Bestimmungen des Landesrechts machen es Verwaltungen, Gerichten und Rechtsunterworfenen zunehmend unmöglich, das geltende Recht verlässlich zu identifizieren und sich danach zu richten. Dies lässt das Legalitätsprinzip erodieren und macht aus Gesetzen, Verordnungen und Richtlinien - den vorrangigen Steuerungsinstrumenten des Rechtsstaats - Zufallsgeneratoren, deren Output kaum vorhergesagt werden kann.

Verstärkt wird dieser Befund - und das ist gewissermaßen die Kehrseite der Konstitutionalisierung - durch einen Trend zu immer mehr Einzelfallgerechtigkeit, der Ausnahmen zur Regel macht und die Gestaltungsmacht der (Fach-)Richter immer größer werden lässt. Vom Ausländer- und Asylrecht über das Planungs-, Wirtschafts- oder Umweltrecht bis zum Zivilrecht[41] – kein Referenzgebiet ist davon verschont geblieben. Die offene Programmierung der Gesetze bietet hier wenig Abhilfe. Sie ist – rechtsstaatlich betrachtet – eher eine Art Bankrotterklärung. Unter all dem leidet nicht nur die Gleichheit vor dem Gesetz (Art. 3 Abs. 1 GG), sondern auch das Vertrauen in die demokratischen Institutionen, die unfähig erscheinen, politisch angekündigte Vorhaben auch rechtssicher umzusetzen.

b) Demokratieprinzip (Art. 20 Abs. 1 und 2 GG)

Das Demokratieprinzip ist im verfassungsrechtlichen Denken Deutschlands ein Nachzügler. Als juristisch operationable Grundentscheidung tritt es eigentlich erst nach der Wiedervereinigung auf den Plan.[42] Seither aber hat es sich zu einer Art *„rocher de bronze"* unter den Verfassungsprinzipien entwickelt und kann in gewisser Weise auch als Kristallisationspunkt für ein neues Staats- und Verfassungsverständnis verstanden werden.

aa) Dessen Rezeption leidet allerdings darunter, dass diese Entwicklung nicht im Zentrum des nationalen Verfassungsdiskurses stattgefunden hat, sondern im Kontext des Europaverfassungsrechts. Ausgangspunkt war insoweit ein auf *Hans Heinricht Rupp* und vor allem auf *Paul Kirchhof* zu-

41 Für das Zivilrecht vgl. *P. M. Bender*, Grenzen der Personalisierung des Recht, Tübingen 2023.

42 Zum kommunalen Ausländerwahlrecht, BVerfGE 83, 37; 83, 60.

rückgehender[43] Brückenschlag zwischen dem Grundrechtsteil und dem Staatsorganisationsrecht im Maastricht-Urteil von 1993. Dort wird das Wahlrecht erstmals nicht mehr nur als formale Garantie von allgemeinen, freien, gleichen, geheimen und unmittelbaren Wahlen zum Deutschen Bundestag (Art. 38 Abs. 1 Satz 1 GG) verstanden, sondern als Recht jedes Wählers, auf die politischen Geschicke unseres Landes auch tatsächlich Einfluss nehmen zu können.[44] Das Wahlrecht wurde damit zu einem „Anspruch auf Demokratie“[45] bzw. einem Recht auf demokratische Selbstbestimmung,[46] der in der europaverfassungsrechtlichen Rechtsprechung seit 2011 weiter vertieft und ausgebaut worden ist.[47]

bb) Die materiellrechtliche Aufladung des Wahlrechts zu einem Recht auf demokratische Selbstbestimmung aller Bürgerinnen und Bürger beschränkt sich freilich nicht auf europarechtliche Fragestellungen. In Art. 1 Abs. 1 und Art. 20 Abs. 1 und 2 GG wurzelnd, verlangt es auch in anderen Lebensbereichen Beachtung – im Wahlrecht,[48] bei der Privatisierung von Staatsaufgaben oder bei der Ausgestaltung der bundesstaatlichen Kompetenzordnung.[49]

Zielt das (optimierungsbedürftige) Verfassungsprinzip der Demokratie aber auf ein möglichst hohes Maß an politischer Selbstbestimmung des Einzelnen,[50] so werden Einflussknicke[51] um so stärker rechtfertigungsbedürftig, je mehr der *Status activus* von Bürgerinnen und Bürgern bereits

43 *P. M. Huber*, Demokratische Selbstbestimmung als neuer „rocher de bronze“ des deutschen Staatsrechts, in: R. Bousta (Hrsg.), Mélanges en l'honneur du Professeur Gérard Marcou, Paris 2017, S. 1075 (1077, Fn. 12).

44 BVerfGE 89, 155 (171 f., 182).

45 Vgl. BVerfGE 134, 366 (397, Rn. 539); 135, 317 (386, Rn. 125).

46 BVerfGE 123, 267 (330, 341).

47 BVerfGE 129, 124; 130, 318; 131, 152; 132, 195 (238 Rn. 104) ; 135, 317 (386 Rn. 125); 142, 123 (190 Rn. 126); 146, 216 (249 f. Rn. 46); 151, 202 (286 Rn. 118); 153, 74 (153 Rn. 138); 154, 17 (86 Rn. 101); 164, 193 (273 Rn. 106); *P. M. Huber*, Das Recht auf demokratische Selbstbestimmung, in: FS für Horst Dreier, 2024, S. 545 ff.

48 Bei Lichte besehen liegt dieser Gedanke auch der sog. Erfolgswertgleichheit Im Verhältniswahlrecht zugrunde, vgl. *P. M. Huber*, in: ders. (Hrsg.), ThürStVerwR, 2000, 1. Teil, Rn. 161 Fn. 258.

49 Siehe dazu *P. M. Huber*, Klarere Verantwortungsteilung von Bund, Ländern und Kommunen?, in: Ständige Deputation des Deutschen Juristentages (Hrsg.), Verhandlungen des 65. Deutschen Juristentages Bonn 2004. Bd. I, D 33 ff.

50 BVerfGE 5, 85 (204 f.); BVerfGE 107, 59 (91 ff.); BayVerfGHE 2, 181 (218); *P. M. Huber*, Volksgesetzgebung und Ewigkeitsgarantie, Stuttgart/München 2003, S. 28 ff.; *S. Unger*, Das Verfassungsprinzip der Demokratie, Tübingen 2008, S. 249 ff.; a. A. *C. Hillgruber*, Die Herrschaft der Mehrheit, AöR 127 (2002), 460 (469); allgemein *H. Dreier*, in: ders. (Hrsg.), Grundgesetz-Kommentar, Bd. I, 3. Aufl., Tübingen 2013, Vorb. Rn. 79,

der Erosion ausgesetzt war. Daraus ergeben sich nicht nur erhöhte Rechtfertigungs- und Begründungslasten, wenn der Integrationsgesetzgeber Zuständigkeiten auf die Europäische Union oder andere supranationale Organisationen verlagert; auch eine Verlängerung der Legislaturperiode von vier (Art. 39 Abs. 1 Satz 1 GG) auf fünf Jahre lässt sich nicht mit Argumenten rechtfertigen, die letztlich nur der Abschottung des politischen Betriebs und seiner Bequemlichkeit dienen.

c) Bundesstaatsprinzip (Art. 20 Abs. 3 GG)

Seit 1949 hat sich die Bundesrepublik Deutschland von einem unitarischen Bundesstaat[52] immer weiter zu einem Gebilde auf der Schwelle zum dezentralisierten Einheitsstaat entwickelt.[53]

aa) Dies beruht zwar im Wesentlichen auf Entscheidungen des verfassungsändernden Gesetzgebers, die stets mit qualifizierter Mehrheit (Art. 79 Abs. 2 GG) und damit auch mit der Zustimmung der meisten Länder getroffenen worden sind. 25 Änderungen der bundesstaatlichen Ordnung in 75 Jahren sind allerdings weniger Ausdruck einer lebendigen Verfassungsordnung denn des Mangels einer tragenden Idee von Bundesstaatlichkeit. So hat sich die bundesstaatliche Ordnung von einem ansatzweisen Trennungs-, immer stärker zu einem Verflechtungsmodell entwickelt. Versuche, dies zu korrigieren, wurden – wenn sie erfolgreich waren – umgehend bekämpft und durch verfassungsändernde Mehrheiten rasch wieder relativiert: Als die 1994 vorgenommene Verschärfung des Art. 72 Abs. 2 GG im *Altenpflege-Urteil* des Bundesverfassungsgerichts 2002 erstmals greifbar

---

und *H. Dreier*, in: ders. (Hrsg.), Grundgesetz-Kommentar, Bd. II, 2. Aufl., Tübingen 2006, Art. 20 (Einleitung) Rn. 10.

51 Zum Begriff vgl. BVerfGE 142, 123 (192 f., Rn. 131); 146, 216 (256, Rn. 59); 151, 202 (291 ff., Rn. 130 f.); *P. M. Huber*, StWiss 1997, 423 (424); *ders.*, Weniger Staat im Umweltschutz, DVBl. 1999, 489 (495). Der Begriff geht in seinem verwaltungswissenschaftlichen Kern zurück auf *F. Wagener*, Typen der verselbständigten Erfüllung öffentlicher Aufgaben, in: ders. (Hrsg.), Verselbständigung von Verwaltungsträgern, Bonn 1976, S. 40; *St. Storr*, Verfassungsrechtliche Direktiven des demokratischen Prinzips für die Nutzung privatrechtlicher Organisations- und Kooperationsformen durch die öffentliche Verwaltung, in: H. Bauer/P. M. Huber/K.-P. Sommermann (Hrsg.), Demokratie in Europa, Tübingen 2005, S. 411 (424 ff.).

52 *K. Hesse*, Der unitarische Bundesstaat, Karlsruhe 1962.

53 *P. M. Huber*, Verfassungswandel und Föderalismus – 70 Jahre Grundgesetz, in: F. Knüpling/M. Köllig/S. Kropp/H. Scheller (Hrsg.), Reformbaustelle Bundesstaat, Wiesbaden 2020, S. 23 (36).

wurde und zu einer ernsthaften Hürde für die konkurrierende Gesetzgebung des Bundes zu werden drohte,[54] dauerte es nur wenige Wochen, bis Art. 72 Abs. 2 GG neu gefasst und die konkurrierende Gesetzgebung vom Erfordernis der „Erforderlichkeit" sogar weitgehend freigestellt wurde. Auf die Verwerfung der Mischverwaltung bei der Grundsicherung für Arbeitsuchende im Urteil des Bundesverfassungsgericht zu den ARGEN[55] reagierte der verfassungsändernde Gesetzgeber mit der Einfügung von Art. 91e GG,[56] auf die Verankerung des *Kooperationsverbotes* in Art. 104b Abs. 1 GG mit seiner schrittweisen Durchbrechung in den Art. 104c und Art. 104d GG.

bb) Die prekäre Bundesstaatlichkeit wird freilich weder von der Öffentlichkeit noch von den politischen Akteuren als ernsthaftes Problem empfunden, weil der Trend zur immer weiteren Unitarisierung[57] seine Ursache weniger in strukturellen Webfehlern der grundgesetzlichen Kompetenzordnung hat, denn in tief sitzenden Vorbehalten der Deutschen gegen regionale Vielfalt. Wenn es richtig ist, dass die Wurzeln einer kollektiven Identität 400–500 Jahre zurückreichen können,[58] dann erscheint es plausibel, dass die Erfahrungen nationaler Zerrissenheit und die damit verbundene Sehnsucht nach einer starken Zentralgewalt die Identität der Deutschen seit dem 30-jährigen Krieg (1618-48) nachhaltig geprägt haben. Es erklärt auch, warum die meisten Deutschen die Eigenstaatlichkeit der Länder eher

54 Vgl. BVerfGE 106, 62 ff.

55 Vgl. BVerfGE 119, 331 ff.

56 Vgl. dazu auch BVerfGE 137, 108 (111 ff. Rn. 8 ff.).

57 **Zur RV 1871**: *G. Anschütz,* Der deutsche Föderalismus in Vergangenheit, Gegenwart und Zukunft, in: VVDStRL. Bd. 1, Berlin 1924, S. 11 (14 ff.); *M. Heckel,* Zum Wandel des Föderalismus am Beispiel des Bundesrates und des Verordnungsrechts, in: M. Brenner/P. M. Huber/M. Möstl (Hrsg.), Der Staat des Grundgesetzes – Kontinuität und Wandel. Festschrift für Peter Badura, Tübingen 2004, S. 169; *K. Hesse,* Bundesstaat (Fn. 40), S. 13; *E. Kaufmann,* Bismarcks Erbe in der Reichsverfassung, Berlin 1917, S. 143, 171 f., 192 f.; *H. Triepel,* Unitarismus und Föderalismus im Deutschen Reiche, Tübingen 1907; **zur WRV 1919**: *G. Anschütz,* Der deutsche Föderalismus in Vergangenheit, Gegenwart und Zukunft, in: VVDStRL 1924, S. 11 (16 ff.); *C. Bilfinger,* Der deutsche Föderalismus in Vergangenheit, Gegenwart und Zukunft, in: VVDStRL 1924, S. 35 (45 ff.); *K. Hesse,* Bundesstaat (Fn. 40), S. 13; **zum GG 1949**: *P. Lerche,* Föderalismus als nationales Ordnungsprinzip, in: VVDStRL 1964, S. 66 (68 ff.); *R. Scholz,* Zur Reform des bundesstaatlichen Systems, in: M. Brenner et al. (Hrsg.), FS Badura (Fn. 45), S. 491 (495).

58 Zur Herausbildung und Wirkung kollektiver Identitäten vgl. *G. M. Breakwell/E. Lyons* (eds.), Changing European Identities, Oxford 1996; insb. *D. Hilton/H. P. Erb/M. Dermot/D. J. Molian,* Social Represenation of History and Attitudes to European Unification in Britain, France and Germany, in: G. M. Breakwell/E. Lyons (eds.), Changing European Identities, Oxford 1996, S. 275 ff.

hinnehmen, als ihren Selbstwert zu bejahen,[59] warum sich im Gefolge von *Rudolf Smend*[60] und *Konrad Hesse* eine primär funktionalistische Deutung des Bundesstaates durchgesetzt hat[61] und weshalb auch immer wieder emotionslos über eine an ökonomischen, verwaltungswissenschaftlichen und finanzwirtschaftlichen Kriterien orientierte Neugliederung der Länder „am Reißbrett" diskutiert wird.[62]

cc) Das gestörte Verhältnis der Deutschen zu ihrem Bundesstaat ist jedoch kein Anlass zur Resignation. Kollektive Identitäten ändern sich, langsam zwar, aber kontinuierlich und unaufhaltsam. 75 Jahre nach Inkrafttreten des Grundgesetzes verbinden sich mit den meisten Ländern – unterschiedlich intensive – historische oder neu entstandene Loyalitäten.[63] Die Wiedererrichtung der Länder in Ostdeutschland nach 1990[64] und das Scheitern aller Neugliederungsvorhaben seit 1951 belegen jedenfalls, dass es durchaus auch ein Gespür für der Vorteile des Bundesstaates gibt: vertikale Gewaltenteilung, zusätzliche Freiheitsräume, erhöhte demokratische Mitsprache, ortsnahe, flexible und bedarfsgerechte Problemlösungen u. a. m.[65] Es dürfte daher kein Zufall sein, dass Deutschland der einzige große

---

59 *M. Sachs*, Das parlamentarische Regierungssystem und der Bundesrat – Entwicklungsstand und Reformbedarf, in: VVDStRL 1999, S. 39 (46), unter Hinweis auf das Institut für Demoskopie Allensbach, Die Verankerung des föderalen Prinzips in der Bevölkerung, September/November 1995, S. 2, 14, 25.

60 *R. Smend*, Verfassung und Verfassungsrecht (1928), in: ders. Staatsrechtliche Abhandlungen, 4. Aufl. 2010, S. 225 ff., der die Einzelstaaten in den Dienst des Ganzen gestellt und zum „Integrationsmittel" erklärt hat; *S. Korioth*, Integration und Bundesstaat. Ein Beitrag zur Staats- und Verfassungslehre Rudolf Smends, Berlin 1990, S. 165 f.

61 Zur Rezeption der Integrationslehre als Weg zum unitarischen Bundesstaat vgl. auch *P. Badura*, Staat, Recht und Verfassung in der Integrationslehre, Der Staat 1977, S. 305 ff.; *S. Korioth*, Bundesstaat (Fn. 60), S. 228 ff., 280 ff.; *S. Oeter*, Integration und Subsidiarität im deutschen Bundesstaatsrecht, Tübingen 1998, S. 249 ff.

62 Vgl. *G. Robbers*, Entwicklungsperspektiven des Föderalismus, in: M. Brenner et al. (Hrsg.), FS Badura (Fn. 45), S. 431 (433).

63 Lübecker Erklärung I der deutschen Landesparlamente v. 31.03.2003, abrufbar unter: http://www.ltsh.de/presseticker/2003-03/31/11-05-22-7656/PI-PogE0nZW-lt.pdf (abgerufen am 27.08.2024); umschreibt die Funktion des Föderalismus denn auch damit, dass er den Ländern die Entwicklung eigener Wege der Aufgabenerfüllung ermögliche, zusätzliche Möglichkeiten demokratischer Teilhabe eröffne sowie regionale Identität und Bürgernähe fördere; *Robbers*, Entwicklungsperspektiven (Fn. 62), S. 433.

64 Zur Abfederung der Wiedervereinigungsfolgen durch den Föderalismus *G. Lehmbruch*, Föderative Gesellschaft im unitarischen Bundesstaat, Politische Vierteljahresschrift 2003, 545.

65 *Huber*, Klarere Verantwortungsteilung von Bund, Ländern und Kommunen? (Fn.49).

Flächenstaat in Europa ist, in dem es keine separatistischen Bestrebungen gibt.

d) Sozialstaatsprinzip (Art. 20 Abs. 1 GG)

Die - auch in anderen Ländern Europas und der Europäischen Union zu beobachtende - Entwicklung vom bürgerlichen zum sozialen Rechtsstaat ist durch das Sozialstaatsprinzips des Art. 20 Abs. 1 GG zum verfassungsrechtlichen Gebot geworden. Versuche, dies im Wege der Interpretation zu umgehen oder zu relativieren und das Sozialstaatsprinzip zum bloßen "Programm" zu degradieren, sind gescheitert.[66]

aa) Das darf aber nicht darüber hinwegtäuschen, dass die Direktionskraft des Soziastaatsprinzips im Einzelnen gering ist und sich seine konkreten Konturen erst aus der Zusammenschau mit anderen Verfassungsbestimmungen, insbesondere den Grundrechten,[67] sowie seiner einfach-gesetzlichen Konkretisierung ergeben.

Der Prinzipiennatur des Sozialstaats entsprechend unterfällt das einmal erreichte Maß an Sozialleistungen – wie das einmal erreichte Maß an staatsbürgerlichen Mitwirkungsmöglichkeiten, die Ausgestaltung des Rechtsschutzes oder die hergebrachten Grundsätze des Berufsbeamtentums - einem relativen Normbestandsschutz.[68] Gleichwohl lassen sich Sozialleistungen nicht auf dem einmal erreichten Niveau garantieren, weil sie von staatlichen Einnahmequellen und der Wandlungen unterworfenen Leistungsfähigkeit der Gesellschaft abhängen, und weil auch Kriege, Krisen und Konjunktureinbrüche nach sozialstaatlichem Ausgleich verlangen. Einschnitte in einmal gewährte Sozialleistungen sind jedoch rechtfertigungsbedürftig und nur zulässig, wenn sie sich auf überwiegende Belange des Gemeinwohls stützen können.

bb) Der Sozialstaat ist notwendig Verteilungs- und Umverteilungsstaat. Die gewaltigen Finanzmassen, die er benötigt – im Jahre 2024 sind knapp

---

66 Grundlegend *C. Enders/E. Wiederin*, Sozialstaatlichkeit im Spannungsfeld von Eigenverantwortung und Fürsorge, in: VDStRL 2005, S. 7 (7 ff., 53 ff.).

67 BVerfGE 45, 376; 65, 182; 84, 90; 125, 175 – Hartz IV; 152, 68 ff. – Hartz IV–Sanktionen.

68 Zum Begriff BVerfGE 139, 64 (126, Rn. 128); *P. M. Huber*, Wirkungsvoller Rechtsschutz bei Supranationalisierung, in: M.-E. Geis/M. Winkler, C. Bickenbach (Hrsg.), Von der Kultur der Verfassung. Festschrift für Friedhelm Hufen, München 2015, S. 585 (587); *G. Lübbe-Wolff*, Grundrechte als Eingriffsabwehrrechte, Baden-Baden 1988, S. 105 ff.

40% des Bundeshaushalts allein für Sozialleistungen vorgesehen[69] – müssen zunächst durch Steuern und andere Abgaben erhoben bzw. durch Schulden finanziert werden. Der Sozialstaat kann deshalb nicht allein aus einer Perspektive der Leistungsempfänger erfasst werden; er erschließt sich in seiner Komplexität nur, wenn man auch die mit ihm verbundene Umverteilung und deren rechtsstaatliche Grenzen im Blick hat.

Oberhalb eines vor allem grundrechtlich abgesicherten Mindeststandards ist die Entscheidung über die unvermeidlichen Zielkonflikte dem demokratischen Willensbildungsprozess überantwortet. Insofern sind Sozialleistungen und ihre Höhe notgedrungen immer auch Gegenstand politischer Auseinandersetzungen. Diese dürften in der alternden deutschen Gesellschaft und ihren hohen Sozialleistungen auf der einen, sowie einer im internationalen Vergleich erheblichen Abgabenlast sowie der Freizügigkeit für Personen und Kapital auf der anderen Seite (Art. 26 Abs. 2 AEUV) in Zukunft eher zunehmen.

e) Verfassungsprinzip der Republik

Relativ blass geblieben ist in den vergangenen 75 Jahren allein das ebenfalls in Art. 20 Abs. 1 GG verankerte und mittelbar durch das Homogenitätsgebot des Art. 28 Abs. 1 Satz 1 GG bekräftigte Verfassungsprinzip der Republik. Versuche, die Monarchie zu restaurieren, hat es nicht gegeben. In der Rechtsprechung des Bundesverfassungsgerichts spielt das republikanische Prinzip allenfalls eine randständige Rolle.[70]

f) Umweltstaatsprinzip (Art. 20a GG)

Später als manche Landesverfassungen[71] hat der verfassungsändernde Gesetzgeber im Nachgang zur Wiedervereinigung in Art. 20a GG auch den Umweltschutz zum Staatsziel erhoben und den freiheitlichen, demokratischen, republikanischen und sozialen Bundesstaat damit um eine ökologische Dimension erweitert.[72] Wie das Sozialstaatsprinzip enthält auch das Umweltstaatsprinzip ein Optimierungsgebot, das alle Staatsorgane verpflichtet, den Interessen des Umweltschutzes im Rahmen der ihnen eröff-

69 BT.-Drucks. 20/7800.
70 Vgl. etwa BVerfGE 123, 39 (69); BVerfGK 3, 112 ff.
71 Vgl. Art. 31 ff., 41 ThürVerf.
72 *R. Steinberg*, Der ökologische Verfassungsstaat, Berlin 1998.

neten Entscheidungsspielräume Rechnung zu tragen und ihn gegen andere verfassungsrechtlich geschützte Belange abzuwägen.

Dass damit mittel- und langfristig auch eine Beschränkung grundrechtlicher Autonomie verbunden sein würde,[73] war der Gemeinsamen Verfassungskommission von Bundestag und Bundesrat, auf deren Vorschlag Art. 20a GG zurückgeht, bewusst. Daraus erklärt sich auch ihr Versuch, der richterlichen Recht(fort)bildung möglichst jeden eigenständigen umweltpolitischen Gestaltungsspielraum zu nehmen: Umweltschutz soll nach Art. 20a GG nur „im Rahmen der verfassungsmäßigen Ordnung durch die Gesetzgebung und nach Maßgabe von Gesetz und Recht durch die vollziehende Gewalt und die Rechtsprechung" erfolgen. Dass diese Barriere gegenüber dem vorrangigen Unionsrecht nicht greifen konnte, dem heute das Gros der umweltrechtlichen Vorgaben entstammt, war schon 1994 klar. Mit dem Klimaschutz-Beschluss des Ersten Senats vom 24. März 2021, der Erfindung der „intertemporalen Freiheitssicherung" sowie der Konstitutionalisierung des Pariser Klimaschutzabkommens einschließlich eines relativen Rückschrittsverbots[74] kann der Versuch, Art. 20a GG als (verfassungs)gerichtlich nicht justitiables Verfassungsprinzip auszugestalten, als gescheitert gelten. Spätestens seit diesem Beschluss läuft das Umweltstaatsprinzip zu den anderen Verfassungsprinzipien parallel.[75]

3. Offenheit und Selbstbehauptung mit Blick auf Europa

Schon in der Präambel bekennt sich das Grundgesetz zum vereinten Europa, ohne dies allerdings näher zu konkretisieren. Seit den 1970er Jahren ist das Verhältnis von Grundgesetz und Europarecht ein Dauerbrenner des Staats- wie des Europarechts.[76] Seit 1992 regelt ein neuer Art. 23 GG Grundlagen und Grenzen der Mitgliedschaft Deutschlands in der EU ebenso wie

73 Vgl. *P. M. Huber*, Umweltschutz als Ausprägung von Sozialgebundenheit, in: Hanns-Seidel-Stiftung (Hrsg.), Das Grundrecht des Eigentums – Grundsätze und aktuelle Probleme, Grünwald 2000, S. 45 ff.

74 Unter Hinweis auf *H. Schulze-Fielitz* in: H. Dreier (Hrsg.), Grundgesetz Kommentar, Bd. II, 3. Aufl., Tübingen 2015, Art. 20a Rn. 71; *W. Kluth*, in: K.-H. Friauf/W. Höfling (Hrsg.), Berliner Kommentar zum Grundgesetz, 51. EL, Berlin 2016, Art. 20a Rn. 106.

75 Vgl. BVerfGE 157, 30 - KSG.

76 Vgl. BVerfGE 37, 271 (279 f.); 58, 1 (30 f.); 73, 339 (375 f.); 75, 223 (242); 89, 155 (190); 123, 267 (348 ff., 402); 126, 286 (302); 129, 78 (99); 134, 366 (384, Rn. 26) – OMT-Vorlage; 140, 317 (336, Rn. 40) – Identitätskontrolle I; 142, 123 (187 f., Rn. 120) - OMT; 154, 17 (89 f., Rn. 109) - PSPP.

das Zusammenwirken von Bundesregierung, Bundestag und Bundesrat in europäischen Angelegenheiten.

Die Verträge von Maastricht (1993), Amsterdam (1999), Nizza (2001) und Lissabon (2009) haben nicht nur die Zuständigkeiten der Europäischen Union immer weiter ausgebaut, sondern diese auch zu einem Staaten-, Verfassungs-, Rechtssetzungs-, Verwaltungs- und Rechtsprechungsverbund weiterentwickelt und den Verfassungsorganen neue Funktionen und Verantwortlichkeiten erschlossen, die im Grundgesetz so ursprünglich nicht vorgesehen waren, die ihre Tätigkeit heute aber prägen (sollten). Dass auf dem südöstlichen Turm des Reichstags die Europaflagge weht, symbolisiert die europäische Funktion des Bundestages, der zu Rechtssetzungsentwürfen der EU Stellung nimmt, Subsidiaritätsrügen erheben kann und das in Brüssel beschlossene Unionsrecht in deutsches Recht umsetzen oder zumindest vollziehbar machen muss (Art. 23 Abs. 2 und 3 GG, Art. 12 EUV, ProtNPEU, ProtSV). Ca. 50% aller Gesetze haben heute einen europarechtlichen Hintergrund. Für die anderen Verfassungsorgane – die im Rat der EU vertretene Bundesregierung oder das Bundesverfassungsgericht, das heute auch über Fälle wie die Europäische Bankenunion,[77] die Ankaufprogramme der EZB, CETA,[78] JEFTA oder den ESM[79] zu entscheiden hat und damit der Sache nach zu einem auch europäischen Gericht geworden ist – gilt Entsprechendes.

4. Parteienstaatliche Überformung des Institutionengefüges

Das Grundgesetz hat mit der Realität der politischen Parteien Ernst gemacht und sie in Art. 21 GG als Einrichtungen des Verfassungslebens anerkannt. Nach dieser Konzeption sind die politischen Parteien Zwischenglieder zwischen dem Volk und den Staatsorganen und unverzichtbar, um deren Rückbindung an das Volk und seine Präferenzen sicherzustellen. Das hat einerseits die dauerhafte Etablierung neuer Parteien ermöglicht, andererseits aber auch eine parteienstaatliche Überformung des Institutionengefüges zur Folge gehabt, in der Koalitionsabsprachen und -rationalitäten und die Willensbildung auf Parteitagen und Mitgliederabstimmungen politisch wichtiger sind als die Entscheidungsfindung in Regierung und Parlament gemäß den geschriebenen Regelungen der Verfassung.

77 Vgl. BVerfGE 151, 202 – europäische Bankenunion.
78 BVerfGE 143, 65 – CETA I.
79 Vgl. BVerfGE 132, 195 – eA-ESM; 135, 317 - ESM.

II. Zwischenfazit

Dass Deutschland in den vergangenen 75 Jahren Glück mit dem Grundgesetz hatte, liegt u.a. daran, dass es eine Reihe kluger Vorkehrungen enthält. Auch ein noch so gelungener Verfassungstext reicht jedoch nicht, um ein Gemeinwesen dauerhaft erfolgreich zu machen. Er muss von der Gesellschaft angenommen, seine Werte müssen gelebt werden.

1. Friede, Prosperität und Verfassungstreue

Zu den Erfolgsbedingungen gehört zweifellos die Abwesenheit existentieller Herausforderungen. Krieg, Staatsstreiche, Aufstände oder Separatismus sind der Bundesrepublik Deutschland erspart geblieben, so dass sich die Verfassungsordnung Schritt für Schritt konsolidieren und weiterentwickeln konnte. Nach zwei verlorenen Weltkriegen und einer Diktatur war die Gesellschaft zudem relativ homogen, die sozialen Spannungen gering, so dass die Interessen weniger weit auseinander lagen als heute. Das sog. Wirtschaftswunder der 1950er- und 60er Jahre und der mit ihm verbundene „rheinische Kapitalismus“ taten ein Übriges.

Wichtig war aber auch, dass die Politik die Verfassung ernst genommen hat. 67 Änderungen des Grundgesetzes sind ein Beleg dafür, dass die Politik das Grundgesetz beachten und sich nicht zu ihm in Widerspruch setzen wollte. Über die sprachliche Qualität von Art. 16a, Art. 13 oder Art. 90 Abs. 2 GG n. F. mag man mäkeln; sie ist jedoch auch Ausdruck einer prinzipiellen Verfassungstreue der politischen Akteure – und dafür, dass sich diese heute weniger als früher über den Weg trauen. Die Vorschriften zeigen zudem, dass die Anpassung des Grundgesetzes an die Veränderungen der Zeit nicht allein den Richtern überlassen wird, sondern dass sich Bundestag, Bundesrat und Bundesregierung als maßgebliche Gestalter der verfassungsmäßigen Ordnung verstehen. Mitunter geschieht dies auch gegen das Bundesverfassungsgericht – bei der Privatisierung der Flugsicherung etwa oder den Arbeitsgemeinschaften nach dem SGB II (sog. Hartz IV). Das ist kein Skandal, sondern Ausdruck einer funktionierenden Gewaltenteilung und einer lebendigen Verfassungsordnung.

2. Verfassungspatriotismus

75 Jahre Grundgesetz sind auch deshalb Anlass zu Dankbarkeit und Stolz, weil die Deutschen diese Verfassung nach anfänglicher Gleichgültigkeit angenommen und zur Grundlage einer freiheitlichen und pluralistischen Gesellschaft gemacht haben, in der grundsätzlich jeder nach seiner Façon selig werden oder seiner je individuellen *„pursuit of happiness"* folgen kann.

In dem Maße, in dem sich das Grundgesetz im Bewusstsein der Gesellschaft von einem mit geringen Emotionen befrachteten technokratischen Übergangsstatut zu einer geschätzten, wenn nicht verehrten Verfassung auf Dauer entwickelt hat, entstand so etwas wie Verfassungspatriotismus.[80] Die erfolgreiche Etablierung des demokratischen Rechtsstaates und die im Großen und Ganzen gelungene Bewältigung gesellschaftlicher Herausforderungen haben seit den 1970er Jahren das Bewusstsein dafür wachsen lassen, dass die Integrität des Grundgesetzes einen Eigenwert darstellt, den es zu verteidigen gilt. Dass auch die Wiedervereinigung auf der Basis des Grundgesetzes vollzogen und ihre ökonomischen, sozialen und politischen Folgen nach und nach bewältigt werden konnten, und dass es eine im globalen Vergleich vielfach als vorbildlich empfundene Verfassungsordnung geworden ist, haben die Hinwendung der Deutschen zu ihrer Verfassung zusätzlich befördert.

Eine „erfolgreiche" Verfassung kann Grundlage und Kristallisationspunkt von Verfassungspatriotismus und Bürgerstolz werden. Das lässt sich anekdotisch vielfach belegen. Wer am 3. Oktober 2018 am Brandenburger Tor in Berlin die Performance *„grundgesetzt"* des Gorki-Theaters verfolgt hat, bei der zentrale Passagen des Grundgesetzes 45 Minuten lang rezitiert, getanzt und gesungen wurden, und ca. 40.000 Zuschauer dem andächtig und konzentriert gefolgt sind, konnte einen Eindruck davon bekommen, wie das Grundgesetz – diffus zwar – aber als im Bewusstsein der Menschen lebendige Verfassung durchaus einen Beitrag für den Zusammenhalt unserer Gesellschaft leistet.

80 *D. Sternberger*, Verfassungspatriotismus, Hannover 1982; erstmals in: FAZ 23.05.1979, S. 1.

III. Ausblick

1. Akzeptanzrisiken und Entfremdung

a) Allgemeines

Der bisherige Erfolg des Grundgesetzes ist kein Grund, sich auf den Lorbeeren auszuruhen. Das betrifft weniger Änderungen des Textes als das Eintreten für die Verfassung und ihre Werte und – im Rahmen der je individuellen Möglichkeiten – die Übernahme von Verantwortung durch Amtsträger wie durch Bürgerinnen und Bürger. Nicht nur die Harvard-Professoren *Steven Levitsky* und *Daniel Ziblatt* sehen in ihrem Buch *„How democracies die"* am Beispiel von *Trump*, den Erfahrungen der 1930er Jahre sowie der Entwicklungen in Ungarn und der Türkei – man hätte auch die Versuche zur Gleichschaltung der Justiz unter der PiS-Regierung in Polen nennen können – die westliche Demokratie in ernsthafter Gefahr.[81] Auch in dem von *Friedrich Wilhelm Graf* und *Heinrich Meier* herausgegebenen Sammelband „Die Zukunft der Demokratie" betonen Autoren wie *Sabino Cassese, Dan Diner, Horst Dreier* oder *Herfried Münkler* und *Peter Sloterdijk*, dass die Zukunft der Demokratie nicht länger außer Frage stehe.[82]

b) Keine akute Gefahr einer „illiberalen" Demokratie

Es gibt in Deutschland derzeit zwar weder eine Staats- noch eine Verfassungskrise. Eine populistische und grundsätzliche Infragestellung des demokratischen Rechtsstaates, wie sie in Ungarn, zeitweise in Polen und schon früher in Russland und der Türkei zu beobachten waren, wo sich einmal in demokratischen Wahlen ins Amt gekommene Machthaber durch eine Beseitigung der rechtsstaatlichen Grenzen demokratischer Mehrheitsherrschaft dem für die Demokratie typischen Wechsel von Machtgewinn und Machtverlust entziehen oder zu entziehen suchen, ist nicht ansatzweise erkennbar. Gleiches gilt für etwaige Versuche, das Bundesverfassungsgericht zu entmachten, die Justiz gleichzuschalten oder den öffentlich-rechtlichen Rundfunk zu kapern. Nach wie vor gibt es einen breiten gesellschaftlichen Konsens für die – rechtsstaatlich eingehegte – liberale

---

81 *S. Levitsky/D. Ziblatt*, How Democracies Die, New York 2018.

82 F. W. Graf/H. Meier (Hrsg.), Die Zukunft der Demokratie. Kritik und Plädoyer, München 2018.

Demokratie. Ihre Schmähung als Hindernis für die Durchsetzung des Mehrheitswillens und das Plädoyer für eine „illiberale" Demokratie, in der der vermeintliche Wille der Mehrheit das Maß der Dinge ist, haben bislang wenig Resonanz erfahren. Vielmehr ist man sich weitgehend einig, dass der demokratische Rechtsstaat auf einer Dialektik von Mehrheitswillen und Rechtsbindung beruht und politische Herrschaft nach dem Willen der Mehrheit nur als rechtlich verfasste und gebundene Herrschaft zulässig ist.

Auch etabliert das Grundgesetz eine wehrhafte Demokratie, verfügt der demokratische Rechtsstaat über eine Reihe von Instrumenten, die ihm durchaus Zähne verleihen: die Loyalitätpflicht von Beamten, Soldaten und Richtern (Art. 33 Abs. 5 GG), der Verfassungsschutz, Vereins- (Art. 9 Abs. 2 GG) und Parteiverbote (Art. 21 Abs. 2 GG)[83] und der Entzug der Parteienfinanzierung (Art. 21 Abs. 3 GG).[84] In der Praxis haben all diese Instrumente ihre „Feuertaufe" bestanden.

Dennoch wird die Bundesregierung nicht müde, vor einer „Gefahr von rechts" zu warnen, überbieten sich die sie tragenden Parteien, die Medien und zahlreiche Wissenschaftler seit Monaten in Überlegungen zu einer verfassungsrechtlichen Absicherung des Bundesverfassungsgerichts oder zu einem Verbot der – von mehreren Verfassungsschutzbehörden als (teilweise) rechtsextremistisch eingestuften – Partei „Alternative für Deutschland" (AfD). Es macht daher Sinn, darüber nachzudenken, ob sich der demokratische Verfassungsstaat 75 Jahre nach Inkrafttreten des Grundgesetzes auch in Deutschland nicht doch in Gefahr befindet, wo ggf. die Ursachen dafür liegen und wie ihnen begegnet werden kann.

2. Defizite

Die Ursachen für das Unbehagen eines wachsenden Teils der Bevölkerung mit den verfassungsrechtlichen Institutionen sind vielfältig. Sie haben mit der Globalisierung und ihren Folgen zu tun und mit einer Politik, die auf die damit verbundenen Herausforderungen nicht reagieren will oder nicht reagieren kann.

83 Zuletzt BVerfGE 144, 20.
84 BVerfG NJW 2024, 645.

a) Unzureichende Responsivität des politischen Systems

Auch wenn Art. 20 Abs. 2 GG den Grundsatz der Volkssouveränität normiert und Art. 38 Abs. 1 S. 1 GG diesen Kern des Demokratieprinzips durch ein Recht auf demokratische Selbstbestimmung subjektiviert, das Bürgerinnen und Bürgern eine effektive Mitsprache in den Angelegenheiten des Staates gewährleisten soll,[85] lässt die Responsivität unseres politischen Systems doch zu wünschen übrig. Dass etwa die Migrationskrise gegen die überwältigende Mehrheit des Volkes über ein Jahrzehnt hinweg praktisch ignoriert oder verschleppt werden konnte, zeigt dies ebenso wie die Holprigkeiten bei der Pandemiebekämpfung: die Schwierigkeiten bei der Impfstoffbeschaffung, das lange Zögern des Bundes vor dem Erlass der Bundesnotbremse. Auch die Klimaschutzpolitik oder die wirtschaftlichen und sozialen Kosten der Beendigung der Nutzung der Atomenergie auf dem Höhepunkt der Energiekrise können hier genannt werden. Die Fixierung auf eine „Brandmauer", die bezeichnenderweise nur gegen „rechts" gefordert wird, nicht gegen alle Verfassungsfeinde, ist dabei nur bedingt hilfreich. Indem sie verhindert, dass der Wille der Mehrheit politisch relevant werden kann, beschädigt sie die Leistungsfähigkeit und Akzeptanz der Demokratie und wirkt insoweit wie eine Art „linkes" Pendat zur „illiberalen Demokratie" der Rechten.

b) Geringe Einflussmöglichkeiten

Das demokratische Portfolio des Souveräns ist bei all dem überschaubar: der Bundestag wird nur alle vier Jahre gewählt, Europaparlament und Landtage alle fünf, Gemeindevertretungen in der Regel alle sechs. Das politische Establishment strebt sogar eine Verlängerung der Legislaturperiode auch für den Bund an, ohne überzeugende Gründe dafür zu benennen. Dass das demokratische Legitimationsniveau des Bundestages und der von ihm getroffenen Entscheidungen dadurch sinkt, scheint nicht zu kümmern.

Einer Fehlinterpretation der Weimarer Zeit durch *Theodor Heuss* folgend ist es auf Bundesebene darüber hinaus bislang auch nicht gelungen, Volksbegehren und Volksentscheide einzuführen und Bürgerinnen und Bürgern mehr demokratische Mitsprache zu ermöglichen. Als Ersatz gibt es ausgeloste Bürgerräte, die Demokratie simulieren sollen. So bleibt Bür-

85 Vgl. BVerfGE 89, 155 (187); 123, 267 (340 f.); 129, 124 (169, 177); 132, (195 Rn. 104); 135, (317 Rn. 125); 142, (123 Rn. 126).

gerinnen und Bürgern, wenn sie ihr Recht auf demokratische Selbstbestimmung ausüben wollen, letztlich nur die Inanspruchnahme ihrer politischen Grundrechte, was das Bundesverfassungsgericht schon im oben erwähnten Brokdorf-Beschluss als Surrogat für eine direkt-demokratische Partizipation eingestuft hat: Versammlungen enthalten danach

> „ein Stück ursprünglich-ungebändigter unmittelbarer Demokratie, das geeignet ist, den politischen Betrieb vor Erstarrung in geschäftiger Routine zu bewahren [...]. Namentlich in Demokratien mit parlamentarischem Repräsentativsystem und geringen plebiszitären Mitwirkungsrechten hat die Versammlungsfreiheit die Bedeutung eines grundlegenden und unentbehrlichen Funktionselementes. Hier gilt – selbst bei Entscheidungen mit schwerwiegenden, nach einem Machtwechsel nicht einfach umkehrbaren Folgen für jedermann – grundsätzlich das Mehrheitsprinzip. Andererseits ist hier der Einfluß selbst der Wählermehrheit zwischen den Wahlen recht begrenzt; die Staatsgewalt wird durch besondere Organe ausgeübt und durch einen überlegenen bürokratischen Apparat verwaltet. [...] Demonstrativer Protest kann insbesondere notwendig werden, wenn die Repräsentativorgane mögliche Mißstände und Fehlentwicklungen nicht oder nicht rechtzeitig erkennen oder aus Rücksichtnahme auf andere Interessen hinnehmen [...].“[86]

Unter dem Strich bleibt die Einsicht, dass Politiker nur wenig „Angst“ vor den Wählern haben und diese relativ gefahrlos mit vermeintlichen Alternativlosigkeiten konfrontiert werden können. Das ist freilich Gift für die Demokratie und ihre Akzeptanz.

c) Parteienstaatliche Überformung und Marginalisierung der Abgeordneten

Das Grundgesetz hat mit der Realität der politischen Parteien zwar erfreulicher Weise Ernst gemacht und sie in Art. 21 GG als Einrichtungen des Verfassungslebens anerkannt. Nach dieser Konzeption sind sie Zwischenglieder zwischen dem Volk und den Staatsorganen und unverzichtbar, um deren Rückbindung an das Volk und seinen Präferenzen sicherzustellen. Der Preis dafür war eine immer stärkere parteienstaatliche Überformung des Institutionengefüges, in der Koalitionsabsprachen und -rationalitäten

86 BVerfGE 69, 315 (347).

wichtiger sind als die pragmatische Suche nach Lösungen gemäß den geschriebenen Regelungen der Verfassung.

Vor allem sieht sich der einzelne Abgeordnete – eigentlich Dreh- und Angelpunkt der repräsentativen Demokratie – in dem stark hierarchisierten Parlamentsbetrieb, der faktisch weitgehend von der Regierung und/oder den Fraktionsspitzen bestimmt wird, häufig marginalisiert. Nach Art. 38 Abs. 1 S. 2 GG theoretisch zwar Vertreter des ganzen Volkes, an Aufträge und Weisungen nicht gebunden und nur seinem Gewissen unterworfen, ist er in der Praxis – soweit er oder sie nicht besondere Funktionen bekleidet – dagegen nur eine(r) von 733, machtpolitisch also eine *quantité négligeable.*

Das Abgeordnetenrecht, die Regelungen zur Politikfinanzierung (§§ 50 ff. AbgG, §§ 18 ff. PartG)[87] und die Geschäftsordnung des Bundestages begünstigen die Hierarchisierung des Parlaments und die Akkumulation von Macht in den Händen der Fraktionsführungen und ermöglichen diesen eine von der Verfassung so nicht vorgesehene Disziplinierung der Abgeordneten.[88] Das Bundesverfassungsgericht hat deshalb die Einführung von Oppositionsfraktionsrechten abgelehnt,[89] den Einsatz von Wahlkreismitarbeitern für Parteizwecke begrenzt[90] und die Antragsrechte der Abgeordneten im Organstreit großzügig ausgelegt.

Zur Marginalisierung der Abgeordnenten trägt aber auch das personalisierte Verhältniswahlrecht mit der Dominanz starrer, von der Parteiführung im Wesentlichen vorbestimmter Listen bei. Vor diesem Hintergrund muss der um seine Wiederwahl ringende Abgeordnete sich mehr um das Wohlwollen der Partei- und Fraktionsführung sorgen denn um die Zustimmung der Bürgerinnen und Bürger. Das aber beeinträchtigt die Responsivität des politischen Systems, schwächt den wichtigsten Hebel für die politische Selbstbestimmung der Bürgerinnen und Bürger und führt bei diesen zu Ohnmachtsgefühlen, die für die Verfassungsordnung gefährlich werden können.

---

87 BVerfGE 165, 108; BVerfGE 166, 93; *K. Huber*, Politikfinanzierung als Verfassungsproblem, Baden-Baden 2024.

88 Paradigmatisch BVerfGE 130, 318.

89 BVerfGE 142, 25.

90 BVerfGE 146, 327 (361 ff. Rn. 83 ff.).

d) Hypertrophie der Rechtsordnung

Eine die demokratischen Institutionen zunehmend lähmende und daher auch die Akzeptanz des demokratischen Rechtsstaats gefährdende Herausforderung besteht ferner in der Hypertrophie der Rechtsordnung. Zwar ist das Phänomen nicht neu; die Dimensionen haben sich, wie dargelegt, jedoch grundlegend geändert.[91]

e) Unklare Verantwortlichkeiten im Mehr-Ebenen-System

Das Vertrauen in die Institutionen wird durch die Komplexität des europäischen Mehr-Ebenen-Systems weiter erschwert, weil es erhebliche Schwierigkeiten bereitet, in diesem Verantwortlichketen zuzuweisen und einzufordern. Eine belastbare Kompetenzabgrenzung zwischen den fünf Ebenen von Europäischer Union, Bund, Ländern, Kreisen und Gemeinden ist kaum möglich, und von den politischen Akteuren häufig auch gar nicht gewollt.[92] Wenn aber alle bei allem mitreden, ist letztlich niemand verantwortlich. Für die politischen Akteure mag das attraktiv sein; für die Demokratie ist es eine Bürde, weil es Bürgerinnen und Bürgern für ihre Anliegen das nimmt, was die amerikanische Politikwissenschaft „*voice*" nennt.

3. Therapievorschläge

Einige Therapievorschläge liegen vor diesem Hintergrund auf der Hand:

- Ein Verzicht auf weitere Absenkungen des demokratischen Legitimationsniveaus durch Verlängerung der Legislaturperioden.
- Eine Stärkung der einzelnen Abgeordneten gegenüber Fraktionsführung und Regierung.[93]
- Die Umgestaltung des Wahlrechts zu einem Grabenwahlrecht, das erfolgreichen Wahlkreisabgeordneten – ggf. nach einer Stichwahl (!) – einen Parlamentssitz unabhängig von der Liste garantiert.
- Flexible Listen, bei denen Wählerinnen und Wähler kumulieren und panaschieren könnten.

91 *P. M. Huber*, Rechtsstaat (Fn. 37), § 6 Rn. 108.

92 *P. M. Huber*, Der Gerichtshof der Europäischen Union und das Bundesverfassungsgericht als Hüter der unionalen Kompetenzordnung, Berlin 2023, S. 19 ff. m. w. N.

93 BVerfGE 142, 25; 146, 327 (361 ff. Rn. 83 ff.).

- Eine Umstellung der Fraktionsfinanzierung gemäß § 58 AbgG auf Matrikularbeiträge der Mitglieder.
- Die Einführung von Volksbegehren und Volksentscheiden auf Bundesebene.[94]
- Eine bessere Kohärenzgewähr bei der Rechtsetzung etwa durch ein Vetorecht des Justizministers, das in Anlehnung an Art. 112 GG darauf gerichtet sein müsste, die Widerspruchsfreiheit der Rechtsordnung und die Vollziehbarkeit der Gesetze zu gewährleisten.[95]
- Eine belastbare Kompetenzverteilung zwischen Europäischer Union, Bund und Ländern. Klare Kompetenzgrenzen und ihre strikte Beachtung sind ein Bollwerk gegen parteipolitische Kungeleien, zwingen zu sachorientierten Lösungen und erschweren unsachliche Verknüpfungen.
- Last but not least: Die strikte Beachtung der rechtsstaatlichen Spielregeln. Auch noch so gut gemeinte „Grenzüberschreitungen“ von Regierungsmitgliedern,[96] Verfassungsschutz- und Sicherheitsbehörden im Kampf gegen Verfassungsgegner von links, rechts oder aus dem islamistischen Spektrum erschüttern letztlich die Integrität des demokratischen Rechtsstaates und das Vertrauen in diesen.

4. Fazit

75 Jahre nach Inkrafttreten des Grundgesetzes ist der demokratische Rechtsstaat allen Kassandrarufen zum Trotz nicht konkret in Gefahr. Er befindet sich jedoch – wie alle Demokratien des Westens – in unruhigerem Fahrwasser, und es gibt Anzeichen dafür, dass die See noch schwerer werden könnte.

Es liegt an uns allen, es soweit nicht kommen zu lassen: „Wir sind das Volk“ und daher tragen wir, d. h. jeder für sich und nach seinen Möglichkeiten, auch eine Verantwortung dafür, dass die Voraussetzungen, von

---

94 Diese sind keine Alternative zur parlamentarischen Repräsentation, sondern eine punktuelle Ergänzung. Als solche fordern sie das repräsentative System, wie die Erfahrungen zeigen, nicht heraus, sondern stabilisieren es, *P. M. Huber*, Direkte Demokratie? Gefahren und Chancen für das repräsentative System, in: H. Botha/N. Schaks/D. Steiger (Hrsg.), Das Ende des repräsentativen Staates? Demokratie am Scheideweg, Baden-Baden 2016, S. 293 (305 ff.).

95 Gesetz zur Einsetzung eines Nationalen Normenkontrollrates vom 14. August 2006 (BGBl. I S. 1866), zuletzt geändert durch Artikel 1 des Gesetzes vom 19. Juni 2022 (BGBl. I S. 920).

96 BVerfGE 148, 11; 154, 320; 162, 207.

denen der demokratische Rechtsstaat und seine Akzeptanz leben, erhalten und intakt bleiben: Indem wir unsere staatsbürgerlichen Mitwirkungsrechte nutzen und von unseren Grundrechten Gebrauch machen, indem wir andere – auch uns widerstrebende – Auffassungen zur Kenntnis nehmen und sie zumindest erwägen, indem wir politische Gegner nur als solche und nicht als „Feinde" betrachten, und indem wir uns weder von der Regierung noch von Arbeitgebern, Kirchen oder Medien von dem abbringen lassen, was wir für richtig erkannt zu haben glauben.

Autorenverzeichnis

Prof. Dr. *Dominik Burkard*, Lehrstuhl für Kirchengeschichte des Mittelalters und der Neuzeit, Julius-Maximilians-Universität Würzburg

Prof. Dr. *Jan Dirk Harke*, Ordinarius für Bürgerliches Recht, Römisches Recht und Europäische Rechtsgeschichte, Friedrich-Schiller-Universität Jena, Richter am Thüringer Oberlandesgericht

Prof. Dr. Dr. *Eric Hilgendorf*, Lehrstuhl für Strafrecht, Strafprozessrecht, Rechtstheorie, Informationsrecht und Rechtsinformatik, Julius-Maximilians-Universität Würzburg

Prof. Dr. *Peter Hoeres*, Lehrstuhl für Neueste Geschichte, Julius-Maximilians-Universität Würzburg

Prof. Dr. *Peter M. Huber*, Lehrstuhl für Öffentliches Recht und Staatsphilosophie, Ludwig-Maximilians-Universität München, Richter des Bundesverfassungsgerichts a.D., Thüringer Innenminister a.D.

Stephan Kramer, Präsident des Amtes für Verfassungsschutz Thüringen

Prof. Dr. Dr. h.c. Dr. h.c. *Angelika Nußberger*, Direktorin der Akademie für europäischen Menschenrechtsschutz der Universität zu Köln, ehemalige Richterin und Vizepräsidentin am Europäischen Gerichtshof für Menschenrechte

Prof. Dr. *Eckhardt Pache*, Lehrstuhl für Staatsrecht, Völkerrecht, Internationales Wirtschaftsrecht und Wirtschaftsverwaltungsrecht, Julius-Maximilians-Universität Würzburg

Prof. Dr. *Kyrill-A. Schwarz*, Julius-Maximilians-Universität Würzburg

Dr. iur., PD Dr. phil. *Thomas Sprecher*, LL.M., Rechtsanwalt, Zürich